新编21世纪金融学系列教材

信托与租赁

Trust and Lease

魏晓琴 编著

中国人民大学出版社
·北京·

前　言

信托、银行、证券和保险并称为现代金融业的四大支柱。虽然信托起步较晚，信托文化尚未普及，但信托业凭借着自身独特的优势迅速在资产管理领域大放光彩。随着中国经济的发展和人均收入、财富的增长，信托业在我国未来金融体系中的地位将进一步提高。2017 年，全国 68 家信托公司管理的信托资产规模达 26 万亿元，信托资产的规模仅次于银行管理资产，60%以上的信托资金都投入了实体经济领域。信托作为我国金融体系的重要一员，已经成为服务实体经济的主要力量和创造国民财富的重要途径。

为了便于读者更好地了解信托这一金融门类，本书从信托的基础知识入手，结合最新的信托业发展情况，全面揭示现实经济运行中信托与租赁的运行规律。本书共分为十二章，前九章介绍金融信托相关知识，主要是信托活动参与主体信托公司和信托业务的内容，后三章主要介绍与信托业务紧密相关的租赁业务。全书采取了理论与实际相结合的原则，在每一章的开头都加入了导入案例，并从金融发展的视角梳理了信托实务的操作要点，为读者呈现了最真实的信托发展状况。

第一章，金融信托与租赁总论。主要介绍了与信托和租赁相关的概念以及信托和租赁的作用、职能、法律规定等。

第二章，信托的产生与发展。主要介绍了信托起源的大陆法说和英美法说以及英国、美国、日本信托业的发展及各阶段的特点，最后介绍了我国近现代信托业的发展历程。

第三章，金融信托关系及其设立。从法律的角度介绍了信托构成要素，通过法条详细介绍了委托人、受托人以及受益人分别享有的权利和应当承担的义务。

第四章，金融信托业务分类、特点与创新。主要从信托性质、信托目的、信托关系发生的基础、信托关系能否撤销、委托人的性质、受益人、委托人与受托人的关系、信托的管理目的、信托的标的、信托资金的处分方式、信托是否跨国等方面对信托业务进行了分类，同时还介绍了信托的特征、我国信托业务的创新发展、国外信托业的发展对我国的启示等。

第五章，我国信托公司业务的主要内容。主要介绍了被动管理类信托与主动管理类信托的概念、特点、常见业务形式以及家族信托等。

第六章，基金信托投资业务。主要介绍了基金信托的相关知识和主要分类，按照基金的法律基础和组织形态、基金收益凭证的变现方式、基金投资目标、基金投资的国别和地域、基金投资对象、基金投资方向等划分标准对基金信托进行分类，并介绍了基金信托从设立到募集再到交易、投资的运作流程，以及基金的变更与终止、基金资产净值的计算与收益分配等。

第七章，投资银行信托业务。主要介绍了兼并与收购的基本理论、项目融资的内容，以及公司理财业务的相关内容等。

第八章，公益信托。主要介绍了公益信托的定义、意义、特征、业务规范以及发展现状，着重比较了公益信托与私益信托的区别、公益信托与作为公益法人的基金会的不同，并对中国发展公益信托事业的制度架构进行了探讨。

第九章，我国信托公司的发展及管理。主要介绍了近几年我国信托公司的发展现状以及信托公司的管理等，并通过分析大量实际资料总结出信托公司目前存在的问题及下一步的发展方向。

第十章，租赁概述。主要介绍了租赁的概念、分类、功能、租赁业务的一般程序以及租金的计算与支付。

第十一章，租赁资金的管理与决策分析。主要介绍了租赁资金的筹措、租赁资金的管理、租赁决策分析的主要方法等。

第十二章，融资租赁合同与融资租赁会计。主要结合《合同法》和相关会计准则介绍了融资租赁合同的主要内容、签约要点及变更和解除的情形，以及融资租赁会计相关规定和融资租赁会计实务要点等。

伴随中国金融业的规范发展，各类资产管理业务竞争加剧，中国信托业所特有的全能业务在分业经营体制下具有突出的优势，因此未来信托业要开发符合创新需求的金融服务，可借鉴发达国家的发展经验，在参与国家长远发展战略方面，在“一带一路”建设引导资金流向方面，在社会保障、消费者权益保护等方面提高信托制度参与的程度，从而更好地发挥信托制度的优势。自 2007 年中国信托公司重新登记以来，信托业已发生深刻变化，应把握行业发展新趋势，关注业务布局新热点，以实现信托业的稳定持续发展。

在本书编写过程中，编著者参考了大量的同类教材、著作及期刊等，限于篇幅，恕不一一列出，在此特作说明并对相关作者表示感谢。限于编著者的水平，书中难免有疏漏、错误之处，恳请读者批评指正。

目　录

第一章

金融信托与租赁总论

导入案例

信托制度起源于英国，是在英国“尤斯制”的基础上发展起来的，距今已有几个世纪了。但现代信托制度却是在 19 世纪初传入美国后，快速发展壮大起来的。美国是目前信托制度最为健全、信托产品最为丰富、管理资产总量最大的国家。我国的信托制度诞生于 20 世纪初的上海。1921 年 8 月，上海成立了第一家专业信托投资机构——中国通商信托公司，1935 年上海成立了中央信托总局。新中国成立至 1978 年，在高度集中的计划经济管理体制下，信托业生存与发展的经济基础极其薄弱，信托业难有作为。我国信托业的真正发展始于改革开放。1978 年，改革开放初期，百废待兴，建设资金存在较大缺口。为适应全社会对融资方式和资金的多样化需要，1979 年 10 月，新中国成立后第一家信托机构——中国国际信托投资公司成立。它的诞生标志着我国现代信托制度进入了新的纪元，也极大地促进了我国信托业的发展。进入 21 世纪，在大资管背景下，具备全牌照功能优势的信托获得广泛的资金来源，资管规模不断壮大，仅次于银行资管规模。2017 年度，由于对基金子公司及券商资管业务加强了监管，信托资管规模在原有庞大的体量上连续实现高增长，2017 年第 1 季度信托资产余额接近 22 万亿元。在社会融资增量方面，新增信托贷款平均占比高于 10%，2018 年以来每月仍保持过千亿元的增量规模。在新时代中国特色社会主义思想的指导下，信托业迎来了新的发展机遇，我国的信托业也必将为加快建设有中国特色的社会主义、繁荣市场经济发挥巨大的作用。

第一节　信托概念

一、信托行为

信托行为是指以设定信托为目的而发生的一种法律行为，也就是信托当事人在约定信托时，为使信托具有法律效力而履行的一种手续。信托行为确立了当事人之间的信托关系，从而明确了当事人各自的权利和义务，有利于保护当事人的正当权益。

信托行为是在信托关系人相互间信任的基础上建立的。因为信托是一种为了他人的利益而管理财产的方式，即财产所有者将财产委托他人管理和运用，如果信托关系人之间互不信任，财产所有者就不可能将财产交与他人，信托行为也就无从产生。因此，信任是信托行为发生的基础。

信托行为是设立信托的法律行为，这种法律行为通常通过三种形式来表现：(1) 书面合同。这是信托关系人共同表示信托意向，并同意成立信托的一种形式。书面合同需要信托关系人共同签字，具有法律效力。(2) 个人遗嘱。遗嘱是遗嘱人按照法律规定的方式处理遗产或其他事务并于遗嘱人死亡时发生效力的法律行为。以遗嘱形式设立信托，通常是遗嘱人作为委托人委托他人代为办理其身后事务。(3) 法院的裁决命令书。此即关系人之间并无明确的信托表示，或并无成立信托的意愿，而是由法院根据关系人之间已经发生的经济关系以及法律的有关规定来确定关系人之间的信托关系。这种裁决命令具有一定的强制性。

二、信托关系人

信托关系人是指由于信托行为而发生信托关系的信托当事人。信托关系人有三个：委托人、受托人、受益人。

(一) 委托人

委托人是指设立信托时的财产所有者，即利用信托方式达到特定目的的人。首先，委托人必须是财产的合法拥有者，因为信托是委托他人管理财产从而达到一定目的的财产管理方式。委托人在设立信托时，不仅决定由谁来享受这些财产的权益，而且还要把财产转移给受托人，如果委托人不是财产的合法所有者，他就无权决定财产的受益人并转让信托财产。其次，委托人必须是具有完全民事行为能力的人，无民事行为能力人不能成为委托人，如未成年人或禁治产人。委托人可以是法人，也可以是自然人。在一项信托业务中，委托人可以是一个人，也可以是几个人，即作为共同委托人。

委托人将财产转移给受托人以后，就不再拥有对这部分财产的处置权，而是由受托人根据信托合同自主处置信托财产。但在信托期间，委托人仍然享有以下权利：(1) 要求受托人按照订立的契约管理和处理信托财产的权利；(2) 对强制执行信托财产提出异议的权利；(3) 要求改变信托管理方式的权利；(4) 当受托人管理不当或违反信托契约时，要求受托人赔偿信托财产损失的权利；(5) 要求查阅与信托财产管理和处理有关的文件以及要求受托人对信托事务予以说明的权利；(6) 要求法院就信托事务进行检查的权利；(7) 对受托人的辞任予以承诺的权利；(8) 要求受托人辞任的权利；(9) 当信托结束而无信托行为规定的财产归属者时，取得信托财产的权利；(10) 当委托人享受全部信托收益时，解除信托关系的权利；(11) 变更受益人或者处分受益人的信托受益权的权利。

(二) 受托人

受托人是接受委托人委托，并按照委托人的指示对信托财产进行管理和处理的人。即受人之托，代人理财的人。受托人在信托关系中处于十分重要的地位，这主要表现在：委托人对受托人予以完全的信任，将信托财产转移给受托人，使受托人能以自己的名义去管理和处置这部分财产；而且，委托人是以信托财产运用后的实际经济效果来计算信托收益的，在受托人无过失的情况下，信托财产的经营风险由委托人承担。正因为如此，对受托人的资格要求、权限与责任的规定也就更严。对受托人资格的要求主要是：受托人必须具有民事行为能力，无民事行为能力人如未成年人、破产人等不能充当受托人。受托人可以是自然人，即个人受托，也可以是法人，即法人受托。在一项信托事务中，受托人可以是一个人，也可以是几个人，即共同受托。

受托人在信托事务中应恪尽职守，诚实、信用、谨慎、有效地管理信托财产。具体来说，受托人的责任和义务主要是：(1) 受托人应当遵守信托规定，并以受益人的最大利益为宗旨，处理信托事务；(2) 受托人不得利用信托财产为自己谋取利益，禁止受托人为自己的利益利用信托财产从事任何交易；(3) 受托人应当将信托财产与其自有财产以及其他信托财产分别管理；(4) 受托人应当自己处理信托事务；(5) 受托人应当设置账簿，说明信托事务的处理情况，保存一切交易的完整记录，并每年定期将信托财产及其收支情况报告委托人及受益人；(6) 受托人如要辞任，须经委托人、受益人或信托监管部门同意。

受托人的权利主要有：(1) 经营信托业务的受托人，有权取得报酬；(2) 受托人因处理信托事务所支出的费用、负担的债务或者受到的损害，可以要求从信托财产中获得补偿，当信托财产不足以补偿以上费用、债务或者损害时，受托人可以要求受益人给予适当补偿，但如果是由受托人管理不当或受托人的过错造成的费用、债务或损害，受托人就没有上述要求补偿的权利了。

(三) 受益人

受益人是指在信托关系中享受信托财产收益的人。受益人享受的利益分为三种情况：(1) 本金受益，即受益人只享受信托财产本身的利益；(2) 收益受益，即受益人只享受信托财产运用的收益；(3) 全部受益，即受益人既享受信托财产本身的利益，又享受信托财产运用的收益。受益人享受哪种收益要由委托人在信托契约中予以规定。受益人是由委托人指定的，受益人可以是一人，也可以是数人，委托人既可以指明某人作为受益人，也可以只确定一个选择受益人的标准，凡是符合这个标准的都可以成为受益人。在信托关系人当中，关于受益人的资格几乎没有限制，除了法律规定禁止享受某些财产权的人之外，不论是法人还是自然人，不论是有无民事行为能力的人，都可以成为受益人。

受益人在信托关系中的权利主要是：(1) 享有同委托人一样的权利；(2) 享受信托收益的权利；(3) 解除信托的权利。受益人的义务是：不能妨碍受托人的正常工作，当信托财产不足以补偿管理费用、债务或损害时，有义务对受托人进行补偿。

委托人、受托人、受益人是信托的基本当事人，信托关系必须明确这三个当事人，如果当事人不明确，信托关系就无法确定。在实际信托事务中，委托人可以指定他人为受益人，也可以指定自己为受益人，前者是他益信托，后者是自益信托。从委托人和受托人的关系来看，一般来说，委托人设立信托的原因主要在于委托人无法亲自处理与财产有关的事项，所以才委托他人代为管理和处理。从这个意义上说，受托人应是委托人、受益人之外的第三人，但是信托中也存在着这样一种信托形式，即由委托人充当受托人，比如英美等国广泛实行的“宣言信托”就是这样一种信托形式，即由委托人宣告自己为受托人，并在信托期间为他人利益而占有信托财产，实际上信托财产并没有转移，这种信托同时必须是“他益信托”，否则信托设立就毫无意义了。从受托人和受益人的关系来看，一般来说，受托人不能同时又是受益人。因为如果是这样，设立信托同样毫无意义。

三、信托的目的

信托目的即委托人通过信托行为所要达到的目的。信托目的由委托人提出并在信托契约中写明，受托人应按照委托人提出的信托目的去管理和运用信托财产。委托人不同，所提出的信托目的也多种多样，有的是为了保全财产，有的是为了使财产获得最大增值，有的是为了个人利益，有的则是为了社会公共利益。然而无论是什么样的信托目的，都不能违反国家法律、法规或损害社会公共利益。而且信托目的也要为受益人所接受，因为信托是为了受益人的利益而设立的，如果信托目的不被受益人接受，设立信托就毫无意义，同时，委托人所提出的信托目的也应在受托人力所能及的范围之内，是能够实现的目的，否则，信托就不能设立。

四、信托财产

信托财产是信托行为的标的物，也称财产权。它是指由委托人通过信托行为转移给受托人，并由受托人按照一定的信托目的进行管理和处理的财产，同时，还包括通过财产的管理和运用而取得的财产，如由于信托财产的管理和运用而取得的利息、租金等收入，也属于信托财产的范畴。信托财产必须具有财产价值，同时又可以转让；不具有财产价值又不能转让的权利，不能作为信托财产进行信托。

《中华人民共和国信托法》（简称《信托法》）规定：“法律、行政法规禁止流通的财产，不得作为信托财产。法律、行政法规限制流通的财产，依法经有关主管部门批准后，可以作为信托财产。”按照财产的形式，信托财产可以分为两种，一种是有形财产，另一种是无形财产。有形财产包括：金钱、股票、债券等有价证券，机器设备、车辆、船舶、飞机等动产，土地、房屋等不动产。无形财产包括：著作权、商标权和专利权等。一项财产一旦被作为信托财产进行信托，便具有了以下三种特性。

（一）信托财产的独立性

（1）受托人的信托财产与受托人的固有财产应被区别对待，分别核算，以保持相对的独立性。这是因为，信托成立后，信托财产就从委托人名下被转移给受托人，成为受托人所有的财产，然而，受托人对信托财产在法律上的所有，并不是为了自己的利益，而是为了他人的利益，即为了受益人的利益。因此，受托人的信托财产与其固有财产对受托人来说，意义是不同的。为了保障受益人的权益，防止受托人利用对信托财产的所有权为自己谋利，就要求受托人的信托财产与其固有财产保持独立性。这种独立性主要表现在下述几个方面：受托人对信托财产和固有财产应分别经营，分别核算经营效益，受托人不能用信托财产的经营利润去弥补其固有财产的亏损，也不能用属于信托财产的债权去抵销属于固有财产的债务；当受托人破产时，信托财产不属于其破产财产；受托人死亡，信托财产不属于其遗产，不能像其固有财产那样具有被继承权；受托人也不能用自己的固有财产同信托财产进行买卖或交换。

（2）当受托人拥有多份信托财产时，对这些由不同委托人信托的信托财产，受托人也要分开经营，分别核算，保持相对的独立性。因为委托人不同，信托目的不同，对信托财产的管理和运用方式也不同，所取得的信托效益必然不同。为了保证不同信托财产的不同受益人的利益，受托人不能把这些不同委托人的信托财产混淆起来，一并管理和运用，而是要分开经营，分别核算。

（3）委托人把某项财产信托出去而使其成为信托财产后，这部分信托财产同委托人的其他财产也要保持相对的独立性。委托人在信托期间对信托财产不具有处置权，当委托人与受益人不是同一人时，未经受益人同意，不得变更受益人或解除信托，信托也不因委托人死亡、丧失民事行为能力、解散、破产或者被撤销而终止。信托发生后，委托人和受益人所欠债务的债权人不能为收回债务而查封或拍卖信托财产，以保证信托目的的实现，保护受益人的利益。

（二）信托财产的有限性

信托财产的有限性是指受托人在对信托财产进行管理和运用时，与其固有财产相比，具有一定的限制。受托人在运用自己的固有财产时，具有完全的自主权，但受托人对信托财产的管理和运用要受到限制，受托人对信托财产的管理和运用应遵循委托人确定的信托目的，不能随意改变，不能为自身利益去使用信托财产，如果受托人未经委托人或受益人同意而擅自改变财产的运用，违背信托约定，或利用信托为自己谋利益，受托人或受益人有权要求受托人赔偿损失，承担法律责任。

（三）信托财产的物上代位性

信托财产的物上代位性是指在信托期间，由于信托财产的管理和运用，信托财产的形式可以发生变化，价值量也会有所增减，所有这些变化都不影响其作为信托财产的性质，信托当事人对信托财产的权益也不会改变。

五、信托的特点

（一）财产权是信托行为成立的前提

财产权是信托行为成立的前提是指委托人必须拥有信托财产的所有权，并将这些权利授予和转移给受托人。这两个条件必须同时存在，缺少一个则信托便不能成立。如果委托人没有财产的合法所有权，他就无法将财产信托出去，也无权决定这笔财产的最终归属；同时，如果委托人不把财产权授予或转移给受托人，受托人就无法开始信托，无法行使受托人的权利，信托也就无从谈起。所以，信托行为的确立必须具备上述两个条件。

（二）信托是一种充分信任

充分信任是指信托当事人之间的信任。对任何信用关系来说，当事人之间必须有信任，这种信任可以是对人的信任，也可以是对物的信任。信托和其他信用关系一样，当事人之间也必须相互信任，然而与其他信用关系不同的是，信托更强调当事人之间的充分信任，特别是委托人和受益人对受托人的信任，这种充分信任表现为：在信托期间，委托人将财产的所有权授予和转移给受托人，并在信托期间不再拥有对这部分财产的处置权，受托人按照信托契约的规定自主运用信托财产，在不违反信托目的的前提下，对信托财产的运用不受任何人的干涉。

（三）他人利益是信托的目的

他人利益是信托的目的是指委托人为了受益人的利益而设立信托，受托人为了受益人的利益而取得信托财产，并管理和运用信托财产，信托财产的收益由受益人享受。在信托实务中，委托人也常常以自己为受益人而设立信托，但这并不否认信托目的的他人原则。因为信托的设立必须具备三个当事人，即委托人、受托人和受益人，即使委托人充当受益人，在信托关系上也不能只确立委托人和受托人，必须同时明确受益人。受益人对信托的存续和终止具有绝对的权利。信托设立后，受益人的资格不能随意取消，未经受益人同意，委托人不能解除信托或终止信托，也不能随意变更受益人的权利，信托收益全部由受益人享受。在信托关系中，受托人是信托财产法律上的所有者，但是受托人对信托财产法律上的所有是为了受益人的利益，受托人对信托财产的所有权与对其固有财产的所有权不同，受托人对信托财产的所有权是一种有限的所有权。

（四）按实际原则计算信托损益

在尽职尽责管理信托财产的前提下，信托财产的损益应根据受托人经营的实际结果来计算，而不是由委托人或受益人事先确立一个标准。如果信托财产有收益，受托人就向受益人交付收益，收益多，交付的也多；如果没有收益，受益人就不享受收益；如果信托财产运用中的支出大于收益，受托人有权要求受益人给予补偿。也就是说，在受托人本身没有过错的情况下，受托人不承担信托财产运用的任何风险和损失，这是由于信托是基于委托人和受益人对受托人的充分信托，承认受托人对委托人和受益人忠贞无私，诚实可靠，当然这种信任是建立在受托人严格执行信托契约的规定的基础上的，如果受托人没有按照委托人的意愿或信托契约的规定管理和运用信托财产，从而造成信托财产的损失，受托人就必须承担损失赔偿责任。

第二节　信托的作用

一、促进社会主义市场经济发展，聚集资金

市场经济的发展必然导致经济活动的多样化和金融资产的多样化。随着我国经济体制改革的不断深化，企业的自主权和经营权进一步强化，迫切需要信托的出现，以其灵活多样的方式来满足不同经济关系和不同经济利益的特殊要求。通过信托业务活动，将其他部门、企业的资金筹集起来，既能满足委托人所委托的一定目的和要求，又能使受托人按照国家产业政策及搞活经济的需要积聚资金，支持社会再生产，促进社会主义市场经济的发展。

二、代人理财，丰富财富管理的内容

代人理财拓宽了投资者的投资渠道。通过规模效益，信托将零散的资金巧妙地汇集起来，由专业投资机构投资于各种金融工具。由于信托制度可有效地维护、管理所有者的资金和财产，它具有很强的筹资能力，为企业筹集资金创造了良好的融资环境。由于信托财产具有的独立性，信托财产在设立信托时没有法律瑕疵，在信托期内能够对抗第三方的诉讼，保证了信托财产不受侵犯。

三、促进企业生产发展，加快商品流通

信托是一种多边信用关系，其本身既是关系人又是中介人，可以充分发挥财务管理和融通资金的中介作用。信托的主要业务是“受人之托，代人理财”。信托业务为各主管单位、大公司及科研机构“拨改贷”提供了新的信用工具，推动了资金由无偿使用向有偿使用的转化，在一定程度上克服了企业资金来源上依赖主管部门的思想，减少了资金浪费，加强了用款单位的责任感和紧迫感，有利于提高经济效益。同时，企业在经济交往中，赊销、分期付款、预收预付款时有发生，难免形成三角债，因而造成企业之间相互拖欠。信托机构可以利用其与各金融机构业务往来多的优势，代企业清收欠款，缓解三角债，促进企业生产发展，加速企业资金周转，加快商品流通。

四、大力发展代理业务，为社会提供全方位服务

代理业务是信托业务之一。由于信托业与社会各方面经济往来密切相关，经营技术成熟，且有较高的信誉，因此信托机构办理代理业务，对于方便客户、满足社会各方面的需要具有重大作用。信托机构开展代理资产处理、代理股票、代理证券发行等信托业务，可以弥补企业在财产处理和资金运用方面经验和能力的不足，降低企业成本，加速资金周转，满足各种不同的财产管理和处置要求。信托机构在受理代理业务的过程中，可以从代理活动中发现企业经营管理存在的问题，及时向企业提出建议，从而协助企业改善经营管理，加强经济核算。信托机构开展代理业务，不仅拓宽了自己的业务范围，而且为社会提供了全方位的服务，补充了银行业务的不足，促进了经济的发展。

五、积极开展租赁业务，促进企业技术改造

由于租赁具有不需要大量投资就能及时得到所需要的技术设备，并可以保持技术设备先进性的特点，同时采用租赁方式引进技术设备可以得到良好的服务，并可免受通货膨胀的影响，所以租赁越来越受到企业的青睐。信托业把租赁业作为一项重要业务来开发，由信托机构垫付资金，购置用户所需要的设备，然后租给用户使用，由用户利用其生产的经济效益支付设备使用租金。这样企业就能够及时有效地进行设备更新，从而促进企业的技术进步，加快产品的更新换代。

六、有利于促进我国的对外开放

改革开放以来，我国的经济建设虽然取得了很大成绩，但同西方发达国家相比，在经济技术方面仍有很大差距。这就需要我国加快改革开放的步伐，大力开展对外贸易，引进国外先进的技术和设备，开展国际经济合作。在这些活动中，许多国内企业急于寻找合作伙伴，了解客户信息，掌握国际市场行情。同时，国外的各种机构、客户也急于了解国内企业的资信情况及产品信息。信托机构可以利用自己的优势为国内外各方面牵线搭桥，通过开展咨询、资情调查等业务，协助国内外双方达成协议，签订经济合同；接受外商委托，引进国外资金；经营其他代理业务，开展对外经济技术交流，加速我国市场经济的发展进程。

七、有利于促进信托机构的企业化经营

信托机构从其诞生之日起就面临竞争的环境，其要想立于不败之地，就需要进行企业化经营，加强管理，降低成本，采用灵活多样的方式来适应客户的不同需要。

第三节 信托的职能

一、财务管理职能

财务管理职能，也称财产事务管理职能，在我国又称“社会理财职能”，是信托机构受托对信托财产进行管理和处理的职能。财务管理职能是信托的基本职能。这种职能具有

以下特点：

(1) 受托人受托经营信托财产，只是为了受益人的利益而进行管理和处理，受托人不能借此为自己谋取利益，而只能受托进行服务性的经营。

(2) 受托人虽然得到委托人的授信，接受了财产所有权的转移，但受托人如何管理和处理信托财产，只能按照信托的目的来进行。受托人不能按自己的需要，随意利用信托财产。

(3) 受托人通过管理或处理信托财产而产生的收益，最终要归于受益人。受托人为管理或处理信托财产而提供的劳务，只能收取手续费作为劳动报酬。

(4) 受托人经营信托财产时，如发生亏损，只要符合信托契约的规定，受托人可以不承担此种亏损。

很显然，信托的财务管理职能与日常生活中的财务管理有着明显的区别。在我国，信托的财务管理职能内容十分丰富，与各种金融业务都有着千丝万缕的联系，具有理财的社会性。如目前信托机构开办的资金信托、财产信托、委托贷款、委托投资等，都属于财务管理职能的运用。随着我国市场经济的不断发展，信托的财务管理职能将会发挥更大的作用。

二、融通资金职能

融通资金职能是指信托作为一项金融业务，具有筹集资金和融资的职能。在货币信用经济下，个人的财产必然有一部分会以货币资金的形态表现出来，因此，对这些信托财产的管理和运用就必然伴随着货币资金的融通。这一职能作用的大小，视各国对信托业务的认识和利用程度的高低而定。例如，日本把信托机构视为融通长期资金的机构，因而在整个日本信托业务中金钱信托占90%以上；在我国，信托的这项职能主要反映在长期资金的营运上，它通过筹集长期资金，用于生产和建设，同时也反映在通过吸引外资，引进国外的先进设备和技术上。信托的融通资金职能具体表现在三个方面：

(1) 直接表现为货币资金的融通。信托机构按照信托方式，受理委托人的信托资金，从而形成信托存款。而当信托机构将信托存款资金用于投资、发放贷款或发行、买卖有价证券时，信托就发挥了融通资金的职能。

(2) 表现为“物”的融通与货币资金融通相结合。当信托机构受理委托人的信托财产时，受托人便可以按照信托目的，通过融资性租赁形式，解决承租者购买设备资金不足的困难，实现资金融通。

(3) 表现为通过受益权的转让而实现货币资金融通。随着受益权通过受益证券的易主转让，货币资金得到了融通，信托发挥了融通资金的职能。

三、沟通和协调经济关系，提供信任、信息与咨询的职能

信托业务具有多边经济关系，作为受托人与受益人的中介，是天然的联系横向经济的桥梁和纽带。通过信托业务的办理，特别是通过代理和咨询业务（如代理发行有价证券、代理收付款项、代理保管资财、信用签证、经济咨询、资信调查等），受托人以代理人、见证人、担保人、介绍人、咨询人、监督人等身份为经营各方建立相互信任关系，为经营者提供可靠经济信息，为委托人的财产寻找投资场所等，从而加强了横向经济的联系和沟通，促进了地区之间的物资和资金交流，也推进了跨国经济技术间的协作。

四、社会投资职能

社会投资职能是指信托机构运用信托业务手段参与社会投资所产生的职能。信托机构开办投资业务是世界上大部分国家的普遍做法。我国自恢复信托业务以来，就开办了投资业务。目前，投资业务为我国信托机构的主要业务之一，以至于我国大多数信托机构被命名为“信托投资公司”。由此可见，信托还具有社会投资职能，表现在：

（1）有价证券投资。在当今世界经济舞台上，股份有限公司扮演着重要的角色，证券投资成为基本的投资方式之一，因而西方信托机构的大部分业务是从事各种有价证券的管理和应用。目前我国正扩大股份制试点和改革，证券投资方兴未艾，因而这种改革将推动信托公司证券投资业务的发展，而信托公司证券投资业务的发展也会为这种改革创造有利条件。

（2）信托投资。即信托机构对联营投资企业（其中包括跨地区跨行业的经济联合体等）单位，根据需要给予投资性的贷款，用于企业资金周转。信托投资业务包括指定信托投资、代理信托投资和一般信托投资三种。

综上所述，在信托的各种职能中，财务管理职能是其最基本的职能，融通资金职能，沟通和协调经济关系，提供信任、信息与咨询的职能，以及社会投资职能也是其重要职能。这些职能是否能够起作用以及发挥作用程度的大小，依各国的政治制度、经济制度，社会习俗等因素而定，特别是一国市场经济发展的程度和金融深化的程度对信托职能的发挥起着决定性的作用。

第四节　租赁概念

一、租赁的一般含义

租赁，分开来说，租是指将物品借给他人并取得报酬，赁是指借入他人的物品并支付费用。合起来说，租赁是指出租人按照合同的规定，将物品在一定期限内出租给承租人使用，承租人按约向出租人支付租金的经济行为。若从承租人角度看，租赁是指承租人以支付租金为代价，获得在一定时期内对一件物品的使用及收益权的经济行为。

人们对租赁的认识，大多来源于生活中的某些片段，如房屋租赁、汽车租赁、图书及音像制品的租赁等。而租赁发展成一个重要的行业，主要还是因为机械设备等金额很大的大宗（专用）物件的租赁——融资租赁。融资租赁是现代租赁的主体，与传统租赁存在一定的差异。虽然租赁形式千差万别，但它们都是一种特殊的信用形式，是物品的所有者以收取报酬为条件，在一定时期内让渡物品使用权的一种方式。可见，租赁是一种所有权与使用权两权分离的经济现象。

租赁行为存在的两权分离，有它自身的特殊性。与此紧密相关的是租赁物品的“物权化”现象。租赁行为的发生基于社会资源的稀缺性。“一些不善于利用财产的人拥有大量的财产，而一些善于利用财产的人，又没有可供利用的财产”，这种物的归属与物的利用之间的矛盾，最初就是通过租赁解决的。它一经产生，就得到了广泛的使用。各国民法在继承了租赁的“用益权”后对其加以发展，出现了租赁物品物权化的倾向，尤其是不动产租赁，物权化趋势日益加强。理解租赁物品物权化，首先要弄明白什么是“物权”。根据

《中华人民共和国物权法》，物权是指权利人依法对特定的物享有直接支配和排他的权利，包括所有权、用益物权和担保物权。实际上，物权就是以所有权为核心及由此衍生出的承包经营权、抵押权、质押权、租赁权等。因此，租赁物品物权化就是指各国实行的强调承租人对租赁物品具有的物权，从而巩固承租人地位，强化承租人利益保护的一种法律现象，是一种限制出租人行使所有权的典型做法。租赁物品物权化的表现有："买卖不破租赁"、"租赁权优于抵押权"、"优先购买权"和"优先续租权"等。这就意味着，在租赁的两权分离过程中，所有权被逐渐弱化，使用权被逐渐强化并得到有效保护。

二、租赁的基本要素

（一）租赁当事人

租赁最基本的当事人是出租人与承租人。出租人是物品的所有者，拥有出租物品的所有权，并将物品出租给他人使用，以收取报酬。承租人是出租物品的使用者，租用出租人所有的物品，并向出租人支付一定的费用。除出租人、承租人外，复杂的租赁关系还包含其他当事人，如在融资租赁、杠杆租赁等租赁活动中，涉及的当事人还有供货人、贷款人等。

（二）租赁标的

租赁标的指租赁物品。在租赁业务中，由于出租的是物品的使用权，因而，从理论上讲，可以合法转让使用权的物品都可以作为租赁标的。不过，在实际操作中，各国对租赁标的都有一些限制。我国《金融租赁公司管理办法》第四条中明确规定："适用于融资租赁交易的租赁物为固定资产"。《国际融资租赁公约》规定：租赁标的物指的是不动产、场地或某种设备。而《国际财务报告准则第 16 号——租赁》则对租赁标的作出了限制性规定：租赁标的不包括石油、天然气、矿产及类似可再生资源的开采权，以及电影、录像、剧本、文稿、专利和版权等。综上所述，租赁标的具有以下性质：其一，租赁标的必须是有形的实物资产；其二，租赁标的被使用后仍然能够保留其原有物理、化学形态；其三，租赁标的必须能够独立地发挥自身效用而不必依附其他物品。

（三）租赁权

租赁权在性质上属于债权，它是基于租赁交易在出租人与承租人之间产生的债权债务关系。在古罗马法中租赁权即被定位为债权，现代各国的立法仍把它放在民法典的债权篇中或以合同法予以规范和调整，没有实质的改变。但法学专家指出，租赁交易"架起了从所有权到用益物权的桥梁"，租赁权"物权化"成为一种趋势。在英国等西方国家资本主义上升时期，租赁权得到强化，新兴资产阶级强化了土地租赁权。1896 年德国承认承租人对租赁标的具有部分物权。这一原则被认为是租赁权物权化的标志，对此现代各国民法都已继承。《中华人民共和国担保法》第四十八条中甚至规定："抵押人将已出租的财产抵押的，应当书面告知承租人，原租赁合同继续有效。"承租人对租赁物品拥有的物权化的权利，还表现在其具有优先购买权与优先续租权上。如美国财务会计准则委员会在其《财务会计准则公告第 13 号》中对租赁的定义有这样的表达：承租人在租期届满后有购买租赁物品的选择权。《俄罗斯联邦民法典》第六百二十一条规定：承租人正确履行了自己的义务，在租期届满时，在相同条件下具有优先于其他人续签租赁合同的权利。

（四）租金

租金是承租人在租赁期限内获得租赁物品的使用权而支付给出租人的代价。租金一般按照租赁的时期长短计算，定期支付，而不以租赁物品的使用次数衡量。从出租人角度看，租金是出租人依靠转让租赁物品的使用权而定期获得的收入，出租人通过收取租金既要收回租赁物品的购置原价、贷款利息和为租赁物品所花费的所有开支，又要在此基础上获取必要的利润，即租金是由以上四个部分构成的。按租赁合同规定定期支付租金，是承租人应尽的法律义务。

（五）租期

租期又称租赁期，是指出租人出让物品给承租人使用的期限。租期的长短与租赁标的的性质及租赁业务类型有关，由出租人与承租人约定。金融租赁的租期一般为 5～10 年。

第五节　租赁的职能与作用

一、租赁的基本职能

租赁特别是融资租赁具有两个基本职能：金融职能与贸易职能。

（一）金融职能

租赁与金融相结合，成为现代租赁行业快速发展的重要动因，租赁因此具有了较强的金融职能。租赁的金融职能具有不同于银行业的表现形式。虽然融资租赁在我国常被人称为“金融租赁”，租赁公司也常被冠以“金融租赁公司”之名，但租赁公司并没有像银行一样经营一般存贷款业务。租赁的金融职能是在“融物”的过程中实现的，“物”为载体，以“物”的融通实现资金的融通，即“融物”与“融资”相结合。具体而言，在租赁交易中，出租人融通资金为承租人购买租赁标的，如机器设备等，将其出租给承租人使用；承租人在拥有租赁标的（如设备等）使用权的同时，也解决了购置租赁标的（如设备等）所需资金的问题。进一步说，承租人尽管没有从租赁公司直接借得货币资金，但在融资租赁这样的现代租赁中，由于租赁标的是由出租人为承租人专门购置并由承租人长期租赁使用的，融资租赁实际上起到了与借款相同的作用。在我国，融资租赁已被社会当成是一种特殊的金融服务，被很多学者称为解决中小企业融资困境、发展基础产业、帮助国有企业改制乃至开发中西部的重要金融手段。

（二）贸易职能

租赁业务实质上是一种承租人通过分期支付租金获得商品使用价值的交换活动。承租人用支付租金的形式，在租期内分次购买租赁标的的使用权，因此租赁可被看作是一种商品交易行为，交易的对象即为租赁标的的使用权。在融资租赁中，租赁期满，承租人可以较低的价格向出租人支付租赁物品的清算残值，从而获得租赁标的的所有权。这一购买残值的过程，更清楚地展示了租赁是一种特殊形式的出售租赁标的的商贸活动。

租赁的贸易职能在现代社会得到了很好的发挥。租赁交易以其自身的特点参与社会生产与生活过程，可大大促进商品交易的扩大，对生产资料与消费资料都具有明显的促销功能。企业可以通过租赁形式获取生产设备、扩大生产，居民也可以通过租赁消费的形式拉动消费需求。从生产企业（厂商）的角度看，租赁的存在能够显著地扩大产品销售。

二、租赁的主要作用

租赁交易对相关的当事人，如承租人、出租人等会产生效用，尤其对承租人的作用更为明显。

（一）对承租人的作用

租赁对承租人具有多方面的作用，如减少购置设备的一次性资本支出、降低设备的无形损耗损失、获得针对租赁标的的专业化管理服务等，但首要的也是最基本的作用是融资，尤其是中长期固定资产（生产设备）的资金融通。融通中长期资金是租赁金融职能的表现形式之一。

租赁所发挥的为承租人融通中长期资金的作用，具有其他融资形式如银行信贷、证券融资所不具有的特点：

（1）融资与融物相结合。现代融资租赁交易对承租人而言，融物是表象，融资是实质；租赁标的与中长期生产资本紧密结合。承租人以租赁标的物为载体，获得出租人提供的中长期生产资本。融资租赁成为融通中长期资金的一种有效手段。在美国等发达国家，融资租赁是企业设备来源的第一渠道。

（2）融资“门槛”较低。在融资租赁中，由于出租人在整个租期内始终拥有租赁物的所有权，可以确保出租人的财产安全并可有效规避经营风险，因而出租人对承租人的审查更注重其未来使用租赁设备所产生的现金流量，而不是过多强调承租人的信用历史或过去的财务记录。也就是说，现代租赁作为一种融资手段，更看重承租人的“未来”而不是“历史”。这种有别于银行信贷、证券融资的做法，是基于融资租赁交易中两权分离的特殊机制。实践证明，在法制健全的国家，在风险物权处理上，融资租赁的资金回收率在97%以上，大大高于银行流动资金贷款的回收率。租赁融资门槛不高的特征使租赁成为依靠银行信贷等手段融资较为困难的中小企业、农户的新兴金融工具。现代租赁业的发展为解决中小企业融资难问题提供了新的思路。

（3）融资手续简便。对承租人而言，使用租赁方式获得生产设备等租赁标的，并不需要额外提供抵押品，不需办理烦琐的担保手续，因而租赁交易相对银行贷款来说环节少、手续简便。这一点对承租人而言具有重要意义。事实上，手续繁简关系到交易成本的高低。一种金融工具能否对客户产生吸引力，交易成本是重要的影响因素。承租人若为不受银行欢迎的中小企业，选择租赁方式获取生产设备，比到银行申请贷款购置设备，可以大大节约时间成本。

（4）融资比例高。在银行信贷业务中，借款人必须有足够的自有资金，如中长期固定资产贷款一般要求自有资金比例达30%～50%，银行进行融资的比例为50%～70%。现代租赁交易中的融资，并不要求承租人为租赁标的额外准备一定数量的自有资金，租赁标的价款由出租人以自有资金或借入资金支付。从承租人角度看，租赁融资的比例可高达100%，在其扩大再生产的当期只需少量投资甚至不用直接投资即可完成固定资产投资，这样就能以有限的资金实现生产目标并产生显著的财务杠杆效应。

（5）具有节税效应。大多数国家对租赁都给予税收优惠。我国现行税制规定：企业融资租赁的固定资产和设备等按照租赁协议或合同确定的价款，加上运输费、途中保险费、安装调试费，以及投入使用前发生的利息支出和汇兑损益后的价值计提折旧。事实上，承租人并没有为购置设备一次性花费巨资，但可以在税前将这笔资金计提折旧。显然这种规定为承租人的财务安排提供了很大空间，具有明显的节税效应。

（二）对出租人的作用

（1）一种安全高效的投资方式。对出租人而言，租赁是一种投资形式，且具有安全性好、收益率高的特征。租赁期间租赁标的的所有权归出租人，承租人不能履行支付租金的义务时，出租人有权收回租赁标的；同时，出租人的投资固化在租赁标的上，不存在被挪用的风险。这说明租赁是一种较为安全的投资渠道。租赁作为一种投资渠道来说，虽然期限偏长，但出租人可以通过租金收回投资并获取较为可观的报酬，即租金包含了购置设备的成本、其他各项费用以及出租人应取得的利润等。现代租赁时间跨度长，在漫长的租期内出租人可获得稳定的租金收入，因此，租赁投资效用较高。

（2）可以通过租赁享受税收和加速折旧的政策优惠。对租赁当事人给予优惠政策是现代租赁业得以生存与发展的重要条件。新加坡在 1998 年引入新的税制使融资租赁对分期付款的优势消失，结果使新加坡融资租赁行业消亡，2003 年新加坡租赁协会不得不自行解散。但大多数国家为扶持租赁行业的发展，一般都规定出租人对租赁设备投资可以采用加速折旧法计提折旧费用，并将其计入成本，免交所得税。在购买设备用于出租时，政府还会按购买设备出资的一定百分比，直接免除出租人的税款。此外，有些国家对出租人利用贷款购买租赁设备给予优惠贷款利率。

（3）出租人若为设备生产商，租赁可助其扩大产品销售。对厂商而言，租赁可拓宽其产品销售渠道，表现在以下方面：首先，租赁大大减轻了承租人一次性支付资金的压力，使承租人的潜在需求变成现实需求并得到满足；其次，租赁较低的融资门槛，使广大中小企业有机会成为承租人，大大扩大了客户群；再次，租赁交易的对象是租赁标的，租赁交易的发生可带动相关配套产品及服务的销售；最后，租赁可帮助产品打进国际市场。由于租赁不涉及产品所有权的转移，出租人可以规避关税和非关税壁垒，使产品更轻松地进入国际市场。

（三）对社会经济发展的作用

（1）有助于中小企业融资问题的解决。中小企业自身具有的一些特点使传统的商业银行对其另眼相看，融资难也成了“老大难”问题。发展融资租赁，可以推动该问题的解决。如前所述，融资租赁具有融资与融物相结合、融资“门槛”较低、融资手续简便、融资比例高、节税效应明显等特征。这些特征能最大限度地满足中小企业的融资需求。

（2）有助于促进国有企业改革。国有企业面临着诸多问题，其中资产负债率过高及技术装备落后是制约其发展的重要因素。融资租赁在解决这些问题上具有优势。一方面，租赁能改善国有企业的资产负债率。另一方面，由于融资租赁是以融物形式进行的融资，通过对租赁设备选择进行限制，可以实现国有企业设备的更新换代；而加速折旧的广泛使用对加快国有企业技术进步的步伐，进而实现产业升级具有重要作用。

（3）有助于基础产业的发展。我国政府一直重视基础设施建设，而且也取得了不小的成就，但仍无法满足经济建设发展的需要，主要表现为城市交通、生态环境、供水等方面的基础设施总量不足。究其原因，主要是建设资金供给不足。其实近年来我国社会资金总量相当充裕，居民储蓄存款节节上升，银行存差已达数万亿元之巨。当前的形势是，一方面银行资金过剩，另一方面基础产业投入不足。这充分表明了我国基础产业不是缺少“源头”的资金，而是缺乏合适的融资机制。租赁可为基础设施建设提供一种新的筹资方式，可撬动民间投资，动员社会资源为基础产业发展服务。

（4）有助于扩大内需，为GDP增长作出贡献。GDP增长可分解为三个方面的需求：投资需求、消费需求、净出口需求。投资与消费合称为“内需”。租赁对投资与消费的扩大能够起到较好的作用。就投资而言，租赁对企业生产设备的融通直接扩大了企业投资及社会投资规模。就消费而言，租赁可以帮助买不起却租得起的消费者实现消费需求。在我国，租赁作为扩大内需、刺激消费的一种新的消费形式，已经逐步被广大社会公众所接受。在北京、上海、南京、武汉等大中城市，近年来出现的汽车租赁、房屋租赁、电脑租赁、家电租赁等业务的发展形势越来越好。租赁消费在激烈的市场竞争中已初露锋芒，显示出强大的生命力和广阔的市场前景。

第六节　信托与租赁相关法律规定

一、信托法的基本内容

信托法是确认、维护和发展信托所必须规定的一般信托原理和原则的法律，是一切信托活动所必须遵循的根本准则。一部信托法大体上由这样几部分组成：法律的总则和附则；确认信托成立及其要素；信托财产在法理上的性质及其有关权益的处理；受托人的权限与权利；受托人的义务与责任；受益人的权利与义务；信托的终止和解除；公益信托的有关法规事项。

（一）信托法总则和附则

1. 信托法的总则部分

总则在于阐明制定本法的目的及任务、信托的定义以及本法的适用范围等基本原则问题。信托法是关于信托的一般法，因为它是民事信托和金融信托最基本的法律依据。同时，它也是民法或金融法的特别法，应包括如下内容：

（1）制定本法的目的。在市场经济条件下，由于信托这种特殊的财产管理行为的存在，需要用法律形式保护公民和法人在这方面的正当权益，调整信托范围内的经济法律关系。

（2）确定信托的定义。对信托作出法律上的解释。

英美法系中具有代表性的定义如下：

“信托是一种信任关系，其中，持有财产权的人负有为了他人的利益管理或处分该财产的衡平法上的义务。”

“信托是关于特定财产的一种信任关系。受托人为了他人的利益而享有该特定财产的法律上的所有权，他人作为受益人则享有该特定财产的衡平法上的所有权。”

大陆法系关于信托的定义如下：

《日本信托法》：“本法所称信托，是办理财产权转移或其他处理，使他人遵从一定的目的，对其财产加以管理和处理。”

《韩国信托法》：“本法所称信托，是指设定信托人（以下称委托人）与接受信托人（以下称受托人）间，基于特别信任关系，委托人将特定财产转移或经其他处分交给受托人，使受托人为一定人（以下称受益人）的利益或为特定的目的，管理或处分该财产的法律关系。”

我国《信托法》："本法所称信托，是指委托人基于对受托人的信任，将其财产权委托给受托人，由受托人按委托人的意愿以自己的名义，为受益人的利益或者特定目的，进行管理或者处分的行为。"

(3) 信托法的适用范围。信托法一般以信托财产管理为主，涉及其他方面如公益、民事等，应由其他方面的法律作为补充。

(4) 信托关系人的地位。总则一般对信托关系人的地位加以明确：如转让财产人为委托人；承受并管理、使用、处分财产者为受托人；享受此项信托财产利益的人为受益人，受益人只能享受信托财产范围内应享受的利益。委托人主动、自愿提出转让的财产权属信托财产。信托财产一经转让给受托人，受托人在法律上即掌握此项财产的所有权。

2. 信托法的附则部分

信托法的附则部分一般为信托法颁布机关、通过日期、实施和生效日期等内容。

(二) 信托的成立

确认信托关系在法律上的有效性，即信托成立必须具备特定的条件。首先，在这种关系中必须具备人的因素，如委托人、受托人和受益人；其次，信托的成立应有合法的目的；最后，各信托当事人确有成立信托的自由意思表示。

1. 信托关系中人的因素

(1) 信托当事人。委托人、受托人和受益人是确认信托在法理上成立的第一要素。三种信托关系当事人缺一不可。虽然委托人与受益人可以是同一人，委托人与受托人也可以是同一方，但在法理上仍认为上述地位是有所区分的，而受托人与受益人绝对不能为同一人。

(2) 信托成立的依据。信托成立，在法理上要求有文字或口头依据，明确三方当事人。"遗嘱执行信托"在法律上的有效性要在委托人去世之后才成立。

2. 信托目的的合法性和可能性

信托目的，是委托人通过信托行为所要达到的目的。

(1) 所谓信托目的合法性是指设定信托的目的要以符合法律、不损害社会公共利益为原则。如《日本信托法》明确规定有三种信托目的是被禁止的：违法性信托；诉讼信托；欺诈信托。我国《信托法》规定：信托目的不能违反法律、行政法规或者损害社会公共利益；不能专以诉讼或者讨债为目的设立信托。

(2) 信托目的的可能性是指信托目的必须是合法的，同时又必须是能够达到或实现的，并且是符合社会要求的。如果信托目的是明显不能达到或实现的，则信托的成立毫无意义，信托就不能成立。

3. 成立信托的自由意思

信托关系人确有成立信托的自由意思，这是确认信托有效性的又一条件。当事人成立信托的意思表示，在其内容与形式上都是自由的。在信托内容上，当事人有权自由表示意思，选择各种信托。当事人在表示意思要成立信托时，可以采用文字来表示，也可以口头表示，或者是默认表示。但属于特殊行为时，须以文书为信托法律行为成立的必要条件。

对于一些信托契约，虽已明确指定受益人，但没有得到受益人明白的承诺，信托关系是否成立，英美法系和大陆法系有不同的看法。英美法系认为受益人既经指定，又没有积极拒绝受益的意思表示，就是承认信托成立。大陆法系则认为被指定的受益人有积极表示受益的意思才能享受信托受益权，若受益人没有受益意思表示，信托的成立无效。

4. 共同委托、共同受托与共同受益

信托关系中的各方当事人，既可以是单独的个人或法人，也可以是数个人或几个法人的联合。同一种信托财产为几个委托人所有，则在提出委托要求时，应由几个委托人共同与受托人订立信托契约，写明各委托人对于信托财产的权利与义务。同一个信托行为中有几个受托人时，对信托事务的管理，应由几个受托人共同执行并承担连带责任，但信托契约另有规定的除外。同一个信托行为有几个受益人时，除信托契约另有规定外，应向他们平均分配信托利益。

（三）信托财产

1. 信托财产的物上代位权

所谓物上代位权是指在信托过程中，信托财产的受托人依据规定的信托目的和要求，对信托财产进行管理、处分或者由于其他事由，致使信托财产的形态和价值量发生增减变化，但其作为信托财产的性质始终没有变，与之相适应的各种利益关系也没有变，财产权始终属于受益人。受益人在法律上受保障的这种权益被称为信托财产的物上代位权。

2. 信托财产的不当处分与追及权

受托人违反信托契约将信托财产处置给第三人，而法律上确定这种处理不当，认为第三人取得的权益完全无效，则第三人的利益得不到保障。在信托法上必须确定第三人是正当取得还是不正当取得，是有代偿取得还是无代偿取得。如果第三人事先明知受托人处置的财产是有信托关系存在的信托财产，受托人是违法处置，则第三人的权益是“恶意取得”。从信托法上来说，对恶意取得不应予以确认，即对第三人的权益不予以保护，而受益人有权实行“法上追及”，请求补偿损失。反之，如第三人不知受托人是违法处置财产，只是通过相应地给予代偿而取得信托财产，则受益人对第三人没有追及权。依英、美等国的判例，这是一种第三人的“善意取得”。

3. 信托关系人死亡或破产时信托财产的处理

（1）委托人死亡或破产。信托设立后，在委托人死亡或者依法解散、被依法撤销、被宣告破产时，委托人是唯一受益人的，信托终止，信托财产作为其遗产或者清算财产；委托人不是唯一受益人的，信托存续，信托财产不作为其遗产或者清算财产；但作为共同受益人的委托人死亡或者依法解散、被依法撤销、被宣告破产时，其信托受益权作为其遗产或者清算财产。

（2）受托人死亡或破产。在受托人死亡或者破产时，受益人可以行使财产的“取回权”。这就是说，在受托人死亡或者破产时，构成其遗产或清算财产的只限于受托人本身固有的财产，而信托财产不能被列入遗产或清算财产。《信托法》明确规定：受托人死亡或者依法解散、被依法撤销、被宣告破产而终止，信托财产不属于其遗产或者清算财产。

（3）受益人破产。受益人破产时，对于如何处理其信托财产有两种不同的观点。一种观点认为信托是为了受益人的权益而设立的，信托财产是受益人的所有物，当然应作为受益人的破产清算财产。另一种观点认为法律上信托财产归属于受托人，因而信托财产不能归入破产范围，若此时信托财产在受益人手中，则受托人享有“取回权”。

4. 信托财产的债权与非信托财产的债务处理问题

由于信托财产具有独立性，不能把信托财产上具有的债权用于偿还不属于信托财产上发生的债务，两者不能用来相互抵销。

（四）受托人的权限与权利

1. 受托人的权限应在委托人授予的范围之内

受托人依照成立信托的目的承受和掌握信托财产，并根据信托契约的要求来管理、处分信托财产。如发生受托人超越信托契约规定的权限，除非事先经过委托人或受益人的同意，或事后得到委托人或受益人的承认，否则信托法不予以确认其法律效力。

2. 信托权限的变更

信托权限的变更一般在以下两种情况下是有效的：(1) 委托人、受益人和受托人中的任何一方，在订立信托契约时就有规定，在情形变迁时，一方当事人在征得其他两方当事人的同意后，可变更契约上所规定的信托权限。(2) 委托人在订立信托契约时，就明确委托人有权变更所规定的信托权限，不用征得其他两方当事人的同意。无论是上述何种情形，信托权限的变更均须经司法机关裁定。

3. 受托人的报酬和费用赔偿的请求权

(1) 受托人的报酬请求权，即信托手续费的收取。对于受托人的报酬请求权应坚持市场经济中的等价交换原则，在信托契约中明确地体现。在民事信托中，除非委托人自定相当的报酬或当事人在承受信托时受益人与受托人互相另有约定，信托法才确认其报酬请求权。

(2) 受托人由于信托财产管理、保存等经营行为而发生的正当费用，如保管费、诉讼费、设施费以及其他由于信托的执行而产生的费用，受托人有权要求受益人赔偿或补偿。

（五）受托人的义务与责任

1. 受托人最基本的义务

受托人应严格按照信托契约的规定为受益人的最大利益执行其对信托财产的管理和处理的义务。

2. 受托人对信托收益与债务应尽的义务

受托人因管理、处分信托事务而产生的各种收益或权利，都是信托利益，不是受托人自身的收益，均应归入信托财产，受托人不得据为己有。受托人管理、处分信托事务，对非因受托人的责任而形成的债务，应履行清偿信托财产的债务的义务，且受托人清偿信托上的债务时应以信托财产为限。如遇明显不能清偿的信托债务时，受托人应请求受益人承诺处分信托财产，或申请破产。

3. 受托人对信托财产使用、受让的义务

受托人被授权管理、处分信托事务，必须为受益人利益而使用信托财产，不得利用信托财产为自己谋取利益。除非信托契约有规定或经司法机关许可，受托人也不能利用业务或处理信托事务之便，随意受让受益人应有的信托财产。

4. 受托人对信托财产分别管理与运用的义务

(1) 受托人对信托财产与其本身固有的财产应分别管理、分别记账，这是保持信托财产独立性原则的要求。同时对同一委托人有多种信托目的的委托，受托人也应对同一委托人的有不同信托目的的财产分别管理、分别记账，除非事先在信托契约中另有规定。

(2) 受托人对信托财产的运用，特别是对信托资金的运用，一是要遵守信托契约的规定；二是要遵守国家法令；三是应在国家为保护受益人的利益而规定的运用范围之内。

5. 受托人有代理人时所负责任

一般来说，受托人应当自己处理信托事务，但在确需由第三者代为处理有关信托事务时，应经委托人同意或经司法机关许可，且这种代理的法律后果由受托人承担。

6. 受托人负有补偿损失的责任

受托人因处理信托事务有过失或违反信托契约的规定，致使信托财产遭受损失的，受托人负有对委托人或受益人赔偿的责任，需要复原的应恢复信托财产的原状。

（六）受益人的权利与义务

1. 权利

在信托关系中，受益人主要是享受信托行为所产生的一切利益的权利，即受益权。在信托法中受益人享受多种信托权利，如：对受托人的监督权；对信托财产状况、信托资金运用、信托财务账目情况的清查权和要求受托人对信托管理上的情况作报告的权利；受托人如有违约，对受托人的解聘权；对受托人违反信托契约而造成的信托财产损失的请求赔偿权；等等。也就是说，受益人除了享有受益权外，凡是委托人所拥有的权利，受益人同样拥有。

2. 义务

受益人的义务主要有：一是受益人不得侵害其他共同受益人的利益；二是受益人不得妨碍受托人执行正常的信托职务；三是受益人应对受托人提出的费用和补偿受托人损失的要求提供支付；四是受益人有义务促使受托人不得违反信托法规。

（七）信托的终止和解除

1. 信托终止即信托业已完成，不再存续

(1) 公益信托的存续期间与信托终止。公益信托的宗旨在于为社会谋福利，信托法确认其存续的永久性。财产所有人可以要求永久设立信托。公益信托一经设立，即使原受托人不存在，信托也不致消失或终止。受托人在公益信托期间发生死亡、辞职、破产等法律上和事实上不能再负受托责任的情况，或由于其他原因而出现受托人不存在的情况时，应由司法机关另行选任其他受托人继任。新受托人享有与原受托人同等的权利、义务。公益信托关系仍然继承存在。

(2) 私益信托的存续期间与信托终止。私益信托在信托文件中可因信托目的不同而规定长短不同的信托存续期限，或不规定终止时间，以信托目的是否完成来确认信托是否终止。在私益信托中，有时信托存续时间虽然是非永久性的，但时间也很长。所以英美等国对信托存续时间加以限制，即不得超过信托成立时生存的各关系人（受益人）死后 21 年，超过这个期限之时就是信托终止之时。

《信托法》规定有以下情形之一者，信托终止：①信托文件规定的终止事由发生；②信托的存续违反信托目的；③信托目的已经实现或者不能实现；④信托当事人协商同意；⑤信托被撤销；⑥信托被解除。

2. 信托解除即信托未完成而中途消灭

(1) 司法机关许可的信托解除。在信托关系中任何一方当事人提出，并征得其他两方的同意，经司法机关公证就可以随时解除信托关系。

(2) 受托人死亡等引起的信托解除。以个人作为受托人的受托人死亡、丧失行为能力，以及以法人作为受托人的受托人破产、丧失行为能力，均可因此解除信托。

(3) 受托人过失引起的信托解除。凡受托人有重大过失或恶意行为的，委托人或受益人均可申请由司法机关撤销其受托人资格，从而解除信托关系。

3. 关于信托终止、解除后信托事务的转移及财产的归属

信托终止或信托解除后，在委托人或受益人接受信托事务前，受托人应继续负责处理信托事务；信托终止或信托解除后，信托权利或财产转移到归属人手中之前，也应视同信

托仍然在继续，受托人仍然要按规定管理好信托财产。依照信托立法的一般要求，信托终止或解除后的有关事务交接时间通常以 6 个月为准。由委托人或受益人接管全部信托事务。信托消灭，信托财产归属于信托契约所规定的归属人。如果信托契约没有规定权利归属人，或虽已规定权利归属人但其已死亡或不存在，则信托财产归属于委托人或受益人的继承人。

（八）公益信托的若干内容

公益信托是指以社会公共利益为目的而设立的信托方式。《信托法》规定设立公益信托的情形包括：救济贫困，救助灾民，扶助残疾人，发展教育、科技、文化、艺术、体育事业，发展医疗卫生事业，发展环境保护事业、维护生态环境，发展其他社会公益事业等。

1. 公益信托的定义与委托人

社会学术团体、社会教育团体、社会保险团体、保健团体、社会救济团体、奖励团体等为社会公众谋利益的一切团体（或基金会），成立的信托均被称为公益信托。公益信托的委托人可以是个人，也可以是法人。

2. 信托报告和信托财产移交

公益信托的受托人应每隔一定期间就信托事务的经营情况、财务情况向委托人提供书面报告，向社会公众公告有关信托的财务，以此向社会负责，接受社会公众监督。公益信托是要求永久存续的，但也可能因受托人的变化而终止或解除，须指定新的受托人。凡公益信托关系终止或解除的，须把信托财产移交给委托人，委托人不存在时可移交给当地政府或委托人的上级主管，等新受托人确定后，再设立新的信托关系。

3. 受托人权限的变更

由于特殊原因，公益信托的受托人不能执行事先指定的信托事务，应征得委托人同意，变更信托处理方法及委托人所授予的权限。

二、金融租赁法律制度

（一）金融租赁公司的设立

金融租赁公司的设立由中国银保监会批准。金融租赁公司名称中标明“金融租赁”字样。未经中国银保监会批准，任何单位和个人不得经营融资租赁业务或在其名称中使用“金融租赁”字样，但法律法规另有规定的除外。申请设立金融租赁公司应具备以下条件：

（1）具有符合《金融租赁公司管理办法》规定的出资人。金融租赁公司的出资人分为主要出资人和一般出资人。主要出资人是指出资额占拟设金融租赁公司注册资本 50%以上的出资人。一般出资人是指除主要出资人以外的其他出资人。

金融租赁公司主要出资人应符合下列条件之一：

1）在中国境内外注册的具有独立法人资格的商业银行，还应具备以下条件：①资本充足率符合注册地金融监管机构要求且不低于 8%；②最近 1 年年末资产不低于 800 亿元人民币或等值的自由兑换货币；③最近 2 年连续盈利；④遵守注册地法律法规，最近 2 年内未发生重大案件或重大违法违规行为；⑤具有良好的公司治理结构、内部控制机制和健全的风险管理制度；⑥中国银保监会规定的其他审慎性条件。

2）在中国境内外注册的租赁公司，还应具备以下条件：①最近 1 年年末资产不低于 100 亿元人民币或等值的自由兑换货币；②最近 2 年连续盈利；③遵守注册地法律法规，最近2年内未发生重大案件或重大违法违规行为。

3）在中国境内注册的、主营业务为制造适合融资租赁交易的产品的大型企业，还应具备以下条件：①最近1年的营业收入不低于50亿元人民币或等值的自由兑换货币；②最近2年连续盈利；③最近1年年末净资产率不低于30%；④主营业务销售收入占全部营业收入的80%以上；⑤信用记录良好；⑥遵守注册地法律法规，最近2年内未发生重大案件或重大违法违规行为。

4）中国银保监会认可的可以担任主要出资人的其他金融机构。金融租赁公司一般出资人应符合中国银保监会金融机构投资入股相关规定。符合主要出资人条件的出资人可以担任金融租赁公司的一般出资人。

（2）具有符合《金融租赁公司管理办法》规定的最低限额注册资本。金融租赁公司的最低注册资本为1亿元人民币或等值的自由兑换货币，注册资本为实缴货币资本。中国银保监会根据融资租赁业发展的需要，可以调整金融租赁公司的最低注册资本限额。

（3）具有符合《中华人民共和国公司法》（简称《公司法》）和《金融租赁公司管理办法》规定的章程。

（4）具有符合中国银保监会规定的任职资格条件的董事、高级管理人员和熟悉融资租赁业务的合格从业人员。

（5）具有完善的公司治理、内部控制、业务操作、风险防范等制度。

（6）具有合格的营业场所、安全防范措施和与业务有关的其他设施。

（7）中国银保监会规定的其他条件。

根据《金融租赁公司管理办法》的规定，金融租赁公司的设立需经过筹建和开业两个阶段。申请人提交的申请筹建、申请开业的资料，以中文文本为准。资料受理及审批程序按照中国银保监会有关行政许可事项实施规定执行。

申请筹建金融租赁公司，申请人应当提交下列文件：（1）筹建申请书，内容包括拟设立金融租赁公司的名称、注册所在地、注册资本金、出资人及各自的出资额、业务范围等。（2）可行性研究报告，内容包括对拟设公司的市场前景分析、未来业务发展规划、组织管理架构和风险控制能力分析、公司开业后3年的资产负债规模和盈利预测等内容。（3）拟设立金融租赁公司的章程（草案）。（4）出资人基本情况，包括出资人名称、法定代表人、注册地址、营业执照复印件及营业情况以及出资协议。出资人为境外金融机构的，应提供注册地金融监管机构出具的意见函。（5）出资人最近2年经有资质的中介机构审计的年度审计报告。（6）中国银保监会要求提交的其他文件。

经中国银保监会批准，金融租赁公司可设立分支机构。中国银保监会对金融租赁公司董事和高级管理人员实行任职资格核准制度。

（二）金融租赁公司的业务范围

经中国银保监会批准，金融租赁公司可经营下列部分或全部本外币业务：（1）融资租赁业务；（2）吸收股东1年期（含）以上定期存款；（3）接受承租人的租赁保证金；（4）向商业银行转让应收租赁款；（5）经批准发行金融债券；（6）同业拆借；（7）向金融机构借款；（8）境外外汇借款；（9）租赁物品残值变卖及处理业务；（10）经济咨询；（11）中国银保监会批准的其他业务。

（三）金融租赁公司的经营规则

金融租赁公司的公司治理应当建立以股东（大）会、董事会、监事会、高级管理层等为主体的组织架构，明确各自之间的职责划分，保证相互之间独立运行、有效制衡，形成科学、高效的决策、激励和约束机制；按照全面、审慎、有效、独立的原则，建立和健全内部控制制度，并报中国银保监会或其派出机构备案。

金融租赁公司应当制定关联交易管理制度，具体内容应当包括：（1）董事会或者经营决策机构对关联交易的监督管理；（2）关联交易控制委员会的职责和人员组成；（3）关联方的信息收集与管理；（4）关联方的报告、承诺、识别与确认制度；（5）关联交易的种类及定价政策审批程序和标准；（6）回避制度；（7）内部审计监督；（8）信息披露；（9）处罚办法；（10）中国银保监会要求的其他内容。

金融租赁公司的重大关联交易应经董事会批准。金融租赁公司董事会、未设立董事会的金融租赁公司经营决策机构及关联交易控制委员会对关联交易进行表决或决策时，与该关联交易有关联关系的人员应当回避。这里所指的重大关联交易是指金融租赁公司与一个关联方之间单笔交易金额占金融租赁公司资本净额5%以上，或金融租赁公司与一个关联方发生交易后金融租赁公司与该关联方的交易余额占金融租赁公司资本净额10%以上的交易。

（四）金融租赁公司的监督管理

金融租赁公司开展业务，应当遵守以下监管指标：（1）资本充足率。金融租赁公司资本净额不得低于风险加权资产的8%。（2）单一客户融资集中度。金融租赁公司对单一承租人的融资余额不得超过资本净额的30%。计算对客户融资余额时，可以扣除授信时承租人提供的保证金。（3）单一客户关联度。金融租赁公司对一个关联方的融资余额不得超过金融租赁公司资本净额的30%。（4）集团客户关联度。金融租赁公司对全部关联方的融资余额不得超过金融租赁公司资本净额的50%。（5）同业拆借比例。金融租赁公司同业拆入资金余额不得超过金融租赁公司资本净额的100%。中国银保监会视监管工作需要可对上述指标作出适当调整。

金融租赁公司应按照相关企业会计准则及中国银保监会有关规定进行信息披露，并实行风险资产五级分类制度。金融租赁公司应当按照有关规定制定呆账准备制度，及时足额计提呆账准备。未提足呆账准备的，不得进行利润分配。金融租赁公司应建立定期外部审计制度，并在每个会计年度结束后的4个月内，将经法定代表人签名确认的年度审计报告报送中国银保监会及其相应派出机构。

金融租赁公司已经或者可能发生信用危机，严重影响客户合法权益的，中国银保监会依法对其实行托管或者督促其重组，问题严重的，有权予以撤销。

本章思考题

一、名词解释

1. 信托行为
2. 受托人
3. 信托财产
4. 信托财产的有限性

二、简答题

1. 简述信托财务管理职能的特点。
2. 简述租赁所发挥的为承租人融通中长期资金的特点。
3. 简述租赁对社会经济发展的作用。

第二章

信托的产生与发展

导入案例

刘某与张某结婚数年后因个性不合而协议离婚，他们三岁的儿子由刘某监护，而刘某离婚后不久又与李某结婚另组家庭并生有一子。张某目前有现金500万元、市价为200万元的股票若干、房产两套。张某从事高危行业，恐遭不测，担心将所有财产留给儿子后，会由刘某掌控。张某害怕刘某不能真正为儿子的利益而是按照自己的意志管理、处分财产，于是向专业人士咨询。专家建议张某可以考虑成立遗嘱信托，将其财产委托给可以信赖的人或受政府主管机关监督的信托机构，由受托人管理信托财产，并约定于其儿子成年或若干条件成立后，例如升学、结婚、创业、生子时再将遗产交与其儿子。但是信托到底适用于怎么样的法律制度？它能解决张某的问题吗？

第一节　信托的起源

信托业历史悠久，经历了一个从一般民事信托到民事信托制度，再到现代金融信托的漫长的历史过程。近年来，我国信托业发展迅速，已成为除银行、保险、证券外的第四大金融产业，而关于信托的起源，目前有两种学说：大陆法说和英美法说。

一、大陆法说

这一学说认为信托起源于《罗马法》的遗嘱信托。所谓遗嘱信托，是指被继承人要求受托人在被继承人死亡后，将所取得的财产转移给特定的第三人。

公元前埃及尼罗河畔，有人设立遗嘱，让其妻继承自己的遗产，并为其子女指定监护人，还设立遗嘱的见证人。这种以遗嘱方式委托他人处理财产并使继承人受益的做法，被认为是世界上最早的“信托契约”，这是一种原始的自发的信托行为。

真正在法律上得到明确承认和规定的信托概念，源于《罗马法》中的“信托遗赠”制度。公元前5世纪中叶罗马共和国颁布的《十二铜表法》规定：“凡以遗嘱处分自己的财产，或为其家属指定监护人的，具有法律上的效力。”罗马帝国末期的法律就具体规定：“在按遗嘱划分财产时，可以把遗嘱直接授予继承人，若继承人无力或无权承受，可按信托遗赠制度的规定，把财产委托和转移给第三者处理。”这就是世界上首次用法律形式肯定的、比较完整的信托概念。

二、英美法说

英美法说是当今关于信托起源的通说。此学说认为，信托起源于英国中世纪的“尤斯制”（“Use”），尤斯制是英国古代的一种法律制度，这种制度仿照和引用了《罗马法》的使用权。

由于当时法律规定对教会不能收税，因而影响了封建君主的捐税收入。为了制止这种触犯君主利益的遗赠，英王亨利三世于13世纪颁布了《没收条例》，规定凡将土地让与教会者，须经君主许可，否则就要被没收。有土地的教徒，为了避免没收，往往采取把土地委托给第三者使用的方式，“替教会管理或使用土地”，使教会照样可以享受土地所得收益。于是出现了委托人、受托人、受益人三者之间的关系。这就是尤斯制的开端。①

但是那时的尤斯制还不能算是完备的信托结构，一直到16世纪一种新的财产寄赠方式——“双重尤斯制”出现，真正意义上的信托结构才算定型。尤斯制是依靠衡平法的保护不断发展壮大的，而双重尤斯制则使得该种制度能够受到普通法的保护。

双重尤斯制可以说是“尤斯上的尤斯”，因为新的《尤斯条例》对于第一个“尤斯”有约束作用，对第二个“尤斯”却失去了约束效力。所以，双重尤斯制的形成是为了躲避新的《尤斯条例》这个法令。对于第一个“尤斯”：土地持有者，即教徒本人先把土地转让给其儿女，转让是为了宗教团体的利益；对于第二个“尤斯”：其儿女把土地再转让给第三方，第三方一般是土地持有者亲密的朋友。可以看出，在双重尤斯制中，儿女是第一个受托人，第三方是第二个受托人。在第二个“尤斯”中，其儿女转让土地是为了自身的收益，因为其儿女是第二个受益人，根据新的《尤斯条例》，其儿女被看成所有人。

第二个“尤斯”是现代信托的真正结构，是信托结构的完善和发展，是现代信托真正的由来。《尤斯条例》颁布的结果是在普通法法律上使长期流传于民间的原来的尤斯制得到了确认，并进而导致了其他寄赠方式的出现。而且，双重尤斯制的出现使得现代信托观念更加广泛地传播。因此，双重尤斯制为现代信托制度的真正开拓性制度。现在研究信托起源的多数学者都认为：现代采用的“信托”一词——“trust”，实际上就是起源于英国16世纪的“双重尤斯”结构。

由于尤斯制触犯了封建君主的利益，因此曾遭到当局的极力反对。随着英国封建制度的衰落及资产阶级革命的成功，到17世纪，尤斯制终于被法律承认、保护，应用范围不断拓广，信托观念日益明确，信托立法逐渐完善。到19世纪中叶英国完成工业革命后，社会化大生产很需要有专业性、稳定性的受托人为之服务，于是信托经济关系得到社会的广泛认可，信托机构纷纷成立。至此，较为完善的民事信托业务制度得以确立。

---

① 闵绥艳．信托与租赁．北京：科学出版社，2012.

第二节　国际信托业发展历程

信托业起源于英国，由于其特殊的制度功能，迅速被其他国家引进并发展为金融资本市场不可或缺的部分，逐渐成为现代市场经济发展的杠杆，目前在美国、日本等国家发展较迅速。但是，由于历史的原因，我国信托业的成长明显滞后于社会经济发展和金融改革进程，随着经济体制改革的深入，在发展信托业的同时，研究和借鉴其他国家发展信托业的先进经验是十分必要的。

一、英国信托业的发展历程及特点

（一）发展历程

英国的信托业最初是因私人受托承接，委受双方非亲即友，而且不以营利为目的。17世纪以后，随着信托制度得到法律意义上的确认与发展，受托人的范围逐渐扩展为由教会人员、学校教师等社会信誉较好、名望较高的人充当。但是，这种民事信托大多是无偿的、依靠个人关系之信任而进行的信托活动，难免发生受托人违反忠实义务而私自吞没财产的行为，以及受托人先于委托人死亡等情况，导致财产损失和纠纷。为此，英国政府于1893年颁布了《受托人条例》，开始对个人充当受托人承办的信托业进行管理，1896年又颁布了《官选受托人条例》，扩大了受托人的范围并引入政府干预，既有利于提高受托人的公信力，也有助于规范信托行为的运作。此外，官选受托人被允许收取一定报酬作为补充收入则催生了商事信托的发展。在1925年颁布的《法人受托人条例》的引导下，各郡纷纷设立以营利为目的的信托公司，英国信托业逐渐实现由个人无偿受托向法人有偿受托的商业化阶段发展，而这些转变促使英国信托业逐渐成熟起来。在混业经营的基础上，英国的信托业务广泛分布于银行投行部、保险公司资管部以及众多专业的信托公司。另外，以公益为目的的基金会、财团等契约型信托也得以迅速发展。

（二）特点

1. 建立并完善法规

英国信托业的主要法规见表2-1。

表2-1　英国信托业法规的建立和完善

颁布年份	法规名称	颁布原因	作用
1873	《司法条例》	早期的尤斯制建立了让第三方代为管理财产及其他事务的关系。随着英国封建制度的衰落，尤斯制从适应土地遗赠需求，逐渐转移到个人事务、公益事业等需要上来，但在法律上信托关系没有得到明确。《司法条例》颁布后，执行普通法与衡平法双重裁判的法院不复存在，结束了对信托管理财产关系法律认可上的争议。	信托制度在英国得以初步确立。
1893	《受托人条例》	以前都是沿袭100多年的习惯行事，无一定办事准则，受托人与委托人常有财产上的纠纷发生。	确定了经办信托的原则；英国的信托关系发展从此正式进入制度化过程，并受到法院监督。

续前表

<table>
<tr><th>颁布年份</th><th>法规名称</th><th>颁布原因</th><th>作用</th></tr>
<tr><td>1896</td><td>《官选受托人条例》</td><td rowspan="2">尽管之前有了办事准则，不再发生财产上的纠纷，但受托人难寻，因为受托事项的发生主要涉及个人受托人，且基于私人之间情义的义务形式，具有无偿性。然而，受托人在接受委托行事的过程中必然会有时间、精力付出，或者委托人难以在亲朋好友中寻找到可信任的受托人，如此会使托付不能顺利实现，最终影响对社会财富和个人财富的有效管理和运用。</td><td rowspan="2">确立了由法院推选任命受托人的制度。这一法律规定被视为英国信托制度发展历史中的一次重大变革，解决了受托人不能确定的困难。</td></tr>
<tr><td>1897</td><td>《官选受托人条例实施细则》</td></tr>
<tr><td>1906</td><td>《公共信托局收费章程》</td><td rowspan="2">准许官选受托人就信托财产的管理收取一定的报酬，突破了长期以来义务行事的无偿受托做法。但是，信托报酬属于实费开支，收费较低。而且受托人多是自然人，信托事务管理和处理受到自然人身体健康状况、年老体弱等生命状况的限制，影响信托期限。</td><td rowspan="2">1908年公共信托局的正式建立标志着英国法人信托事业的开始，但是英国信托业真正进入营利性商业运作阶段，要归功于公共信托局成立之后大量专业性信托公司的建立。</td></tr>
<tr><td>1925</td><td>《法人受托人条例》</td></tr>
<tr><td colspan="4">此后，1925年颁布了《受托人法》；1961年颁布了《受托投资法》。</td></tr>
</table>

2. 以个人信托业务为主

无论是委托人还是受托人，无论是早期的信托还是现代的信托，英国信托业务都仍偏重于个人信托，这是英国的信托业务与其他国家相比最为显著的特点。信托的内容多是民事信托和公益信托，信托标的物以房屋、土地等不动产为主，这是英国传统习惯的延续。在受托人方面，其个人承受的业务量占80%以上，而法人受托人不到20%。

3. 法人信托业务集中化发展

虽然英国法人受托的信托业务比例不大，但英国法人信托业务集中于国民威斯敏斯特银行、巴克莱银行、密特兰银行和劳埃德银行等四大银行所设立的信托部（公司），这四家占了英国全部法人信托资产的90%，另外，保险公司也兼营一部分信托业务。

4. 投资信托业务向海外市场拓展

作为老牌资本主义国家和殖民大国，英国有着极为广阔的海外发展空间。英国的海外投资源自1600年，从东印度公司成立以来就广泛流行于英国。目前英国国内产业饱和，而伦敦仍然是世界首屈一指的国际金融中心，海外投资成为其运用国内信托资产追求利润最大化的有效途径之一。

二、美国信托业的发展历程及特点

（一）发展历程

美国是世界上最早完成个人受托向法人受托过渡、民事信托向金融信托转移的国家，比英国要早80多年，为现代信托制度奠定了基础。19世纪30年代，纽约州率先允许保险公司经营信托业务而成为美国信托业的先导，可以说美国信托业的发展有力地支持了美国经济的蓬勃发展。①

1853年美国信托公司在纽约成立，这是美国历史上第一家以营利为目的的专门的信托公司，是美国现代信托业发展的起源。南北战争之后经济恢复和西部开发对资金的需求大增，也促进了信托业和资本市场的融合发展。

19世纪末到20世纪80年代，是美国现代信托事业得到真正发展的时期，1913年《联邦储备银行法》颁布，国民银行正式获准经营信托业务，后来各州也相继修改州法，陆续允许州立银行兼营信托业务。进入20世纪30年代，信托公司数量由于大危机和罗斯福新政的影响而有一定减少，但是信托资产在美国金融资产中所占的比重不降反升。第二次世界大战以后，美国政府加大了国家干预和调节经济的力度，在凯恩斯主义的影响下，采取温和的通货膨胀政策，刺激经济的发展，信托业从而也获得了更好的发展环境和开拓空间，包括公司债券信托、企业偿付性利润分配信托等多种新的业务、新的方式层出不穷，信托资产的规模迅速扩大。如今在美国信托观念已经深入人心。

（二）特点

1. 以银行为主的各种金融机构兼营信托，但分业管理

美国是特点鲜明的金融业银、信兼营的代表国家，商业银行在以银行业务为主业的同时，又获准开办信托业务，据资料记载，美国现有14 000多家商业银行，其中超过4 000家设立了信托部，约占30%；但同时，有关法律又规定，信托业务与银行业务在银行内部必须严格按照部门职责进行分工，实行分别管理、分别核算、信托投资收益按实绩分红的原则。

2. 信托业财产高度集中

第二次世界大战至今，美国信托业基本上已被本国商业银行，尤其是大商业银行所设立的信托部垄断，专业信托公司很少。由于大银行资金实力雄厚，社会信誉良好，而且可以为公众提供综合性一揽子金融服务，竞争的结果是社会信托财产集中到大银行手中，目前位居美国前100名的大银行管理的信托财产占全美国信托财产的80%左右，具有无可争议的垄断地位。举例来讲，银行家信托公司是摩根财团的金融支柱之一，有分支机构约100家，资产额达426.7亿美元，其中摩根保证信托公司主要经营各种有价证券，用持股的方式参与公司董事会，控制了许多大企业和其他金融组织；制造商汉诺威信托银行除从事投资业务和信托业务外，还通过信托部控制了许多公司的股票；大陆伊利诺伊国民银行芝加哥信托公司的资产总额达到423亿美元；还有美洲国民信托储蓄银行等，它们比其他商业银行承受的信托财产多得多。

3. 严格规范从业人员的行为

美国十分重视企业的管理，从信托业务的特性出发，对信托从业人员制定了严格的规则和注意事项：禁止从业人员向银行客户购买或出售信托资产；禁止从业人员从顾客处收受礼物或参与信托账户收入的分配；禁止从业人员谈论或泄露信托业务以及有关顾客的情况；任何一个参加银行工作的人员都不能担任受托人或共同受托人，以避免同银行进行业务上的竞争。

---

① 盖永光．信托业比较研究：历史演进、定位与发展．济南：山东人民出版社，2004.

三、日本信托业的发展历程及特点

日本的信托制度始于明治维新后引进的现代化的英美的信托原理，特别是引进的美国的信托制度。其初创阶段是从银行兼营信托业务开始的。

（一）发展历程

1. 初创阶段

1868年，日本爆发了历史上著名的明治维新运动，由此，日本社会体制进行了很大的改革，实行开放政策，废除了闭关自守的制度，从美国引入了信托这种“舶来品”，引进了商事信托制度。日本对信托有了初步的认识与了解，奠定了信托制度移植的思想基础。

日本法律条文上出现信托字样是从1900年的《日本兴业银行法》开始的，日本政府在1900年新颁布的《日本兴业银行法》中首次正式允许兴业银行经营“地方债券、公司债券及股票等信托业务”。信托业开始在日本落地生根。

当时，兴业银行经办公司债的发行，为使公司债的流通能顺利进行，引进了信托原理。兴业银行把证券的代理事务，或有关发行公司债券的事务，都看成是信托行为。兴业银行为办理信托业务，采用了抵押公司债券信托的方式，把银行的全部设施作为抵押，一并办理公司债券的发行。此后，安田银行（后来的富士银行）、第一百货银行、三井银行等几家主要的商业银行都相继办起了信托业务。因此，可以说，日本的信托业务最初是作为商业银行的业务发展的。

2. 立法整顿下的发展阶段

为使信托业能够健康地发展，日本政府于1922年和1923年分别颁布了《日本信托法》和《日本信托业法》，对信托的原则和本质、公司的经营范围等进行了明确的立法规定，初步实现了信托业和银行业的分离。

1928年实施的《日本银行法》也约定了商业银行不得从事有担保公司债券信托业务以外的信托业务。直到此时，日本银行才实现与信托机构分业经营。信托法制的建立掀起了信托业的合并潮，这次整顿后的信托公司实力进一步增强。到了20世纪20年代末期，日本信托业开始形成自己的独立特色。

3. 战后恢复阶段

第二次世界大战后，日本经济瘫痪，信托业务减少，为了恢复和发展遭到战争破坏的经济，帮助信托公司渡过难关和更好地发挥信托的筹资作用，日本政府接受美国的建议，允许信托公司兼营银行业务。许多专业信托公司借此绕过《日本信托法》中对信托公司不得兼营银行业务的限制，先在形式上转为银行，然后根据《兼营法》兼营信托业务。1948年日本颁布《金融机构整顿法》，对战后日本金融机制进行改革，日本的信托业进入了兼营阶段，在业务上，信托类业务占80%，银行类业务占20%。之后的20世纪50年代，日本的信托公司和信托业随着日本经济的起飞重获新生，获得快速发展。

4. 高速增长阶段

1956—1973年是日本经济高速发展时期。经济发展使国民收入迅速增加，从而又为贷款信托的顺利发展提供了有利条件。随着日本经济的腾飞，日本信托业也表现出了独特的魅力，进入了信托业发展的“黄金时代”，而信托业本身在各方的推动下也得以全面地推广和普及。并且在这一阶段，信托业的法律法规等制度得以进一步地发展和规范，日本法律部门根据不同的信托业务设立了不同的信托法规，使得各项信托业务都能在具体操作过程中有法可依、按照规章进行。而日本的信托银行也先后推出了适合于本土国情的诸如贷款信托、年金信托、投资信托、金钱信托等特色信托业务，使日本信托的金融职能和财产管理职能得以有效合理地发挥，而普通民众对这些信托业务的接触、运用也极大地促进了信托业在日本深入人心及快速发展，由此进一步提升了日本信托业在金融体系中的重要地位以及在经济社会中的不可代替性。

信托银行的发展主要靠的是贷款信托，它占总资金量的50%以上（见表2-2）。

表2-2　日本主要信托业务所占比重

年份	总资金量（亿日元）	金钱信托		年金信托		贷款信托		投资信托	
		金额（亿日元）	比重（%）	金额（亿日元）	比重（%）	金额（亿日元）	比重（%）	金额（亿日元）	比重（%）
1975	186 901	26 071	14	15 775	8	106 659	57	38 396	21
1976	221 482	31 827	14	20 960	9	122 353	55	46 342	21
1977	263 544	38 515	15	27 222	10	138 607	53	59 200	22
1978	308 807	45 946	15	34 034	11	156 805	51	72 022	22
1979	348 159	52 490	15	42 143	12	175 090	50	78 436	23
1980	374 321	58 193	16	50 890	14	191 094	51	74 144	20

资料来源：根据日本信托业协会及日本银行的相关数据整理。

5. 调整重组阶段

从20世纪70年代后半期起，日本进入了“信托时代”。信托的金融功能和财产管理功能获得充分发挥，信托业务蓬勃发展。截至1985年9月，日本共有10家经营信托业务的银行，其中7家是以信托业务为主的信托银行，3家是以银行业务为主、兼营信托业务的银行，后者包括1家城市银行和2家地方银行。从1985年10月起，在日本陆续有外资信托银行开始营业。从1993年7月起，证券公司依照《金融制度改革法》的规定，纷纷设立信托银行子公司，经营信托业务。截至2013年末，信托资产管理规模已经达到849.64万亿日元，持续保持较快增速。

（二）特点

1. 分业经营

1922年颁布的《日本信托法》规定，信托公司不得经营银行业务，从此信托公司具有了长期融资机构的职能。在二战及二战后的较短时期内，日本为筹措资金而实现了银行业和信托业兼营。1945年，日本政府从明确金融各业务范围出发，确立了信托业与银行业相分离、长期金融与短期金融相分离的方针，规定商业银行为短期金融机构，经营短期融资业务，信托银行为长期金融机构，经营以金钱信托为主的长期融资业务。1954年，日本又提出了“信托分业”的方针，即普通银行不得经营信托业务，信托银行以信托业务为主，其银行业务只能在与信托业务相关的范围内进行。分业经营提高了信托银行经营和管理的效率，增强了其竞争力，从而促进了日本经济长期稳定的发展。①

2. 具有健全的法律制度和完善的监管体系

一方面，日本信托业的发展离不开作为基础的完善的法律法规体系，不论是整个行业还是具体的信托业务种类都有法律作为依据来规范其运行。新设信托银行是受法律批准的，一旦获得批准，其开展的业务也必须按照相关法律进行，并受到法律保障。健全的法律体系促进了日本信托业快速而规范发展。另一方面，日本信托业的监管体系发展较完善。以财务省为主要监管部门，监督检查各家信托机构能否严格遵守所有的法律和法规，防止信托业的风险波及整个国家的金融体系乃至经济体系。同时，监管机构鼓励信托业务创新，这又使日本信托业成为享有很高声誉的“金融百货公司”。日本对部分金钱信托采取了附加保障本金补充合同的法律制度，要求信托机构从信托收益中提取相应的准备金，同时这类信托还适用于存款准备金制度以及存款保险制度。这在很大程度上加强了此类信托产品的风险监管约束，也可达到保障投资者利益的目的。

3. 不断创新具有本土特色的信托业务

在信托业的发展过程中，日本信托机构开发了许多具有日本本土特色的创新业务。由于日本国土面积狭小，可利用的信托土地少，同时日本在文化和国情上与英美具有较大差异，日本家族观念较强，遗产一般会委托家族中有才干的人代管而非委托他人设立信托，因此日本信托业务从一开始就大力发展金钱信托，而非英美信托主推的土地信托和证券信托。随后日本根据经济社会的实际情况适时发展了贷款信托、证券投资信托，在社会福利提高阶段，推行企业年金信托、公益信托等，使日本信托业形成了经营范围广、业务种类多、开办灵活的特点。近年来随着外部经济环境的变化，以贷款信托为代表的融资类信托产品逐步减少，目前贷款信托基本绝迹，逐步被土地信托、有价证券信托等取代，信托制度的财富管理功能、投资功能得到进一步发挥。

4. 信托业市场呈现垄断格局

1950 年后，日本的政府监管机构对信托机构的准入实施更加严格的审批，监管机构一直坚持认为，信托业只有实行规模化经营，才能得到充分发展。因此，二战后，日本的信托业务主要集中到三井信托、三菱信托、住友信托、安田信托、东洋信托、日本信托和中央信托等 7 家信托银行手中。20 世纪 90 年代，日本信托业加快了并购步伐，如 1999 年排名第三的三井信托与排名第六的中央信托合并，2000 年 4 月三菱信托、日本信托和东京三菱银行决定实行联合经营。由于日本经济持续低迷，信托业的整合重组也频繁发生，垄断集中的趋势日益明显。这种垄断格局有利于整个行业规模优势的形成，便于政府进行集中监管，积极推动了日本信托业的创新和稳步发展。

① 仲伟．日本信托业的特点及借鉴意义．经济纵横，2014（11）：109－112.

第三节 我国信托业的恢复与发展

在我国，信托制度于1920年从日本引入上海，进而扩展到全国各大城市。我国信托业早期建立与发展的状况与日本非常相似，信托公司与交易所一起，在商品、货币、信用没有得到充分发展的基础上，畸形地发展起来。

一、中国近代信托业的发展历程

信托业在中国第一次引起人们的重视是在1921年的夏秋之交，中国的金融中心上海发生了一场严重的金融风潮，这就是旧中国信托史上非常有名的“信交风潮”，正是在这个风潮中，中国的私营信托业经历了由竞争创立到纷纷倒闭再到稳健发展的过程。

1921年8月，中国的第一家信托公司——中国通商信托公司成立，在此后不到40天的时间里，上海运驳信托公司等10余家信托公司先后成立，其中以绍兴帮钱庄发起组织的中央信托公司影响最为巨大。12家信托公司注册总资本达8 000多万元，大大超过了当时民营银行5 000多万元的资本总额。

从1928年起，中国的私营信托业走上了复苏之路，开始再次发展起来，导致这一历史现象的原因主要是经济从战后萧条转入发展，民族产业的发展为信托业提供了基础，租界繁荣，房地产投机活跃，国民政府广发公债。这段时间可谓是私营金融信托发展的鼎盛时期，这短暂的繁荣一直持续到1931年。

抗日战争期间，上海的信托公司又增至30余家。抗日战争结束后，一些信托公司停业整顿。截至1946年底，上海信托行业公会尚有私营信托公司成员12家，银行信托部成员18家。到1949年时，全国共有信托公司14家，其中上海13家。

旧中国信托业有如下特点：

（1）信托公司或银行信托部基本上是名实不符的，主要从事股票、债券的投机炒作和代理业务，信托业务从来没有真正成为信托机构的主业。

（2）信托业的经营基础极不稳固、实力薄弱，加上多从事金融投机，一遇金融风潮往往有大批信托机构倒闭。由于整个行业的社会信誉度不高，信托机构往往被视为投机机构，其信托本业反而不被社会所了解，也无从发展。

（3）当时的中国政府从法国、德国、日本等国引进了西方的全套法律制度，构建了以大陆法系为基础的法律体系——《六法全书》，并投资开办了中央信托局。但当时的政府一直没有制定过信托法和信托业法，信托业发展的制度基础也就无从谈起。

二、中华人民共和国成立初期的信托业

中华人民共和国成立之初，对于信托业也如同对于证券业，政府在接管、没收、清理国民政府经营的信托机构和整顿民营信托机构的同时，试图创设新的信托机构。

1949年11月，中国人民银行上海分行以原中国银行信托部、交通银行的仓库业务为基础，设立了中国人民银行上海分行信托部。1951年6月，天津市由地方集资，成立了公

私合营的天津信托投资公司。

当时之所以保留信托业和证券业，可能与中华人民共和国成立初期以混合经济为特征的经济体制有关。但由于形势所需，国家很快决定建立高度集中统一的计划经济体制，信托机构和证券公司、交易所也就被当成无用之物而放弃，陆续关门停业。自此以后，信托业、证券业在近30年间从中国金融市场销声匿迹了。

中华人民共和国成立初期信托业的起落充分说明，中华人民共和国成立初期信托业的存废显然是一种制度选择的结果。这也充分表明，市场经济体制及其产权制度的完善是信托制度和信托业得以生存的根本基础。

三、中国现代信托业的发展历程

从1979年中国国际信托投资公司成立到2007年，中国信托业前后经历了六次大规模的全国性清理整顿，这是其他任何金融行业都未曾出现过的。

（一）信托业恢复的历史背景

1978年12月，党的十一届三中全会召开，确立了中国进入改革开放的历史新时期。这一时期的经济体制发生了重要转变，市场机制被引进，我国开始了从计划经济体制到市场经济体制的转变。实事求是地看待这一历史进程，中国在这一重大的历史选择上经历了一个漫长且与时俱进的过程。改革之初并没有也不可能确定一个完整、完善的战略目标和计划，改革是在摸着石头过河的状况中不断探索和前进的。中国信托业也正是在这种历史背景下恢复的，在完全没有制度准备的情况下摸索前行，并经历了大起大落、始乱终治的曲折经历，最终得以规范发展。①

（二）信托业的恢复、发展、整顿的历程

1. 第一次整顿（1979年末到1983年上半年）

这是中国现代信托业发展的第一个起落阶段，从信托业得以恢复到1982年4月10日国务院发出《国务院关于整顿国内信托投资业务和加强更新改造资金管理的通知》，信托业陷入了整顿收缩的低潮。这次整顿的要点是将计划外的信托投资业务纳入计划管理，采取的具体措施是：信托投资业务一律由中国人民银行或中国人民银行指定的专业银行办理。经批准办理的信托投资业务，其全部资金活动都要统一纳入国家信贷计划和固定资产投资计划进行综合平衡，这是自金融信托恢复以来国家第一次明确其业务范围。

2. 第二次整顿（1983年下半年到1985年的全国性整顿）

1983年1月，中国人民银行工作会议召开，会议形成的文件《中国人民银行关于人民银行办理信托业务的若干规定》指出："金融信托主要办理委托、代理、租赁、咨询业务，并可办理信贷一时不办或不便办理的票据贴现、补偿贸易等业务。"这是中国人民银行首次比较明确地划定信托业的经营范围。

这次整顿的重点是业务清理。中国人民银行发出通知，决定停止发放新的信托贷款，停止新增信托投资。

1986年1月，国务院颁布《中华人民共和国银行管理暂行条例》。1986年4月，中国

① 周明．我国信托业治理整顿的深层次原因研究．当代经济，2010（12）：106-107.

人民银行据此制定并颁布《金融信托投资机构管理暂行规定》。1986年12月24日，中国人民银行发布《中国人民银行金融信托投资机构资金管理暂行办法》。这几个管理办法和规定明确了信托公司的经营范围，并明确框定了信托公司的资金来源渠道。根据规定，信托公司的主营业务及经营方式实际上均类同于银行的资产负债业务，并且信托公司可以从事实业投资业务。

3. 第三次整顿（1988年的全面整顿）

1988年8月，第三次信托业的清理整顿开始。这次清理整顿较前两次整顿严厉。其主要措施为：(1) 清理整顿期间一律不准成立信托机构及其他类型的非银行金融机构。(2) 清理整顿期间，各信托公司一律实行“三停”，即停止发放信托贷款、停止投资和停止拆出资金。(3) 在资金来源方面，严禁扩大范围吸收信托存款；取消利率上浮的规定，使信托机构在与银行竞争中失去利率优势，并使银行将存款转存信托机构时无利可图；禁止将同业拆入的资金用于扩大信贷规模以及用于固定资产投资、贷款和租赁，企图切断银行与信托机构之间的同业拆借渠道；对信托存款按比例计收存款准备金，以减少信托机构可运用资金量。(4) 大量撤并信托机构，解决信托机构过多、过滥的问题，重新核发信托机构的金融业务许可证。一年的整顿使信托机构骤减至339家。

在这次整顿中，所有的措施实际上均依循着撤并信托机构、压缩信托公司政策生存空间的模式进行，这基本上是前一次整顿模式的复制。

4. 第四次整顿（1993年的金融秩序整顿）

1993年6月，中央决定进行宏观调控，收紧银根，严控货币发行，整顿金融秩序。与此同时，对信托业的第四次清理整顿正式开始。

这次清理整顿初期按“分业经营、分业管理”的思路将信托业与银行业分开。切断银行与信托公司间资金联系的主要措施为：(1) 要求银行与其所属的信托公司合并或通过转让、改制与其所属的信托公司脱钩。银行不再经营信托业务，也不再投资于非银行金融机构。1995年7月出台的《中华人民共和国商业银行法》，更是以法律的形式确立了银行与信托分业经营的原则。经过清理，银行不再拥有信托公司，全国信托公司的数量在1996年末下降至244家。(2) 采取釜底抽薪的办法，进一步切断银行与信托公司间的资金往来渠道，禁止银行向信托公司拆出资金。整顿、解散银行开办的各类资金市场，切断信托公司与这些资金市场的往来关系，整顿银行账外经营，清查并整顿银行存款转存信托公司的“地下渠道”，要求银行限期收回通过各种名目存放在信托公司的资金。

直接针对信托公司的整顿措施主要有：(1) 1994年2月和6月先后颁布了《信贷资金管理办法》和《金融信托投资机构资产负债比例管理暂行办法》，进一步将信托机构的经营管理纳入法制轨道；(2) 开展对信托公司的专项稽核，清查信托公司的固定资产投资贷款及违规经营问题，主要是高息揽存、违规拆借及违规将拆借资金用于投资和贷款等问题；(3) 1995年8月，关闭全国证券交易自动报价系统（STAQ）、武汉证券交易中心、天津证券交易中心等资金市场，将信托机构与银行、证券机构直接相联的资金来源渠道切断（这一时期的国债回购实际上是变相的资金拆借）；(4) 严令信托机构归还因国债回购交易而形成的债务，成立“全国清欠办”来督导国债回购债务的清理，并将清理结果与信托机构金融业务许可证的换发和批设证券经营分支机构直接相联系，以促使信托机构收缩资产业务规模及变现资产、清偿债务。

5. 第五次整顿（1999年针对业务管理及机构设置混乱进行的整顿）

1999年2月，国务院办公厅下发《国务院办公厅转发中国人民银行整顿信托投资公司方案的通知》（国办发［1999］12号），宣布中国信托业的第五次清理整顿开始。这次清理整顿的措施包括：（1）对所有问题严重、地方政府不愿救助或无力救助的信托公司一律实行停业整顿、关闭、撤销，并进入清算程序，由政府和中国人民银行负责组织成立清算组，承担个人债务兑付、外债偿付和清算工作。（2）少数经营状况良好或者经营状况尚可、地方政府又有意救助扶持的信托公司，采取政府注入资金、债权转股权、引入新的战略投资者、合并重组等方法化解债务、增加资本金，并全面清理债权债务，解决各类历史遗留问题，然后由中国人民银行验收和重新登记。（3）信证分业，信托公司所属的证券资产限期以自组控股证券公司、以评估后的证券资产参股其他证券公司、转让等方式全部剥离。从此，信托公司不再经营证券经纪业务和股票承销业务。

6.21世纪以来中国信托业的整顿

2001年以来我国先后出台了三个对信托业生存和发展至关重要的法律、法规——《信托投资公司管理办法》《信托法》《信托投资公司资金信托管理暂行办法》，第一次通过制度再造的方式，引导信托公司走上以真正的信托业务为经营主业的发展道路，标志着中国信托业曲折的探索发展之路和监管模式已经被彻底改变。

2001年1月10日，中国人民银行颁布了《信托投资公司管理办法》，对中国信托机构的设立、中止、变更、地位和功能、业务范围、经营规则作出界定，实现了对原有业务的清理和规范；同年4月28日，我国信托业大法——《信托法》诞生；2002年7月，《信托投资公司资金信托管理暂行办法》实施。自此，我国信托行业基本法律法规框架搭建完成，以制度重构的方式引导信托业健康、稳定发展。

2005年，中国信托业协会正式成立，协会在沟通行业与政府间联系、组织业务创新、推动市场发展、提高从业人员素质以及加强国际交流与合作方面发挥了有益的作用。2007年1月23日，中国银行业监督管理委员会（简称中国银监会或银监会）① 颁布了《信托公司管理办法》和《信托公司集合资金信托计划管理办法》，同时废止原《信托投资公司管理办法》和《信托投资公司资金信托管理暂行办法》，形成信托业新的“一法两规”的法制基本架构，明确将信托公司定位为专业的资产管理机构和金融理财机构，促进了信托公司的业务转型和战略定位，此即第六次整顿。新的“一法两规”出台后信托公司都在积极按照法规规定，探索业务转型模式，力争回归信托本源业务，信托业逐步被定位在金融理财的行列。而新的一轮增资扩股也赋予信托公司更大的空间，信托业的地位迅速提升。

2008年，为促进银信合作，引领银行、信托公司依法创新，中国银监会印发了《银行与信托公司业务合作指引》的通知，以充分发挥银行和信托公司各自的优势，实现合作

① 2018年3月，根据第十三届全国人民代表大会第一次会议批准的国务院机构改革方案，国家将中国银行业监督管理委员会和中国保险监督管理委员会的职责整合，组建中国银行保险监督管理委员会（简称中国银保监会或银保监会）；将中国银行业监督管理委员会拟订银行业、保险业重要法律法规草案的职责划入中国人民银行，不再保留中国银行业监督管理委员会。中国银行业监督管理委员会颁布的相关法规仍然有效。

双方的优势互补和双赢。信托业经受住了2008年金融危机的考验，管理资产规模迅速增长，核心指标实现平稳增长。

2010年，我国信托业获得了前所未有的发展，这里既有经济增长推动的因素，也有信托创新业务受市场欢迎的影响。从信托公司的整体经营来看业绩优异。但由于银信规模过大，加之信托公司杠杆过大，为加强对信托公司的风险监管，2010年8月中国银监会出台了《信托公司净资本管理办法》，对信托公司净资本管理及相关风险控制指标状况进行监督检查，之后又发布了《中国银监会关于规范银信理财合作业务有关事项的通知》，要求银行将之前的银行信托理财的所有合作业务在财务上计提拨备资本。2010年，房地产信托规模迅速膨胀的现象引起了监管层的高度关注。中国银监会办公厅于2010年2月和12月先后下发了《中国银监会办公厅关于加强信托公司房地产信托业务监管有关问题的通知》和《中国银监会办公厅关于信托公司房地产信托业务风险提示的通知》，释放出对房地产信托业务进行严格监管的信号。

四、发展特点

（一）制度特点

金融系统通过优化社会经济资源配置实现经济增长，而各类机构的配置机理各不相同。正因为银行、证券、信托等各子行业对资源的配置机制不同，其对区域内的经济发展的支持作用也存在差异。

银行对产业经济的支持方式，主要是通过发放贷款满足融资企业的融资需求来实现的。同时，银行的主要收入源于资金借贷产生的利息差，随着利率市场化改革的深入，银行的利润有所下降。同时，为降低管理成本和坏账产生的概率，银行在发放贷款时格外注重风险控制，更偏好将资金投向偿债风险较小的大型企业和国有企业，而正处在初始发展阶段的中小企业，因其偿债风险较大、公司经营的稳定性差，很难通过银行的途径解决融资需求。

证券业对经济发展的贡献方式主要是通过资金在资本市场的运作，满足上市企业或具备发行公司债券信用的企业的融资需求。证券的功能在两个市场中均能实现：在一级市场中，证券公司可满足有实力、有信誉的企业上市筹资或发债筹资的需要，使企业通过直接筹集市场中的闲置资金，并将其运用到企业的生产经营中，以增加社会总产出；在二级市场中，证券业通过帮助企业并购重组，整合低效产能企业，从而达到优化资源配置的目的，以促进社会经济快速发展。

保险业可从资金的来源和投向两方面分析。在保险资金的运用方面，保险业同证券业一样，可进行资本市场的证券操作，另外，保险公司可成立资产管理公司，直接投资于标的公司以实现其融资需求；而在保险资金的来源方面，保险资金除来自资本市场的资金获利外，更主要来自居民和企业等投保的保费，而保险这种保障功能实际上承担了分散社会风险的职能。银行业、证券业、保险业均有其独有的业务空间，而相较于这三个行业，信托业可通过股权投资、债权投资等多种方式，灵活地将资金匹配到银行所忽视、证券和保险难以介入的创业型企业、高新技术产业以及新兴中小企业中，通过承担更多的风险换取高额回报率，所以说信托业支持经济发展的领域更广泛、产品创新空间更大。

由于支持新兴产业和中小企业的发展是当前我国金融业的重要任务，因此，信托在支持我国经济发展中的作用更为重要。一方面，信托为中小企业贷款难提供了一个行之有效的解决方案，能够补充银行信贷投向的不足，可以成为中小企业的重要筹资渠道。另一方面，信托将资金配置于创业企业和新兴产业，扶持它们发展壮大，为它们未来上市融资奠定了基础，这在资本市场上有效衔接了证券业，使金融业对经济发展的支持作用更全面和完整。

（二）业务模式

“新两规”实施以来，信托业回归本业，逐渐将重点转移到“受人之托，代人理财”的主业上。现阶段，全国68家信托公司都在进行业务结构的全面调整，原有产品结构以融资型为主，现阶段，正逐步向以资产管理型产品为主的产品模式调整，在产品结构、产品设计、资金投向、投资者结构等几个方面着手创新。可以通过投资领域和资金运用方式两个维度了解信托产品类型，前者侧重资金的流向，后者阐述信托的产品结构和使用方式。

1. 投资领域

按投资领域分类，我国信托市场中目前存在的信托产品类型主要有：房地产信托、金融机构信托、基础设施信托、工商企业信托、公益信托。对经济发展的促进作用最直接的投资领域分别是房地产业、基础设施建设相关产业和工商企业。其中，房地产业与基础设施相关产业因资金需求量大，且与信托产品设计需求契合度高，在信托资金投向中占比较高；工商企业虽占比不如前两者，但近几年占比明显提升，且国家政策支持引导信托资金进入工商企业，未来会有更大的发展空间。

2. 资金运用方式

按资金运用方式分类，我国信托市场中目前存在的信托产品类型主要有：证券投资信托、贷款类信托、股权投资信托、权益投资信托、融资租赁信托、组合投资信托、买入返售信托和其他投资信托。其中，证券投资信托是指信托公司将信托资金投资于股票、优先股、限售股、债券、可转债等合法的证券；贷款类信托是指信托公司将信托资金借给项目公司，信托受益人一般按年获得收益，在投资期限结束时，项目公司归还本金；股权投资信托则包括附有回购条款的股权投资和“阳光化”的私募股权（PE）产品，前者是指通过一定的合法方式获得资金需求公司的股权，而后者是指将信托方式的私募基金用于企业投资；权益投资信托是指信托资金通过所投资的品种如基础设施收费权或公共交通运营权等产品，能够获得持续的现金收益，可以利用权利和质押来双重控制风险；融资租赁信托是指委托人将其合法拥有的资金委托给信托公司，用于特定目的的融资租赁业务的行为；组合投资信托是指将信托资金投资于多个市场，从而分散风险，这也是投资理财行业最为常见的投资策略；买入返售信托一般是指商业银行与信托公司签订协议，约定先买入金融资产，再按约定价格于到期日返售给该信托公司的资金融通行为。

3. 区域特征

截至2016年末，我国合法成立的信托公司共68家，由于早年对信托业的整顿和规范，国家不允许信托业跨区域成立分支机构来拓展业务渠道，我国信托业基本满足每个省级行政区域内都至少有一家信托公司。再者，鉴于信托公司的规模和业务特点，其不具备像银行业一样广泛密布的业务网点，因而，信托业在经营发展的过程中存在一定的区域性。2011年11月，银监会颁布了《规范信托产品营销有关问题的通知》，其内容主要是对信托业的销售渠道以及机构扩展作出相关的规定：信托公司可以建立异地销售中心，但在数量上有明确的限制，不得超过5个。这项规定的实施，打破了我国按照地域布局限制信托公司跨区域经营的做法，给各区域的信托公司注入了更多的活力。但鉴于信托业多年的区域性限制，多数信托公司在自己的区域内建立了地缘优势，尤其是很多地方政府控股的信托公司，区域内资源整合的优势更加明显，使得信托公司的区域限制在实际业务层面上并未真正被打破。

本章思考题

一、名词解释

1. 遗嘱信托
2. 双重尤斯制
3. 个人信托业务　法人信托业务
4. 信托分业

二、简答题

1. 简述英国颁布《法人受托人条例》的意义。
2. 简述美国信托业的发展特点。
3. 为何英美信托主推土地信托和证券信托，而日本大力发展金钱信托？
4. 简述中国信托业历次全国性整顿的重点。
5. 简述中国信托业的制度特点和业务模式。

第三章

金融信托关系及其设立

导入案例

甲手头有300余万元现金，却找不到合适的投资机会。恰巧当地有一批经济适用房出售。但甲不符合当地政府关于该经济适用房购买者的规定条件。于是，甲找到符合购买条件的乙，与乙签订了一份书面合同，合同规定乙用甲所有的300万元中的290万元向经济适用房的开发商购买面积为120平方米的经济适用房一套，其余10万元作为乙的“辛苦费”。该房产登记于乙的名下，但以后基于该房产所获得的任何利益都归甲所有。乙基于该合同即以自己的名义向丙提出购房申请，经审查条件合格后购得经济适用房一套。甲和乙根据所签的合同和《信托法》的规定拟向有关部门办理不动产信托登记。

依甲、乙之间的合同，信托能够成立吗?

假如信托合同不成立，乙不履行自己的义务，甲向法院提起诉讼，请求法院强制执行合同，那么，法院是否会支持甲的诉求?

第一节　信托构成要素

一、信托主体

信托主体，又称信托关系人，是指信托行为中的当事人，涉及包括委托人、受托人、受益人等在内的多边经济关系。委托人、受托人和受益人三者构成了信托主体。

二、信托客体

（一）信托财产的定义和范围

根据《信托法》，受托人因承诺信托而取得的财产是信托财产。

关于信托财产的范围，我国法律规定：法律、行政法规禁止流通的财产，不得作为信托财产；法律、行政法规限制流通的财产，依法经有关主管部门批准后，可以作为信托财产；受托人因信托财产的管理运用、处分或者其他情形而取得的财产，也归入信托财产。

（二）信托财产的特殊性

1. 信托财产与非信托财产相区别

信托财产与委托人未设立信托的其他财产相区别。设立信托后，委托人死亡或者依法解散、被依法撤销、被宣告破产时，委托人是唯一受益人的，信托终止，信托财产作为其遗产或者清算财产；委托人不是唯一受益人的，信托存续，信托财产不作为其遗产或者清算财产；但作为共同受益人的委托人死亡或者依法解散、被依法撤销、被宣告破产时，其信托受益权作为其遗产或者清算财产。

2. 信托财产与固有财产相区别

信托财产与属于受托人所有的财产（以下简称“固有财产”）相区别。信托财产不得归入受托人的固有财产或者成为固有财产的一部分。受托人死亡或者依法解散、被依法撤销、被宣告破产而终止，信托财产不属于其遗产或者清算财产。

3. 信托财产强制执行的限制

除因下列情形之一外，对信托财产不得强制执行：

（1）设立信托前债权人已对该信托财产享有优先受偿的权利，并依法行使该权利的；

（2）受托人处理信托事务所产生债务，债权人要求清偿该债务的；

（3）信托财产本身应担负的税款；

（4）法律规定的其他情形。

对于违反上述规定而强制执行信托财产，委托人、受托人或者受益人有权向人民法院提出异议。

4. 信托财产抵销上的限制

受托人管理运用、处分信托财产所产生的债权，不得与其固有财产产生的债务相抵销；受托人管理运用、处分不同委托人的信托财产所产生的债权债务，不得相互抵销。①

三、信托行为

（一）信托行为的定义

信托行为是以设定信托为目的而发生的一种法律行为。设立信托，应当采取书面形式。书面形式包括信托合同、遗嘱或者法律、行政法规规定的其他书面文件等。采取信托合同形式设立信托的，信托合同签订时，信托成立。采取其他书面形式设立信托的，受托

---

① 曹建元．信托基本原理．上海：上海财经大学出版社，2004：28.

人承诺信托时，信托成立。

（二）信托行为的形式

1. 书面合同

合同作为信托的设立方式之一，主要用于大陆法系。设立信托，其书面文件应当载明下列事项：

（1）信托目的；

（2）委托人、受托人的姓名或者名称、住所；

（3）受益人或者受益人范围；

（4）信托财产的范围、种类及状况；

（5）受益人取得信托利益的形式、方法。

除上述所列事项外，可以载明信托期限、信托财产的管理方法、受托人的报酬、新受托人的选任方式、信托终止事由等事项。

2. 遗嘱信托

设立遗嘱信托，应当遵守继承法关于遗嘱的规定。遗嘱指定的人拒绝或者无能力担任受托人的，由受益人另行选任受托人；受益人为无民事行为能力人或者限制民事行为能力人的，依法由其监护人代行选任。遗嘱对选任受托人另有规定的，从其规定。在设立信托的三种方式中，可以说只有遗嘱是为英美法系和大陆法系所普遍承认和接受的。英美法系认为信托同样要遵循遗嘱的有关规定，除形式的要求外，还需保障遗嘱不得侵害特定继承人的权益，这与大陆法系基本一致。

3. 法律文件

信托关系是法院根据当事人行为中具有的信托意图而设立的，不是当事人明示的意思表示，是当事人之间依据法律事实而产生的信托关系。

第二节　委托人的权利和义务

一、委托人的概念

（一）委托人的范围

对于委托人的范围，《信托法》第十九条明确规定：自然人、法人以及依法成立的其他组织都可以作为委托人。

（二）委托人的行为能力

《信托法》第十九条规定，委托人必须具有完全民事行为能力。英美国家对委托人行为能力的限制并不太严格，未成年人和精神病人也可以设立信托，只是有一定的限制：如未成年人不能设立以土地为信托财产的信托、不能设立有效的遗嘱信托；精神病人不能设立与其理解能力不相适应的信托。

二、委托人的权利

（一）知情权

信托运作知情权，也称“了解权”。《信托法》第二十条规定，委托人有权了解其信托财产的管理运用、处分及收支情况，并有权要求受托人作出说明。委托人有权查阅、抄录或者复制与其信托财产有关的信托账目以及处理信托事务的其他文件。

基于委托人的信托设立人地位，《信托法》赋予委托人知情权以使其行使监督权。为了防止受托人的违法行为和滥用受托权，委托人的监督权必不可少。监督必须建立在知情的基础上，知情权的确立为委托人充分有效地获取信托财产的运用和信托事务的处理信息提供了法律基础，为委托人对受托人违反信托行使权利提供了司法救济途径。

对于委托人的知情权，英美法系国家和地区一般不予规定，但委托人可以在信托文件中保留知情权。大陆法系国家和地区在确立信托制度的过程中，出于对信托的监督以及为了确保信托目的的实现，将一些受益人享有的权利同样赋予委托人。如《日本信托法》第四十条规定：“委托人、其继承人及受益人，可要求阅览有关信托事务处理的文件材料，并可以令其说明信托事务的处理情况。”目前我国台湾地区也有类似规定。

（二）信托财产管理方法的调整权

《信托法》第二十一条规定，因设立信托时未能预见的特别事由，致使信托财产的管理方法不利于实现信托目的或者不符合受益人的利益时，委托人有权要求受托人调整该信托财产的管理方法。

信托财产的管理方法，是指受托人管理运用、处分信托财产，以使其保值增值的方法。信托的本质是委托人的财产由受托人来管理和处分，按理来说，委托人无权干预受托人处分、管理财产，因为财产所有权已经转移。但是基于委托人设立信托的目的，加之客观情况不断发生变化，信托成立之后，使原来采用的信托管理方法不利于实现信托的目的或者不符合受益人的利益，请求调整是必要的。

在英美法系国家，委托人可以将调整权保留在信托文件中；在日、韩等大陆法系国家，虽然法律确定了委托人在调整信托财产管理方法上的发言权，但委托人的意见要向法院提出，最后是否调整管理方法由法院裁判，而不能由委托人直接决定。

（三）对受托人不当信托行为的撤销申请权

《信托法》第二十二条规定，受托人违反信托目的处分信托财产或者因违背管理职责、处理信托事务不当致使信托财产受到损失的，委托人有权申请人民法院撤销该处分行为，并有权要求受托人恢复信托财产的原状或者予以赔偿；该信托财产的受让人明知违反信托目的而接受该财产的，应当予以返还或者予以赔偿。前款规定的申请权，自委托人知道或者应当知道撤销原因之日起一年内不行使的，归于消灭。

（四）对受托人的解任权

《信托法》第二十三条规定，受托人违反信托目的处分信托财产或者管理运用、处分信托财产有重大过失的，委托人有权依照信托文件的规定解任受托人，或者申请人民法院解任受托人。即，委托人可以行使下列解任权：一是受托人违反信托目的处分信托财产；二是受托人管理运用、处分信托财产有重大过失。委托人行使解任权有两种方式，一是信托文件中有规定可直接行使，二是申请法院行使。

（五）同意受托人辞任的权利

《信托法》第三十八条规定，设立信托后，经委托人和受益人同意，受托人可以辞任。《信托法》对公益信托的受托人辞任另有规定的，从其规定。受托人提出辞任后，在新受托人选出前仍应履行管理信托事务的职责。

（六）在受托人职责终止时，选任新受托人的权利

《信托法》第四十条规定：受托人职责终止的，依照信托文件规定选任新受托人；信托文件未规定的，由委托人选任；委托人不指定或者无能力指定的，由受益人选任；受益人为无民事行为能力人或者限制民事行为能力人的，依法由其监护人代行选任。原受托人处理信托事务的权利和义务，由新受托人承继。

这几种程序是一个递进的关系，只有前一个程序没有选出新的受托人，后一个程序才能启动，开始选任新的受托人的工作。

在受托人职责终止时，对于新任受托人的选任，各国一般都规定，先考虑按照信托文件选任；信托文件无规定的，美、日、韩规定，将由信托的利害关系人请求法院选任，而英国在考虑法院选任之前，由留任的受托人指定新受托人。

（七）变更受益人或者处分受益人的受益权

《信托法》第五十一条规定，设立信托后，有下列情形之一的，委托人可以变更受益人或者处分受益人的信托受益权：一是受益人对委托人有重大侵权行为；二是受益人对其他共同受益人有重大侵权行为；三是经受益人同意；四是信托文件规定的其他情形。其中有第一项、第三项、第四项所列情形之一的，委托人可以解除信托。

（八）变更和终止信托的权利

信托的变更主要包括信托财产的管理方法、受托人的变更和受益人的变更。一般情况下，委托人可以自由规定信托的变更和终止事由，但不得违反法律规定或公共政策。委托人如果为自己保留的权利过于广泛以至被认为享有对信托的实质控制权，则该信托有可能被认定为虚假信托。就信托的终止而言，委托人也可以在信托文件中为自己保留撤销信托的权利，这种信托即为可撤销信托。

（九）处理信托事务的决定权

《信托法》第三十一条规定，同一信托的受托人有两个以上的，为共同受托人。共同受托人应当共同处理信托事务，但信托文件规定对某些具体事务由受托人分别处理的，从其规定。共同受托人共同处理信托事务，意见不一致时，按信托文件规定处理；信托文件未规定的，由委托人、受益人或者其利害关系人决定。

（十）解除信托权

《信托法》第五十条、第五十一条分别规定了委托人解除信托的两种情况：一是自益信托的委托人是信托的唯一受益人，享有全部信托利益的，委托人可以解除信托，但信托文件另有规定的除外，比如限制委托人解除信托；二是委托人不是唯一受益人的，只有在受益人有重大侵权行为、受益人同意或信托文件规定的其他情形发生时，委托人才可以解除信托。英美法禁止当事人随意解除信托，只能通过申请法院解除。

（十一）信托财产归属权

《信托法》第四十六条、第五十四条规定了对信托财产的归属权的处理。受益人可以放弃信托受益权。全体受益人放弃信托受益权的，信托终止。部分受益人放弃信托受益权的，被放弃的信托受益权按下列顺序确定归属：（1）信托文件规定的人；（2）其他受益人；（3）委托人或者其继承人。信托终止的，信托财产归属于信托文件规定的人；信托文件未规定的，按下列顺序确定归属：（1）受益人或者其继承人；（2）委托人或者其继承人。也就是说，信托剩余财产归属处理原则是：先是信托文件规定的人，再是受益人或者其继承人，最后是委托人或者其继承人。

三、委托人的义务

（一）不得违反法律的强制性规定和公序良俗

遵守法律的强制性规定自然是合法性的首要条件，各国普遍强调信托目的不得违反法律规定，我国信托法也规定信托目的违反法律强制或禁止性规定者无效，可以说，法律的强制性规定直接将委托人的权利限制在了一定范围内，不允许委托人的权利无限扩张。信托除不得违反法律强制性规定外，还不得违反公序良俗。大陆法系一般都直接规定违反公序良俗的信托无效。《信托法》第十一条也规定，信托目的违反法律、行政法规或者损害社会公共利益的，信托无效。至于公序良俗的判断标准，解释上应与民法相同。

（二）转移信托财产的法定义务

信托的设立有赖于委托人提供的信托财产，将信托财产转移给受托人是委托人作为信托设立人所负有的最重要的义务。依照民法原则和物权设立原则，委托人转移财产必须依照法律规定，动产需交付，不动产需转移所有权，即进行法律规定的所有权变更登记。

（三）支付报酬和提供补偿的约定义务

受托人的报酬原则上应当以信托财产支付，受托人可以直接从信托财产中支出。但在有些情况下，比如信托财产是代代相传的不动产，信托文件可以规定由委托人或受益人向受托人支付。委托人承担支付报酬和提供补偿的义务以信托文件规定为准，没有规定的，受托人不得主张。

四、我国信托法中委托人的权利和义务特点

我国信托法规定的委托人的权利和义务多为合同性质，也就是说委托人的权利和义务可以通过委托人与受托人订立合同进行约定。这也表明委托人的权利呈现扩张性。肯定委托人权利应该扩张的观点认为，基于我国目前信托业务市场定位模糊、内部运作机制无序的客观因素，以及社会大众普遍对信托制度认识混乱乃至错误的主观因素，扩大委托人的权利和义务是有必要的。但是委托人权利和义务的扩大不利于对受益人和受益权的保障。

五、英美法系委托人权利的特点

英美法系国家认为，信托一经有效设立，如果委托人未兼任受益人，受益权不能由其享有，信托执行的好坏也与其利益无关，委托人在信托关系成立之后便从这一关系中脱离

出来。基于这一认识，立法与司法实践没有将委托人视为信托的利害关系人之一，从而未直接授予委托人任何权利，仅实际承认其享有极个别的来自法律规定的权利，以及允许其在信托行为中为自己保留某些权利。

第三节 受托人的权利和义务

一、受托人的概念

（一）受托人的范围

《信托法》第二十四条规定，受托人应当是具有完全民事行为能力的自然人、法人。

（二）受托人的行为能力

《信托法》规定，受托人应当具有完全的民事行为能力。受托人具有完全的民事行为能力是很重要的，信托受托人在信托活动中扮演着重要的角色，需要从事大量的民事、商事活动，享有一定的权利，履行相应的义务，承担相应的责任。在民事主体中，只有完全民事行为能力人能够独立地享有权利、履行义务和承担责任。从民商事法律精神出发，要求信托受托人具有完全民事行为能力也是理所当然的。当受托人死亡或者被依法宣告死亡，被依法宣告为无民事行为能力人或者限制民事行为能力人时，其职责终止。

二、受托人的权利

（一）取得报酬权

取得报酬权是指信托受托人因管理信托事务而取得的向对方请求支付报酬的权利。和受托人的其他权利不一样的是，受托人的取得报酬权不是在任何情况下都享有的，受托人是否享有这一项权利，要由当事人在信托文件中约定。

《信托法》第三十五条规定，受托人有权依照信托文件的约定取得报酬。信托文件未作事先约定的，经信托当事人协商同意，可以作出补充约定；未作事先约定和补充约定的，不得收取报酬。约定的报酬经信托当事人协商同意，可以增减其数额。此外，《信托法》第二十六条规定，受托人除依照本法规定取得报酬外，不得利用信托财产为自己谋取利益。受托人违反这一规定，利用信托财产为自己谋取利益的，所得利益归入信托财产。

（二）补偿请求权

补偿请求权是指信托受托人因管理和处分信托财产，而对以其固有财产先行支付的费用享有的请求补偿的权利。在信托法律关系存续期间，信托受托人在管理和处分信托财产的过程中，因为业务的往来会产生一些相关费用，如处理事务所发生的一些日常费用以及管理过程中对信托法律关系当事人之外的第三人所产生的费用。对于这些费用，信托受托人在管理和处分信托财产的过程中，如果是以自己运营的资金进行偿付的，那么受托人在偿付相关费用之后理应从信托财产及收益中获得相应的补偿。

（三）辞任权

辞任权是指受托人辞去受托人身份的权利。按照信托设立的精神，受托人接受委托人的委托后，应当遵守信托文件的规定，履行自己的职责，为委托人的目的和受益人的利益处理信托事务，不得随意辞去受托人的职务。为了保障受益人的利益不受损害，法律一般会对信托受托人的辞任权进行非常严格的限制。

《信托法》第三十八条规定，设立信托后，经委托人和受益人同意，受托人可以辞任。《信托法》对公益信托的受托人辞任另有规定的，从其规定。受托人辞任的，在新受托人选出前仍应履行管理信托事务的职责。

三、受托人的义务

（一）信托财产管理和信托事务处理的义务

在信托关系中，信托受托人接受委托人的委托后，就应该管理或处分信托财产、处理信托事务，只有通过对信托事务的处理，委托人设立信托的目的才能实现，受益人的信托利益也才能有保证。因此，信托财产管理和信托事务处理的义务是信托受托人应当履行的最基本的义务。但是信托受托人不得随意管理信托财产和处理信托事务，而是必须依照信托文件的规定来进行，不得超越信托文件所允许的限度。

《信托法》第二十五条规定，受托人应当遵守信托文件的规定，为受益人的最大利益处理信托事务。受托人管理信托财产，必须恪尽职守，履行诚实、信用、谨慎、有效管理的义务。受托人应当切实履行依委托人指示或信托文件的规定处理信托事务的义务，其行为不得超出委托人的要求或者信托文件规定的限度。同时，受托人还应当全方位地考虑到信托受益人的相关利益，以实现受益人利益的最大化。

（二）忠实义务

忠实义务是指受托人在管理和处分信托财产的过程中应一切以受益人的利益为重，不得违背信托受益人的利益。委托人将信托财产交付于信托受托人，受托人应按照委托人的意愿和依靠自己的信用妥善地管理信托财产和处理信托事务，严格遵守信托法律关系的相关规定。忠实义务是受托人众多义务中的基本义务。

《信托法》第二十五条及第二十六条规定，受托人应当遵守信托文件的规定，为受益人的最大利益处理信托事务。受托人除依照本法规定取得报酬外，不得利用信托财产为自己谋取利益。受托人违反这一规定，利用信托财产为自己谋取利益的，所得利益归入信托财产。

（三）不得进行非法交易的义务

《信托法》第二十七条规定，受托人不得将信托财产转为其固有财产。受托人将信托财产转为其固有财产的，必须恢复该信托财产的原状；造成信托财产损失的，应当承担赔偿责任。

《信托法》第二十八条规定，受托人不得将其固有财产与信托财产进行交易或者将不同委托人的信托财产进行相互交易，但信托文件另有规定或者经委托人或者受益人同意，并以公平的市场价格进行交易的除外。受托人违反这一规定，造成信托财产损失的，应当承担赔偿责任。

（四）记录、报告、说明和保密义务

记录义务是指受托人对自己管理的信托事务应有详细的记录，以备委托人、受益人查

阅。报告义务是指受托人应定期或不定期地向委托人、受益人报告自己管理的信托事务的情况。说明义务是指委托人、受益人就信托事务的某些事项向受托人询问时，受托人应予以说明和答复。保密义务是指受托人对于自己在管理信托事务的过程中所了解到的委托人或受益人的商业秘密、个人或家庭隐私等事项，应予以保守，不得向他人泄露。

《信托法》第三十三条规定，受托人必须保存处理信托事务的完整记录。受托人应当每年定期将信托财产的管理运用、处分及收支情况报告委托人和受益人。受托人对委托人、受益人以及处理信托事务的情况和资料负有依法保密的义务。

第四节　受益人的权利和义务

一、受益人的概念

《信托法》第四十三条规定，受益人是在信托中享有信托受益权的人。受益人可以是自然人、法人或者依法成立的其他组织。委托人可以是受益人，也可以是同一信托的唯一受益人。受托人可以是受益人，但不得是同一信托的唯一受益人。

二、受益人的权利

（一）知情权

信托受益人有了解各项信托事务的权利，受益人对受托人是否按照委托人的意愿管理信托事务，是否严格按照信托目的管理享有知情权和监督权，这是各个国家信托法的共同规定。《信托法》第四十九条规定，受益人可以行使本法第二十条规定的委托人享有的权利，即：受益人有权了解信托财产的管理运用、处分及收支情况，并有权要求受托人作出说明。受益人有权查阅、抄录或者复制与其信托财产有关的信托账目以及处理信托事务的其他文件。

（二）受益权

受益人自信托生效之日起享有信托受益权，信托利益归受益人所有。对于共同受益人，《信托法》第四十五条规定，共同受益人按照信托文件的规定享受信托利益。信托文件对信托利益的分配比例或者分配方法未作规定的，各受益人按照均等的比例享受信托利益。当然，受益人也可以放弃受益权。如果全体受益人放弃信托受益权，则信托目的无法实现，该信托就失去了其存在的意义，因此该信托自然归于终止，信托财产归属于信托文件规定的人，信托文件未规定的，信托财产归属于委托人或者其继承人。属于公益信托并且没有信托财产权利归属人或者信托财产权利归属人是不特定的社会公众的，经公益事业管理机构批准，受托人应当将信托财产用于与原公益目的相近似的目的，或者将信托财产转移给具有近似目的的公益组织或者其他公益信托。

《信托法》第四十六条规定，全体受益人放弃信托受益权的，信托终止。部分受益人放弃信托受益权的，被放弃的信托受益权按下列顺序确定归属：（1）信托文件规定的人；（2）其他受益人；（3）委托人或者其继承人。当信托文件对被放弃的信托受益权的归属人未作规定时，因委托人设立信托就是为了受益人的利益，所以被放弃的信托受益权归属于受益人最符合信托目的。

（三）撤销权

信托受益人对信托受托人的行为享有撤销权，是指信托受托人未按照原有的信托目的管理、处分信托财产时，信托受益人可以申请法院撤销该受托人的信托行为，从而使得受托人的处分行为无效。受托人违反信托目的处分信托财产，主要是指受托人的行为不利于实现信托目的，或者损害了信托目的，或者未将信托财产用于约定的信托目的，在这种情况下，受益人可以享有撤销权。当受托人违反信托目的处分信托财产时，受益人行使撤销权一般有两种情况：一是申请法院撤销处分行为，二是直接要求受托人撤销处分行为。信托受益人行使撤销权后，一般会产生两个法律效果，一是受托人需要恢复信托财产的原状，二是受托人赔偿信托财产的损失。

（四）解任权

关于受益人的解任权，《信托法》第四十九条规定，受益人可以行使本法第二十三条规定的委托人享有的权利，即：受托人违反信托目的处分信托财产或者管理运用、处分信托财产有重大过失的，委托人有权依照信托文件的规定解任受托人，或者申请人民法院解任受托人。因为受托人违反了信托目的，造成了信托财产的损失，损害了受益人的利益，所以受益人可以行使解任权。

（五）增减受托人报酬的权利

受益人有增减受托人的报酬的权利。《信托法》第三十五条规定，受益人和委托人、受托人协商一致后，有权增加或减少受托人的报酬。因为受托人的报酬不可能一成不变，鉴于受托人处理信托事务的表现，受益人可以增加或减少受托人的报酬，这样也有助于激发受托人处理信托事务的积极性。

（六）恢复信托财产原状和赔偿信托财产损失的请求权

恢复信托财产的原状、赔偿信托财产的损失，这是法律赋予的在受托人未正当管理信托事务时受益人对信托财产的救济方式。一般在下述情况下，信托受益人可以行使该权利：受托人处理信托事务不当致使信托财产损失；受托人违背信托目的处分信托财产；受托人违反分别管理义务，将信托财产与其固有财产或其他信托财产混在一起管理等给信托财产造成损害的行为。在这些情况下，受益人有权要求受托人恢复信托财产原状，并赔偿损失。

三、受益人的义务

（一）补偿费用的义务

受托人由于管理信托财产而负担的税费和其他费用，以及处理信托事务时受到的损害（非因自身过失），信托受益人负有补偿义务。由于受托人并非为自己管理信托财产，因此在处分信托财产产生盈亏的过程中，所产生的相关费用、债务等，受托人不负有清偿的义务。

（二）保密义务

一方面，受益人要对受托人管理和处分信托财产的情况保密，未经委托人和受托人同意不得向受托人以外的其他人透露，法律另有规定的除外。另一方面，受益人需对委托人和受托人的情况保密，不得随意透露给其他人。

（三）其他义务

一是通知义务，当受益人需要变更信托收益的划付账户时，受益人有义务以书面形式通知受托人并办理相关手续；二是缴纳税费的义务，受益人需按照信托文件的规定缴纳相应的税费。

本章思考题

一、名词解释

1. 信托主体
2. 信托行为
3. 受益人

二、简答题

1. 简述信托财产的特殊性。
2. 信托行为的有效形式有哪些？
3. 受益人的主要义务有哪些？
4. 简述在信托业务中如何能更好地保障受益人的利益。

第四章

金融信托业务分类、特点与创新

导入案例

20世纪90年代初我国沿海各地出现开发区房地产热现象，海南省房地产急剧增值，如何进一步加速三亚的开发，实现地产的增值，成为海南省政府当时关注的问题之一。1992年，三亚市开发建设总公司发行了三亚地产投资券，以投资券的形式，通过预售地产开发后的销售权益，集资开发三亚地产。地产投资券以三亚市丹州小区800亩土地为发行标的物，所筹资金用于该片地的规划设计、征地拆迁、土地平整、道路建设及供电、供水、排水等五通的开发。土地每亩折价为25万元，其中17万元为征地成本，5万元为开发费用，3万元为利润。这样发行的投资券的总金额为2亿元。三亚市政府下属的三亚市开发建设总公司既是该投资券的发行人，又对土地施工负责，并承诺对项目损失负赔偿责任，海南汇通国际信托投资公司担任投资管理人。地产销售的方式分两种：若在三年之内，年投资净收益率不低于15%，则管理人代表投资人行使销售权；否则，在三年之后由拍卖机构按当时的市价拍卖。三亚地产投资券于1992年10月20—31日在三亚、海口两地向持有三亚市身份证的居民（含郊区居民）以及海南的法人团体发行，每张身份证限购一份投资券（面值为1 000元）。1993年3月13日的上市公告书公布个人股投资券为1 912.4万份，占总发行额的9.56%，其余皆由法人持有。当时预计1992年12月动工开发丹州小区，1995年8月5日前完成开发，清盘日期为1995年11月10日，清盘时一次兑付。开发后地产销售收入及相应的存款利息在扣除了管理费（按销售收入超出发行基价部分的5%计算）、应付税金、手续费、土地过户费以及地产销售或拍卖费（按投资券额的13%计算）之后，就是投资人的投资收益。

假定至1995年底，海南房地产价格仍然保持高速增长，试分析此案例中的信托关系以及信托合同当事人的权利义务关系。

第一节 信托的分类

一、信托业务的主要分类

（一）按信托性质划分

1. 信托类业务

信托类业务是信托财产的所有者为实现指定人或自己的利益，将信托财产转交给受托人，要求其按信托目的代为管理或妥善处理。这种类型的信托要求信托财产发生转移，并要求受托人对信托财产进行独立管理，受托人得到的处理权限与承担的风险均比较大。

2. 代理类业务

代理类业务是委托人按既定的信托目的，授权受托人代为办理一定的经济事务。委托人一般不向信托机构转移信托财产的所有权，对信托机构授予的权限较小。信托机构一般只办理有关手续，不负责纠纷处理，不承担垫款责任，故而风险也较小。

（二）按信托目的划分

1. 民事信托

凡是以民法为依据建立的信托被称为民事信托，即民事信托属于民法范围内的信托。而民事法律范围主要包括：民法、继承法、婚姻法、劳动法等法律，信托事项涉及的法律依据在此范围之内的为民事信托。例如涉及个人财产的管理、抵押、变卖，遗产的继承和管理等事项的信托，即为民事信托。

2. 商事信托

凡是以商事法为依据建立的信托被称为商事信托，即商事信托属于商事法范围内的信托。而商事法范围主要包括：公司法、票据法、保险法和海商法等法律。商事法主要调整企业的商业活动和经济活动关系。例如股份公司的设立、改组、合并、解散与清算的信托，公司债券（企业债券）的发行、还本付息的信托，商务管理的信托，商业人寿保险的信托，等等，均为商事信托。

3. 民事商事通用信托

民事信托和商事信托之间并没有严格的界限，有些信托事项两者之间可以通用，既可以被归为民事信托也可以被归为商事信托。例如：附担保公司债信托。发行公司债券属于商事法规范的范畴，而把抵押财产交给受托人又涉及民法中有关保证的内容，所以它可被称为民事商事通用信托。按照设定该信托的动机来区分它到底归于哪一类信托：如果该信托的动机是以保证债券的发行为目的，则它可以被归为商事信托；如果设定该信托的动机偏重于抵押品的安全，则它可以被归为民事信托。

（三）按信托关系发生的基础划分

1. 自由信托

自由信托也被称为任意信托，是指信托当事人依照信托法规，按自己的意愿通过自由协商设立的信托。自由信托不受外力干预，是信托业务中最为普遍的一种。自由信托又分为契约信托和遗嘱信托。契约信托是通过委托人和受托人签订契约而设立的；遗嘱信托是按照个人遗嘱设立的。由于当事人的自由意思表示都被显示在契约或者遗嘱上，自由信托也被称为“明示信托”，但是，自由信托也必须符合受托人接受委托、受益人接受收益的规定。

2. 法定信托

法定信托是由司法机关依其法律授权权力确定信托关系而成立的信托。法定信托又分为鉴定信托和强制信托。

（1）鉴定信托是当无明确的信托文件作为信托关系形成的依据时，由司法机关对信托财产或经济事务以及信托关系进行鉴定认可，推测当事人的意思从而建立的信托。比如，某人去世后，留下一笔遗产，但他并未对遗产的处置留下任何遗言，这时只能通过法庭来判定遗产的分配。即由法庭依照法律对遗产的分配进行裁决。法庭为此要做一系列的准备工作，比如进行法庭调查等等。在法庭调查期间，遗产不能无人照管，这时，司法机关就需要委托一个受托人在此期间管理遗产，妥善保护遗产。

（2）强制信托则是由司法机关按照法律政策的规定强制性建立的信托。它不考虑信托关系人的意愿，而由司法机关依公平、公正的原则，用法律上的解释权强制建立。这种信托的意义在于纠正用不正当手段取得他人财产的情形。如，建立在非法侵占、贪污、挪用、诈骗等其他不法行为基础上而取得的他人财产，法院为保护原受益人的利益，强制取得受托权利，代原产权人追回并保管财产。

案例分析

龚如心的遗产鉴定信托

在轰动华人圈的已故华懋集团主席龚如心的遗产案中，龚如心曾于 2002 年定下遗嘱，把个人名下财产全数交给华懋基金管理，基金的负责人包括她的家人。2007 年 4 月 3 日，龚如心在香港养和医院病逝。华懋基金向法院提起诉讼，提出华懋基金是遗产的受益人，而非受托人。两者的区别是：如果是遗产受益人，可动用遗产；但若只是受托人，便不能动用龚的信托财产。香港高等法院 2013 年裁定，根据龚如心于 2002 年签署的遗嘱，华懋基金只是遗产受托人，而非受益人，必须按照遗嘱利用遗产举办预定的慈善项目。但华懋基金称法院的判决错误，认为自己有权决定如何动用遗产，于是再向终审法院提起终极上诉。2015 年 5 月 18 日，终审法院 5 位法官一致裁定华懋基金败诉。长达 47 页的法院判决书表明，遗嘱的整体文意清晰显示遗嘱是为慈善目的而订立的信托，因此终审法院裁定华懋基金是以受托人形式持有龚如心的全部遗产，而不是以无条件馈赠形式接受遗产的任何部分。

（四）按信托关系能否撤销划分

1. 可撤销信托

可撤销信托是指委托人在信托契约中保留了可随时终止信托并取回信托财产的权利的信托。这种信托委托人权利较大，对受益人的保护较小。

2. 不可撤销信托

“可撤销信托”的对称。它是指信托证书中未附撤销条款，因而财产委托人无信托撤销权的信托。不可撤销信托只有在信托意图已经实现或不可能实现的情况下，基于委托人和全体受益人的申请和法院判决才能消灭，不存在信托终止问题。不可撤销信托，在理论上又被称为“完全信托”，突出表现了“法律上的所有权”与“衡平法上的所有权”并存的信托关系特征。

背景链接

可撤销信托关于债权人的法律规定

委托人设立的信托，如果存在对其债权人利益的损害，债权人有权申请人民法院撤销信托。按照信托财产独立性的原则要求，信托成立后，信托财产由委托人委托给受托人并独立于委托人、受托人、受益人的财产而存在，因而，在信托存续期间，委托人、受托人、受益人的债权人无权就信托财产主张权利。因此有些委托人就可能利用信托财产独立性的原则设立信托使自己的财产减少，致使自己无法清偿全部债务，损害了债权人的利益。鉴于此，我国法律为防止委托人利用信托转移财产、逃避债务，保护其债权人的合法权益，赋予委托人的债权人申请撤销信托的权利。按照我国法律规定，债权人行使撤销权应同时满足以下条件：

(1) 委托人设立信托前，其债权人的债权已经存在。

(2) 委托人设立信托后，因为用自有财产设立信托而导致无法清偿全部债务。

(3) 债权人向人民法院提出了撤销申请。

债权人的撤销权自债权人知道或者应当知道撤销原因之日起1年内不行使的，归于消灭。按照我国民法原理及我国法律规定，被撤销的民事法律行为从行为开始起无效。就信托来说，法院判定撤销信托后，将导致信托自成立便不产生效力，所有已经发生的行为和事实，均可以依法撤销。

但是法律同时规定了对善意受益人的法律救济，如果善意受益人对信托合同损害债权人的利益并不知情，也没有损害债权人的恶意，则善意受益人已经取得的信托利益，不因该信托的撤销而受影响。

（五）按委托人的性质划分

1. 个人信托

个人信托是指委托人（指自然人）基于财产规划的目的，将其财产权转移给受托人

（信托机构），使受托人依信托契约的规定为受益人的利益或特定目的，管理或处分信托财产的行为。它又分为生前信托和身后信托。生前信托是委托人在世时设立的信托，其信托目的包含对财产规划、财产增值及税负的考虑。身后信托（遗嘱信托）多是以遗嘱的方式设立的信托，生效日期是委托人发生继承事实的时候，其目的主要在于遗产的分配与管理、无民事行为能力人或限制民事行为能力人的监护等。

2. 法人信托

法人信托是指由公司、社团等法人委托信托机构办理的各种信托业务。法人信托又称“机构信托”“公司信托”“团体信托”。法人信托具有如下特点：（1）委托人是公司、社团等法人组织；（2）受托人只能由法人机构承担，任何个人都没有受理法人信托的资格；（3）信托内容与经济的发展有密切关系，具有为公司理财、投资、租赁、兼并与收购、金融市场融资等提供服务的职能。如公司债信托，为年金投资、股权投资以及公司创设、改组、合并、撤销和清算而创立的信托等。

3. 通用信托

委托人既可以是个人也可以是企业的信托被称为通用信托。

（六）按受益人划分

1. 私益信托

私益信托是委托人为了特定人（自己或其他指定受益人）的利益而设立的信托，其受益人是具体指定的，一般为自己、亲属、朋友或者其他特定个人。如委托人指定受益人为子女而设立的遗产信托。

2. 公益信托

公益信托是委托人为学校、慈善、宗教及其他社会公共利益设立的信托。公益信托设定的目的不是为特定受益人谋利，而是为了促进社会公共的利益，故而受益人是社会公众中符合规定条件的人，是不特定的。如比尔及梅琳达·盖茨基金会、诺贝尔基金会、壹基金、私人或公司捐助的大学基金等。

（七）按委托人与受托人的关系划分

1. 自益信托

自益信托是委托人为了自己的利益而设立的信托。自益信托的委托人和受益人是同一人，因此自益信托只能是私益信托。

2. 他益信托

他益信托是委托人为了他人的利益而设立的信托。委托人设立信托的目的是为除自己之外的第三人谋取利益。

某些信托业务同时兼有自益与他益的性质。比如委托人把信托财产托付给受托人经营，在信托文件中规定：若干年内运用信托财产所得的收益归委托人，作为其自身每年的生活费开支；在一定年限后，信托财产就归于第三人。

3. 宣示信托

宣示信托又称宣言信托，是指财产所有人以公开宣布的方式，公告自己为该项财产的受托人而设定的信托。该项财产一经宣告受托就成为信托财产，财产并不转移但须与委托人其他原有财产分别进行保管和经营。这种信托中只存在两方当事人，其设立属于单方法律行为，只需委托人单方意思表示即可，也属于他益信托。英美法系国家的信托法一般允许设立宣示信托，但是大陆法系国家一般不认可这种信托，因为委托人同时作为受托人将自己的财产设为信托财产，容易被利用来规避债务，有损债权人的利益。

（八）按信托的管理目的划分

1. 担保信托

担保信托是指以确保信托财产的安全，保护受益人的合法权益为目的而设立的信托。在受托人接受了一项担保信托业务后，委托人将信托财产转移给受托人，受托人在受托期间并不运用信托财产去获取收益，而是妥善保管信托财产，保证信托财产的完整。例如附担保公司债信托就是一项担保信托，一家企业发行债券时，需要提交担保品，但是不可能向每一个债权人直接提供企业的担保品，企业就必须为众多债权人确定一个担保品的持有人，在债券还本以前，由信托公司作为持有人为众多债权人持有担保品，保护债权人的利益。为此企业可以向信托机构申请附担保公司债信托，由信托机构作为受托人，在受托期间妥善保管担保品，待企业偿还债券本息以后，再把担保品交还给发债的企业，信托终止。

2. 管理信托

在管理信托下，委托人管理信托财产的目的在于保护财产的完整，不变更财产的方式或形态，例如受托人管理委托人的不动产或动产，使之不受损坏。但是受托人不得随意改建、变卖不动产，受托人只有管理的权利，没有处分的权利。

3. 处分信托

处分信托是一种广义的管理信托，受托人管理委托人财产的目的在于使用和支配信托财产，增加信托财产的价值，因此可以对信托财产进行处分，如对信托财产中的股票、债券进行买卖，使之增值。

（九）按信托的标的划分

1. 资金信托

资金信托也被称为金钱信托，是指委托人基于对信托机构的信任，将自己合法拥有的资金委托给信托机构进行管理与处分的信托业务。它以货币资金为标的，如单位资金信托、公益资金信托、社保基金信托、个人特约信托等。资金信托在日本特别发达，即前面提到的日本的金钱信托。

2. 实物财产信托

实物财产信托是指委托人将自己拥有的实物财产（动产或不动产）作为信托标的，委托信托机构按照约定的条件和目的进行管理或者处分的信托业务。其中动产是指原材料、设备、物资、交通工具等可以移动或移动后性质不发生较大变化的财产；不动产指厂房、仓库和土地等不能随便移动或移动后性质会有较大改变的财产。

3. 债权信托

债权信托是指以债权凭证为信托标的的信托业务。比如企业委托受托人代为收取或支取款项、代收人寿保险公司理赔款等。

4. 经济事务信托

经济事务信托是以委托凭证为标的而建立的信托业务。委托人要求受托人代办各种经济事务，比如委托设计、专利转让、委托代理会计事务等。

（十）按信托资金的处分方式划分

1. 单一信托

单一信托是指信托机构接受单个委托人委托，依据委托人确定的管理方式单独管理和运用信托资金的行为。这种信托对于每个委托人的财产，从受托到运用都是单独进行的，所以可以较好地贯彻账户不同、运用效益也不同的收益分配原则。单一信托对于委托人之外的其他人没有信息披露义务，但必须按照委托人指明的用途使用资金。

2. 集合资金信托

集合资金信托是指信托机构接受两个或两个以上的委托人委托，依据委托人确定的管理方式或由信托机构代为确定的管理方式管理和运用信托资金。信托机构把许多委托人的信托资金集中起来加以运用，然后将实现的收益根据各委托人的金额比例分配给受益人。

（十一）按信托是否跨国划分

1. 国内信托

信托关系人及信托行为都在国内进行的信托被称为国内信托。

2. 国际信托

信托关系人及信托行为跨越国界的信托被称为国际信托。

二、我国信托业务的分类

我国信托业自引入后经过长期的实践，业务分类众说纷纭。如果从资金运用方式来分，兼顾资金来源，信托业务大致可以分为八类，分别为：（1）债权信托；（2）股权信托；（3）标品信托；（4）同业信托；（5）财产信托；（6）资产证券化信托；（7）公益信托；（8）事务信托。

债权信托主要是指依据信托计划，受托人把资金出借给别人使用，约定了借贷期限和收益，到期连本金带收益一起收回的信托，这也是最为常见的融资类信托。股权信托是受托人投资非上市的各类企业法人和经济主体，回报主要是股权增值和分红，风险在于公司的经营状况和市场变化。这种投资要防止明股实债和期限错配等问题。标品信托是指受托人投资于标准化产品，即可分割、有公开市场流通的有价证券，包括国债、期货、股票、金融衍生品等。同业信托就是资金来源和运用都在同业里，主要包括通道、过桥、出表等，同业非标业务主要包括拆借、短期融资、同业理财、资管计划等。财产信托主要指以财产或财产权作为信托财产的业务，可以实现合法财产的破产隔离、财产独立与代际传承。资产证券化信托指受托人作为资产管理人把委托人的财产投资于资产证券化产品或者帮助委托人进行资产证券化的设计与实现。公益信托是指为了公共利益而设立的信托。事务信托是指所有事务性代理业务，包括提供融资解决方案、充当财务顾问、代理应收应付款项、代理存款等。

第二节 信托的特征

一、信托的基本特征

（一）所有权和收益权分离

信托一旦设立，在委托人将信托财产转移给受托人时，委托人就不具有财产的所有权，信托财产的所有权归受托人所有，而受益人享有信托财产管理的收益。受托人因对信托财产的管理而对受益人所承担的责任，仅以信托财产为限。

（二）信托财产具有独立性

所谓信托财产的独立性，是指信托财产有一种独立于其他财产的性质，主要表现在：（1）信托财产与受托人的固有财产相互独立。若受托机构（信托公司）解散、被撤销或破产，信托财产不属于其清算或破产的财产。（2）委托人的信托财产与委托人的其他财产相互独立。这是一种特殊的破产隔离制度，它能保障受益人不因委托人破产或发生债务而失去享有其对该信托财产的权利。（3）不同委托人的信托财产或同一委托人的不同类别的信托财产相互独立。这是为了保障每一个委托人的利益，保障同一委托人的不同类别的信托财产的利益不因一种信托财产受损失而危及其他项信托财产。

（三）受托人不承担损失风险，信托损益的计算遵循实绩原则

信托受托人是按照委托人的意图进行资产管理的，在受托人自身没有过失的情况下，在信托管理中产生的损失，受托人是不需要承担责任的，但受托人如果违反信托义务，应由受托人的固有财产对信托财产的损失承担赔偿责任，实现对受益人的保护。在受托人按信托合同规定尽职尽责管理信托财产的前提下，信托财产的损益计算和利益分配是根据受托人经营的实际结果，而不是根据事先确定的损益标准。

（四）信托方式的灵活性，信托服务的多样性

信托与其他信用活动相比，具有很强的灵活性，体现在：（1）信托的委托人范围广泛，可以是个人、企业或社会团体。（2）信托财产的形式多样，可以是有形的，也可以是无形的。只要委托人拥有这种财产的产权，可以计算价值，且不与法律相抵触，就可以采用信托的方式委托受托人管理。（3）信托目的的多样性。委托人可以有不同的目的，可以要求监护，可以仅仅保护自己的财产，也可以以财产增值为目的。（4）信托设计灵活。当事人可通过信托文件进行灵活多变的设计，实现多样化的利益分配要求。（5）运用方式多样化，信托业务既可以投资也可以贷款；信托财产既可以出租也可以出售；信托机构既可以与客户建立信托关系，也可以与客户建立代理关系。

信托机构为社会提供了多样化的服务，包括信托投资和贷款、租赁、证券发行、财务管理、并购、代理业务、经济咨询等，既为企业服务，也为个人服务，既为公益服务，也为私益服务，对经济的发展起到了积极的推动作用。

（五）信托具有融通长期资金的特征

随着市场经济的发展，信托越来越明显地表现出融通资金的特点，信托与银行信用、

商业信用类似，作为一种独立的信用方式，可以调剂社会资金的余缺。委托人的信托资产多为长期可以运用的资金或财产，通过受托人转移给社会上缺乏资金的主体使用。信托体现了委托人向社会经济主体的直接授信，是一种融通长期资金的直接信用形式。

二、信托与其他金融活动的关系

（一）信托与银行信贷的区别

1. 本质不同

信托起源于遗嘱的执行，其本质是“受人之托，代人理财”，由受托人接受委托，代委托人管理与处分信托财产，为他人谋利；而银行信贷则起源于货币兑换业务，是一种以偿还与付息为条件的资金借贷活动。

2. 所体现的经济关系不同

信托作为一种为了他人的利益而进行的财产管理活动，涉及受托人、委托人和受益人三个当事人，体现的是多边的信用关系；而银行信贷作为一种资金融通活动，主要体现的是银行与存款人和贷款人之间的双边信用关系。

3. 基本职能不同

信托最基本的职能是财务管理职能，是受托人在忠诚的前提下对信托财产的管理与处分，以实现受益人的利益最大化。而银行信贷最基本的职能则是融通资金，银行作为信用中介，通过负债业务来筹集资金，再通过贷款等业务来调剂社会资金的余缺。

4. 业务范围不同

信托的业务对象多种多样，可以采用资金形态也可以采用实物形态，其业务方式也灵活多样，除了包括信托存贷款外，还包括投资、投行等许多其他业务。而银行信贷的主要业务是吸收存款和发放贷款，聚集社会闲置资金并转给需求者运用，以融通资金。银行的业务对象一般以资金为主。

5. 融资方式不同

信托机构的受托人按照委托人的意愿代替委托人进行资金的管理与处分，体现了委托人向社会经济主体的直接授信，是直接融资；银行作为信用中介，起间接融资作用，在存款人和贷款人之间搭起一座桥梁。

6. 收益分配不同

信托的收益是按照实际运用的效果来计算的，对信托财产的管理与运用所获得的收益均归受益人所有，受托人按协议规定收取手续费和佣金，不直接获得经营信托财产所产生的收益。而银行信贷则按规定的利率计算利息，银行获得经营存、贷款的利差，存款人只能按事先约定的利率获得利息。

7. 承担的风险不同

信托的经营风险由委托人或受益人承担，受托人不保证信托本金不受损失和最低收益，只要受托人尽职，按委托人的意图管理信托财产，不管信托财产产生了盈余还是亏损，受益人均不能向受托人索赔。而在银行信贷中，银行自主地发放贷款，其行为不受存款人与借款人意志的强求，因而整个信贷的风险完全由银行承担。

8. 清算方式不同

信托财产具有独立性和连续性，它不同于受托人的自有财产，一旦信托机构因经营不善而终止，信托财产不属于清算财产，而要由新的受托人承接并继续管理，以保护信托财产免受损失。而银行存款是银行的负债，银行贷款是银行的资产，一旦银行破产，存、贷款等业务所涉及的财产要作为破产财产，统一参与清算。

（二）信托与债权债务的关系

1. 当事人关系不同

信托作为一种特殊的经营活动，涉及委托人、受托人与受益人三方的关系。而后者则主要涉及债权人与债务人，是两者之间的双边关系。

2. 体现的关系不同

信托业务中体现的是信任关系，委托人对受托人充分信任，这种信任关系是信托业务得以存续的基本条件。而在债权债务这一经济活动中，双方所体现的是借贷关系。

3. 对特定财产的权利不同

信托财产在运用上要保持独立性，受益人对特定的信托财产拥有要求权，在破产时也被优先偿还。而在债权债务这一关系中，债权人仅有债务请求权，而不拥有对特定财产的要求权，在债务人破产清算时，债权人无优先权。

4. 收益不同

信托业务中的收益率是不确定的，财产运用的收益都归受益人。而在借债方式中，一般在合同中或债券的票面上会表明固定的利率，有固定回报，资金运用的收益归债务人，债权人只收回本金与利息。

（三）信托与委托、代理的区别

信托、委托与代理是三种较为常见的财产管理制度。委托是指一方（受托人）以另一方（委托人）的名义处理其所受托的事物，而受托人所从事代理活动的后果由委托人承担；代理是指一方（代理人）以他方（被代理人）的名义，在授权范围内与第三者进行的法律行为，这种行为的法律后果直接由被代理人承担。三者都是以当事人之间的相互依赖关系为基础而成立的制度。但信托与委托、代理有一定的区别：

1. 当事人之间的关系不同

信托是一种多边信用关系，从法律上讲，信托的当事人至少包括委托人、受托人与受益人三方。而委托、代理的当事人仅为委托人（或被代理人）和受托人（或代理人）双方，是一种双边关系。

2. 成立的条件不同

信托财产是信托的中心，在设立信托时委托人必须有确定的、合法的信托财产，否则就不能建立信托关系。而委托与代理关系的建立却不一定要有财产，有时在没有确定财产的情况下，委托、代理关系也可以成立。

3. 财产的占有权不同

在信托业务中，委托人要将信托财产的所有权转移给受托人，由后者代为管理与处分，也就是说，信托财产的所有权必然会发生转移。委托、代理业务财产的所有权始终掌握在委托人或被代理人手中，并不发生所有权的转移。因此信托的当事人之间的信赖关系比委托和代理更加密切。

4. 财产的性质不同

信托财产具有独立性，它与委托人、受托人或者受益人的自身财产相区别，委托人、受托人或者受益人的债权人都不得对信托财产主张权利。但是在委托、代理关系中，让受托人（代理人）管理或处分的财产仍属于委托人的自身财产，委托人的债权人仍可以对该财产主张权利。

5. 受托人掌握的权限不同

信托的受托人依据信托文件对信托财产进行管理与处分，有较充分的自主权，委托人一般不进行干预，受托人只受信托契约约束与法律、行政监督。而在委托、代理关系中，受托人（或代理人）的行为则严格受到委托人（或被代理人）的限制，委托人可以随时向代理人发出指示，甚至改变主意，受托人或代理人必须服从，而代理人的权限也仅以被代理人的授权为限。

6. 稳定性不同

信托关系一经成立，除非信托契约中规定的条件或法律规定的情况出现，信托契约是不能解除的，即使委托人或受托人死亡，信托也将继续存在，因此有较大的稳定性。而委托、代理合同比较容易解除，被代理人可随意撤回代理关系，并因代理人或被代理人任何一方的死亡、宣告死亡和法人消失而终止。

第三节　信托的创新

一、中国信托业发展现状

从发展历程来看，中国信托业也有过野蛮生长的时期。1979 年 10 月，中国第一家信托公司成立，1982 年底，全国各类信托机构数量达到 620 多家，到 1988 年高峰时，全国信托机构数量达到上千家。此后，信托业经历了六次严厉的行业整顿，每次整顿都会有大量信托公司被清理，1999 年 2 月第五次清理整顿后，信托不再经营证券经纪业务和股票承销业务。2007 年进行了第六次清理，银监会不再新批信托公司牌照，目前持有信托牌照的信托公司只有 68 家。而对比其他金融机构，全国约有 800 家银行、111 家证券公司、164 家保险公司，信托业持有的金融牌照最少。

（一）信托业进入深层次调整周期阶段

自 2007 年信托公司重新登记后，信托业借助自身的制度优势以及信托市场需求的释放，经历了快速发展周期和行业增长的黄金时代，信托规模屡创新高。然而，2015 年第 3 季度，信托资产规模环比下降 1.58%，如果说之前的行业增速放缓还只是行业周期的开端的话，那么现在以此为起点，行业的深层次调整将逐步展开，行业资产规模波动会有所加大，这会使过去较快发展过程中所被掩盖的结构矛盾、制度扭曲等问题逐步显露出来。如果说过去近10年的黄金发展期信托业经历了规模做大、树立品牌的过程，那么此后5年乃至10年则是挤水分、打基础、练内功的关键时期。

中国信托业此轮周期调整具有鲜明的顺周期性特征，但是较之经济周期具有一定的滞后性，这主要还在于信托资金的重要投向是实体经济，占比达到80%左右，实体经济的好坏在很大程度上左右了信托业的景气程度。宏观经济下滑传导到实体经济中，影响其投融资决策，再进一步反映到信托业资产规模增速上的时候就会产生一定的时滞，从而使信托资产规模的增长成为一个判断宏观经济趋势的滞后指标。同时，一个很有意思的现象是，信托资产余额增速与信贷资产余额增速存在一个明显的扩大和缩进的变化过程，两者在2009年、2010年具有相同的上升下降趋势，然而2011年之后，走势完全相背离，先表现为信托资产增速的上升和信贷资产增速的下降，之后又表现为信贷资产增速的上升和信托资产增速的下降。这种变化反映了信托作为企业融资渠道之一，能够鲜明表现出企业对两个不同的融资方式的取舍。从2011年开始，央行逐步收紧货币政策，回归常态，导致银行放贷能力降低，除了部分信贷走信托通道以外，信托融资实际上满足了很大部分社会资金需求；而自2014年以来，国家加强了对影子银行的监管，加之信托风险显现，实体经济通过银行等正规融资渠道取得的资金量上升，而信托发展受到较大制约。

2016年，宏观经济依然不容乐观，GDP增速为6.7%，而此轮经济周期调整远没有结束，信托业的资产获取难度仍不会降低，新业务领域、新发展模式尚不成熟，其所获得的增长动力依然不足，这导致信托在2016年增速进一步下滑至个位数，约为5%。

2017年，中国宏观经济稳中有进，保持了平稳健康的发展势头，全年国内生产总值为82.7万亿元，同比增长6.9%，比2016年高0.2个百分点。第一、二、三产业增加值同比增速依次攀升，经济表现稳中向好。2017年我国信托业与宏观经济基本保持协调发展，信托业资产规模增速有所放缓，但实现稳步增长。未来，信托公司需不断完善公司治理结构，严守合规经营底线，进一步打造自己的核心竞争力，走集约化、创新化道路。

（二）信托管理资产在泛资产管理行业的地位经历微妙变化

信托资产规模增速与宏观经济增速之间存在紧密联系。2016年下半年，随着供给侧改革不断向纵深推进，国内消费需求和投资需求不断扩大，带动GDP增速回升。同期，受经济基本面的宏观驱动，信托资产规模同比增速保持了较快增长。从信托资金的来源看，单一类资金信托占比整体呈下降趋势，而集合类资金信托和管理财产类信托占比上行趋势愈加明显（见图4-1）。截至2017年末，单一类资金信托占比由2016年末的50.07%降至45.73%，下降幅度为4.34个百分点；集合类资金信托占比由36.28%增至37.74%，上升幅度为1.46个百分点；管理财产类信托占比由13.65%增至16.53%，上升幅度为2.88个百分点。信托资金来源持续向多样化和均衡化发展。

截至2017年末，全国68家信托公司管理的信托资产规模突破26万亿元，达26.25万亿元（平均每家信托公司3 859.60亿元），同比增长29.81%，较2016年末的24.01%上升了5.8个百分点；环比增长7.54%，较2017年第3季度的5.47%上升了2.07个百分点。信托资产同比增速自2016年第2季度触及历史低点后开始回升。

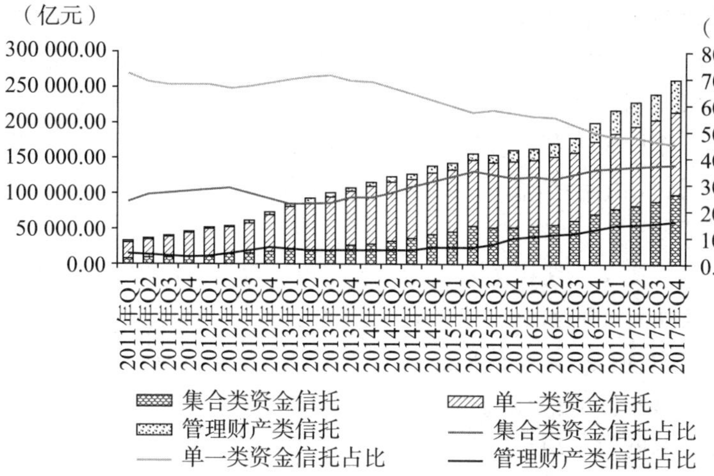

图 4－1　2011 年第 1 季度—2017 年第 4 季度各季度信托资金来源及其占比

（三）中国信托业发展深度仍不足

纵向比较国际信托业，近年国际信托业发展相对平稳，这主要得力于美国经济复苏态势相对较好，各个国家和地区资本市场表现尚可。统计数据显示，2015 年，美国信托业资产规模增速约为 7%，日本信托业资产规模增速在 10%左右，中国台湾信托业资产规模增速约为 5%。从信托资产规模/GDP 的发展深度指标看，我国信托业与美国、日本以及我国台湾地区存在一定差距，美国当前该指标约为 2，日本约为 2.5，我国台湾地区接近 1，我国仅为 0.32，相较于日美成熟信托业的发展情况，我国仍需要提高信托业发展的深度（见图 4－2）。

信托发展深度的差距说明了我国信托业未来的发展空间依然较大，然而这只是发展潜力，真正充分释放这些潜力还需要一定的前提条件，世界许多国家都在培育和发展信托制度，但是真正能够培育成熟的只有英国、美国、日本等少数国家，英国是发源地，美国和日本都是后来引进并使其发展壮大的国家。通过对信托业较为发达国家的研究以及结合我国国情，我们发现，四大因素对信托业的发展产生了深刻影响，分别是信托法律制度、信托文化、制度效率以及政策支持，这些因素从根本上决定了信托业发展的高度、深度和普及程度。

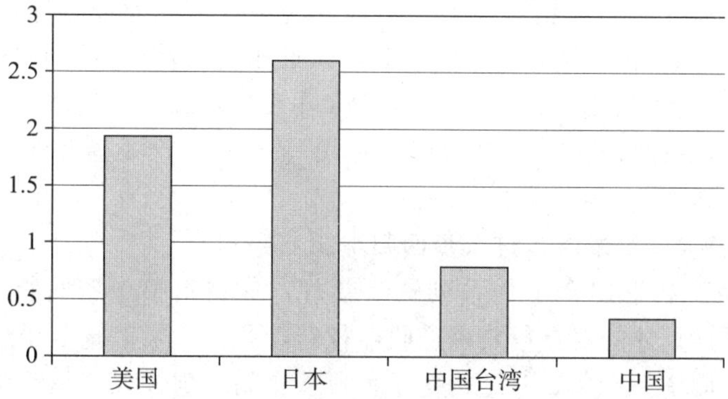

图 4－2　2015 年美国、日本、中国台湾与中国的信托业发展深度指标比较

一是信托法律制度。信托法律制度是规范信托关系的基础，包括信托法、信托业法以及税法等法律制度。完善的信托法律制度能够有效维护信托当事人的权利，促进信托业务的有效开展。当然信托制度也不是一成不变的，2000 年以来，全球掀起了修订信托法律法规的浪潮，日本、新加坡、英国以及中国香港都修订了信托法律法规，意在解决信托业发展过程中存在的问题，像新加坡根据自身国际金融中心的定位以及发展离岸信托的目标，对信托法进行了修订。

二是信托文化。信托文化在很大程度上决定了市场需求的潜力和整个社会信托发展的氛围。在英美国家信托就如同家庭医生，是生活的一部分，人们懂得利用信托服务于自身的部分需求。日本在 20 世纪 70 年代后进入信托时代，这得力于之前通过发展贷款信托业务以及宣传信托文化所实现的信托文化家喻户晓。

三是制度效率。制度效率决定了信托制度的应用范围。实际上，资产管理、财富管理等领域可供选择的制度不仅限于信托制度，还有委托代理制度、合伙人制度等制度，不同制度具有各自的优劣势，在外部环境变化过程中，各种制度所能实现社会主体目的的效率和成本各不相同，因而在经历市场的优胜劣汰后，才能够得到更大发展。诸如在破产隔离方面，特殊目的机构、信托以及合伙人制度都可以实现，它们之间的差别无非是税收、实践操作的便利性问题。

四是政策支持。尤其是在大陆法系国家，信托制度属于舶来品，其本身的社会接受度就比较低，需要有政府的支持和精心培育。在这方面，日本政府表现得最为突出，其在信托制度供给、推动信托业务创新以及帮助信托业克服发展困难方面起到了很大的作用。英美国家也在社会经济发展过程中，根据信托制度的特点，将其作为员工持股的基本制度，保护员工的合法利益。①

（四）信托资产规模增速回归正常

2009—2013 年，信托业管理的信托资产规模的同比增长率已经连续 5 个年度保持在 30%以上。然而，2013 年，信托业发展的外部环境充满了不确定性。经济下行压力加大了信托公司经营面临的宏观风险，利率市场化加大了信托公司经营面临的市场风险。伴随泛资产管理时代的不断发展及监管层的严厉监控，不少人认为信托业又站在了发展的“十字路口”。2014 年，在经济下行和竞争加剧的双重挑战下，信托业结束了自 2008 年以来的高速增长态势，步入转型发展的阶段。2015 年上半年，在面临经济下行和股票市场异常波动的双重压力，以及流动性相对收缩的总体环境下，信托业依然保持了快速前进的步伐。2016 年在供给侧改革的牵引下，信托业再次迎来增长高峰期。在宏观经济明显企稳和市场预期略有好转的积极影响下，2017 年第 1 季度的信托业已越过了过去两个季度“个位数”的增长低点，自此跨入了“22 万亿元时代”，信托资产规模和经营业绩总体实现平稳增长，再创历史新高。

（五）信托业持续转型发展，进一步回归本源业务

2016 年，监管层相继出台了一系列资管新规，这将给整个资管行业带来巨大变化。新规规定只有信托计划才能对接信贷资产收益权转让业务，未来基金子公司通道业务费率将失去相对优势，而“新八条”对结构化私募资管产品影响较大，在资金配置压力的驱动

① 资料来源于《2016 年中国信托业发展展望报告》。

下，私募资管产品或将绕道信托进而对信托构成利好。通道业务从券商和基金子公司重回信托；股市走强，投资类集合信托发行强劲；PPP（政府和社会资本合作）加速落地，撬动信托融资需求旺盛等相关有利因素。具体而言，集合类、财产管理类和事务管理类信托业务等主动业务扩张显著。近年来尽管投资类信托业务占比一直处于“温和”的上升通道，但融资类信托业务的下降和事务管理类信托业务的快速增长充分表明信托业务的功能已经显现并逐渐深化。西南财经大学信托与理财研究所称，从长远来看投资类和事务管理类信托业务应当是驱动行业可持续发展的“双轮”，伴随着金融市场改革的不断推进和信托业转型升级的持续探索，未来投资类信托业务这一侧轮的占比估计将会进一步上升。这表明信托公司在艰难转型发展中回归信托主营业务。

早期信托业中的各个信托公司以通道业务为主，并没有做信托公司真正应该做的事情。而信托业处于持续转型发展过程中，现在监管政策就是要不断加大监管力度，规范信托公司的业务行为，要求真实反映企业融资情况和融资杠杆，不可否认，新规对整个行业的规模、传统业务空间、利润等造成的短期影响，或许会使行业经历两三年的阵痛期。但从长远来看，信托业将会获得良性发展。2017 年以来信托业创新转型不断发力，热点频出。随着我国金融改革创新的不断推进，投资环境逐渐完善，投资者理财需求逐渐趋向多元化。2018 年信托业不断增加有效供给，互联网信托、家族信托、消费信托、慈善信托、海外信托等新兴业务都取得了重大突破。

二、信托业面临的机遇和挑战

（一）信托业面临的机遇

1. 国民财富积累不断增长，财富管理需求日益旺盛

随着中国经济近几十年的发展，我国居民个人财富水平迅速提升，我国成为全球财富增长最快的国家之一，根据瑞士信贷《2015 年全球财富报告》的数据，中国中产阶级人数位列全球首位，约有 1.09 亿人。中国目前正处于经济转型发展期，新经济正在以前所未有的速度带动私人财富的创造和转移，中国高净值人群的可投资资产和高净值人数皆保持了两位数的增幅。根据招商银行和全球领先的管理咨询公司贝恩公司联合发布的《2015 中国私人财富报告》的调研分析，2015 年中国个人可投资资产在 1 000 万元人民币以上的高净值人群规模已超过 100 万人，全国个人总体持有的可投资资产规模达到了 112 万亿元人民币。中国私人财富市场持续释放可观的增长潜力和巨大的市场价值。

近年来，我国财富管理市场发展迅速。随着居民理财意识的逐渐提升和市场上财富管理产品的不断涌现，高净值人士的财富管理需求也日益旺盛。《2015 中国私人财富报告》显示，“财富传承”如今已成为高净值人群普遍考虑的重要命题，高净值人士希望有规划、有原则地将物质财富传承给子女，同时期待他们具备独立自主的品格和能力，能够正确地认识和运用家族财富，让财富成为子女生活和事业的助推力。同时高净值人士已习惯于将大部分财富交给专业财富管理机构打理，也愿意和专业财富管理机构加深信任合作关系。而且该报告分析指出，这些专业财富管理机构的做法契合信托的“受人之托，代人理财”的理念，比如我国第一个家庭信托计划即平安信托推出的“平安财富·鸿承世家系列单一完全资金信托”就迎合了中产阶级特别是高净值人士的财富管理需求。

2. “新常态”经济下产业转型增加了投资渠道，拓宽了信托的业务范围

经济新常态影响着我国的各行各业，伴随着经济结构的优化、发展动力的转换、开放水平的提升以及以新理念引领新发展的经济发展格局，近年来的国企深化改革、铁路投资等重大领域多元化融资的开放、金融国际化接轨等都对信托业产生着影响。在这个过程中，信托业如何发掘新的经济增长点，如何结合时代背景开拓新的信托业务，对信托业来说既是机遇也是挑战。

信托公司是能够在货币市场、资本市场及实体经济中进行资产配置的金融机构，在经济新常态下，涌现出大量具有新业态、新商业模式的初创企业，而这些企业是银行信贷不愿进入的投资领域，即使有些企业的风险是实际可控的。但是信托业可以凭借专业化的资产管理能力在货币市场为这些企业提供短期融资；在资本市场为这些企业提供长期融资，一方面促进民间资本与优质项目高效对接，实现金融资源的高效配置，支持初创企业成长，助力经济结构的优化升级，另一方面增加信托业的投资渠道，为信托业带来丰厚的利润。

3. 信托独有的制度优势，使产品设计更加灵活、投资范围更加广泛

随着大资管的到来，资产管理行业的市场环境正在发生巨大变化，除信托公司外的其他金融机构纷纷加入资产管理领域，在这种“泛信托”的背景下，信托业仍然具有独一无二的信托制度优势。从信托财产的独立性层面看，信托一旦设立，信托财产就独立于受托人的自有资产和其他信托财产，不受受托人的自有财产和其他信托财产管理运作情况的影响，信托财产不作为受托人的破产清偿财产。信托财产的独立性决定了信托成为一种安全的财产管理的制度安排。信托财产隔离制度在财富管理领域的作用更加明显，其他资产管理机构不能像信托公司一样享有《信托法》赋予的财产隔离制度，因而其受托财产难以具有信托财产一样的法律地位，投资者也难以获得信托制度下的严密保护。从信托财产所有权和受益权分离层面看，信托财产的名义所有人是作为受托人的信托公司，而实际获得信托财产利益的是信托财产的受益人，财产权利的两重性决定了信托名义下的权利转让更为灵活和便捷。改革开放后第一代企业家正面临接班的问题，在以财富传承为主要特征的财富管理领域，信托因其私密性、“三权分离”、破产保护等特点，具备了其他金融机构无法取代的制度优势，势必更加受到高净值人群的认同。从信托资金投向层面看，信托公司作为联系货币市场、资本市场和产权市场的重要纽带，是资金运用范围最广的金融机构。信托资金既可以运用于银行存款、发放贷款、融资租赁，也可以运用于有价证券投资、基础设施项目投资和实业投资。由于信托的投资范围更加广泛，在进行产品设计的时候就能够更加灵活，能满足不同客户在不同风险偏好、不同期限、不同投资品种上的资产管理需求。相比银行、券商等金融同业，信托公司的投资范围最广，几乎涵盖所有领域，可以对资产进行全行业配置，实现风险和收益的最佳匹配。总而言之，资管新政打破了资产管理的行业壁垒，资管的分业经营模式逐渐走向混业经营模式，除信托公司外的其他资产管理机构也可以开展信托业务，但在我国“分业经营，分业监管”的制度安排下，其他资产管理机构无法突破制度上的局限，不能开展真正法律意义上的信托业务。因此，信托公司具有独有的制度优势，更应深度挖掘信托的制度优势，拓宽信托的业务范围，加强信托产品的创新，在综合金融服务、产业管理领域、私人财富管理领域、社会公益等新的领域开辟新的利润增长点，继续开拓进取，极大地发挥信托的制度优势。

4. 信托业相关的法律法规不断健全，为信托业的发展提供了保障

随着信托业在金融领域占据日益突出的地位，近年来，信托相关法律法规密集出台，从不同领域、层级、业务上不断对信托业进行调整、细化，而且《信托法》一直处于不断修订的过程中。“一法两规”构造了信托制度的基本法律框架。同时，有关企业年金基金、信托投资基金、集合资金信托业务、房地产信托业务管理的通知接连不断，及时有效地处理了信托市场出现的新情况。比如，2012 年，有关部门开始研究信托配套制度建设和《信托法》修订的工作，希望在信托登记制度和公益信托制度方面取得突破，为信托公司业务转型扫清法律障碍，积极推动信托公司发展财产信托、家族信托、公益信托等信托本源业务。近年，《中国信托登记有限责任公司信托登记管理细则》等一些细则的颁布，不但进一步完善了信托法律制度，而且与国际监管准则接轨，对信托行业乃至整个金融业都具有里程碑式的意义。

（二）信托业面临的挑战

1. 社会对信托的认同度低以及受制度制约，信托业务广泛开展存在困难

社会公众对信托的认知度低有很多原因，其中主要的几点有：一是我国目前的信托法律法规不健全，现有的法律框架无法有效地规范信托业的发展。二是信托公司的营业网点少，宣传力度不够。三是我国民众还没有建立完善的信托意识。而且由于制度上的一些规定，如信托投资金额门槛过高，目前集合信托为 100 万元起步，将很多人排除在信托之外；饱受诟病的信托登记制度一直处于探索过程中，这些制度在一定程度上制约着信托的发展。在资产管理竞争如此激烈的新形势下，信托机构要开展业务，保持原有的市场份额将会更加困难。

2. 信托制度红利逐渐消失，资管市场竞争更加激烈

回顾信托业快速发展的 10 年，由于分业经营管理体系为信托创造的制度红利，即牌照优势，信托业不管在资产规模还是业务范围方面都取得了爆炸式的增长。2012 年下半年以来，随着一系列监管政策的出台，我国资产管理行业的政策管制开始转向鼓励创新，放松管制。商业银行、信托公司、证券公司、基金管理公司、保险资产管理公司纷纷进入资产管理领域，资产管理的行业壁垒被打破，我国正式进入一个全面融合、竞争与扩张的资产管理行业时代。随着券商在资管市场的快速崛起，信托业中原本银信合作的通道类业务的业务和利润空间都受到挤压。基金子公司的投资范围和信托基本相当，而且拥有宽松的监管范围、成熟的客户群、出众的资产配置能力，基金子公司的全面信托化对信托公司在未来的发展造成了极大的挑战。同时保险业也加入第三方资管的浪潮，2013 年 2 月 17 日，《中国保监会关于保险资产管理公司开展资产管理产品业务试点有关问题的通知》发布，规定保险资产管理公司可以自己担任受托人，向委托人募集资金，投资于银行存款、股票、债券、证券投资基金、央行票据、信托资产支持证券、基础设施投资计划、不动产投资计划等，保险资管公司逐步突破保险资管的行业局限，形成与信托业竞争的局面。此外，银行理财业务快速成长、公募基金资格扩容、期货资管在衍生品市场领域发挥优势，这些均对信托业构成了竞争。因此可以说，信托业在目前的资管市场上，面临来自银行、券商、基金、保险公司、期货公司等资产管理机构的竞争压力，无论是在产品的选择上，还是在客户的争夺上，上述资产管理机构都对信托公司造成了极大的压力。

3. 信托监管滞后于信托创新，使得信托投资风险进一步加大

《信托法》自出台以来一直未能完善，《信托法》只是信托关系的基本法律，缺少对信托业的规范。我国资产管理市场上各种可从事类信托业务的其他金融机构由于市场准入条件不一、监管程度不同等造成了信托业的乱象。随着资管新政的出台，监管放宽，中国证券监督管理委员会（简称中国证监会或证监会）、银保监会等加大了对证券、银行、保险、基金等创新发展的支持，而由于各行业政策不同、监管混乱，以及同一监管部门内部、各监管部门之间存在利益纠葛等原因，信托监管的发展受到阻碍。信托监管滞后于信托创新，信托业风险隐现。现阶段，缺少一个独立、统一的监管部门对信托业实行监管，信托业法律制度也不够完善。为促进行业健康发展，应加强各监管部门间的联系，以加强信托监管。

4. 信托业创新意识普遍较弱，信托业务难以满足社会需求

现代金融业是一个最具有创新动力的知识、智力和技术密集型行业，信托业作为其中的重要一支，对创新人才的需求突出。而目前大部分信托公司都严重缺乏专业的技术人才，致使很多员工在产品销售、基金管理、投资运作等方面难以胜任相关工作。相比国外的人才队伍而言，国内的信托业人力资源明显不足。人才匮乏、队伍素质低导致服务不到位，进而导致社会认同度低。同时信托业目前的业务主要集中在基础建设、房地产、证券投资、工商企业领域，而一些其他的特色业务较少，尤其是结合特定客户开发的特定产品更少，比如在国外发展很好的家族信托、艺术品信托、酒信托等。

三、国外信托业的发展趋势及其对我国的启示

现阶段我国只有68家信托公司，却管理着超过20万亿元的巨额资产，行业年均增长率高达57%，并在2013年超越保险业，一跃成为资产管理规模仅次于银行业的资管行业。然而，在这些炫目数字和骄人成绩的光环照耀下，信托业在泛资管竞争和金融混业大潮的冲击下面临着日益艰难的抉择，向前是日渐消失的制度红利，向左是尚难把握的资管业务，向右是难以持续的传统业务。实际上，中国信托业面临的困局并不为中国独有，几十年前国外发达国家的信托业也同样遭遇过这些成长的烦恼。回顾国外发达国家信托业的过去，我们才发现它们与中国信托业的现在有很多惊人的相似之处，本部分将重点介绍美国、日本信托业的发展转型路径及最终所形成的成熟模式，以期待为我国信托业的转型提供思路。

（一）美国信托业发展与转型经验

美国信托业始于19世纪下半期。战后重建和经济快速发展使得美国急剧衍生出大量社会融资需求，而彼时美国商业银行信贷投放能力不足，信托公司觅得机会，开展以发放抵押贷款和承销债券为主要形式的业务，向实体经济提供大量资金。短短几十年，美国信托业迅速发展，至1900年，美国信托公司数量有近300家、资产达13.3亿美元。其间，美国监管部门顺势赋予了信托公司吸收存款的功能，配套给予三项制度红利，即不受商业银行的利率管制、可进行商业银行不能进行的股权投资、可不受商业银行25%存款准备金的制度约束，自此美国信托公司挟制度优势进军银行业务，获得了比银行更快的发展。1897—1907年的10年内，美国纽约州的信托公司总资产增幅达224%，远远超过国民银行97%和纽约州立银行82%的资产规模增幅。虽然此后监管变化使得信托公司的制度优

势很快消失，但信托公司在相当长的时期内以银行业务为主，直至20世纪80年代放开利率管制，信托公司才进入阵痛转型阶段。

彼时，美国进行利率市场化改革，并建立起以商业票据、债券、股票等直接融资工具为主体的资本市场，信托公司轻松赚取无风险利差的美好时代结束了。而信托制度在美国本就为一项制度安排，早已普惠到各领域（包括商业银行、储蓄机构和不吸收存款的信托机构），因此信托公司并无独享优势。在这种局面下，各信托公司结束了以类银行业务为主的模式，纷纷转型开展财富管理、资产管理等信托本源业务。同时美国信托机构也开始寻找新的定位，在零售网点、资产管理团队、投行团队不具有优势的情况下，信托机构的最大优势是其服务高净值客户的能力，这促使信托公司逐渐走向客户专业化道路，如以资产托管和财富管理为主的北方信托，以为机构投资者和高净值客户提供定制投资方案配置全球资产为主的 Fiduciary Trust，以提供资产管理服务为主的美国信托（该公司曾经以银行业务为主，后出售大部分贷款业务），以提供 CTF 集合信托基金（投资起点为200万美元，但管理费率较低的集合信托计划）服务为主的 Westwood，等等。

（二）日本信托业发展与转型经验

日本信托业的发展经历了多次行业调整和转型，日本信托业发展之初同样面临信托公信力和信托文化的树立及传播难题；日本信托业发展也面临由融资业务向信托功能更加充分发挥方向转型的难题；自20世纪以来，日本利率市场化进程加快，信托业开放加快推进，日本信托业也面临更多竞争和挑战。日本信托业在二战后以及日本经济泡沫后，同样面临资产流失、竞争加速的发展难题。然而这些难题都得到了有效解决，截至2013年末，日本信托资产管理规模已经达到849.64万亿日元，持续保持较快增速。

（1）解决刚性兑付问题的经验：法律制度化及产品差异化。日本引入信托制度之初，也面临信任基础构筑以及投资者保护难题，为此日本对贷款信托等部分金钱信托采取了附加保障本金补充合同的法律制度，要求信托机构从信托收益中提取相应的准备金，同时还适用存款准备金制度以及存款保险制度。这在很大程度上加强了此类信托产品的风险监管约束，也可达到保障投资者利益的目的。

（2）解决信托业务融资化难题的经验：定位明确化及信托需求发掘。日本的信托业务在发展之初，主要也是发挥融资功能，尤其是以贷款信托为主的信托产品占比非常高。自20世纪四五十年代开始，日本信托业开始执行长期金融功能，这就避免了与银行业务同质化以及恶性竞争，同时日本《贷款信托法》也对贷款信托资金的投向有着明确的规定，起初要求投向钢铁、矿产等重要的国民经济部门，随着日本经济结构的变化，贷款信托资金则被要求投向对国民经济具有重要作用的部门。日本20世纪50年代除了制定了《贷款信托法》，还实现了贷款信托商品化，加之门槛不高，获得了大量委托人的青睐，也间接起到了普及信托文化的作用，为发掘更大的信托需求起到了重要作用。随着外部经济环境的变化，以贷款信托为代表的融资类信托产品逐步减少，目前贷款信托基本绝迹，逐步被土地信托、有价证券信托等取代，信托制度的财富管理功能、投资功能得到进一步发挥。

（3）面对资管市场开放的经验：专业化及规模化。日本信托业也面临着信托市场逐步开放的挑战。20世纪80年代末至今，日本信托业也加快了改革开放的步伐：1986年允许外资银行以成立现地法人的形式，经营信托业务；1993年允许银行和证券公司通过设立子公司或者是信托合同代理店来参与信托业务；2002年又允许金融机构总公司亲自从事信托业务；2004年信托法修订以后，允许通过新设信托公司或者新设代理店的形式来从事信托业务。日本信托机构的应对之策在于：一方面，明确了自身所具有的从事信托业务的专业性，通过聘请或者邀请该领域的专家，来提高公司整体的专业运营能力。同时，密切跟踪社会经济发展所蕴含的业务机会，及时创新产品服务；通过提供综合化服务增强客户黏性，日本信托银行兼营存款业务、证券过户代理业务、不动产买卖业务等业务。另一方面，加大规模化经营步伐，20世纪90年代，日本信托业加快了并购步伐，如1999年排名第三的三井信托与排名第六的中央信托合并，2000年4月三菱信托、日本信托和东京三菱银行决定实行联合经营。

（三）发达国家信托业发展经验

通过对美国和日本信托业发展及转型的回顾和分析，我们可以看出，虽然两国信托发展路径以及发展模式不尽相同，但是在发展过程中所表现出的特征又具有很多相似之处，其共同经验在于：

1. 信托业不断开放

日、美两国信托业发展经历曲折，不过目前两国信托业都提高开放力度，采取了信托专营和兼营同时存在的模式。美国银行可以以信托业务部的形式开展信托业务，但是需要严格遵守防火墙和内部控制制度。日本已经允许外资金融机构、银行以及证券公司通过设立子公司的形式开展信托业务。这与我国开放资管市场有异曲同工的效果。

2. 行业兼并和收购较为活跃，集中度较高

随着混业经营的不断深化，日、美两国信托公司为了应对不断上升的竞争压力，兼并和收购日益活跃，诸如美国 Fiduciary Trust 与 Franklin Resources 合并、日本三井信托与中央信托合并，由此增强综合竞争力，进一步实现了信托业务的集中化，推进行业优胜劣汰。

3. 信托业专业化发展，成功实现转型

美国信托公司面对日益严峻的信托业务竞争，选择的是专业化道路，以北方信托为代表的信托公司成功向私人银行和财富管理机构转型，极大提升了市场竞争力。日本信托机构则以其专业性和高效而赢得市场，根据市场需求，不断利用自身丰富的专业人才和优化的流程设计，及时进行产品创新和研发，形成了自身的核心竞争力。

4. 信托公司金融服务全面化

日、美实施混业经营，信托公司除了经营信托业务外，还会经营其他金融服务。例如，美国信托公司也会提供投资管理、交易清算、会计、纳税筹划等一系列咨询服务；日本信托银行则兼营存款业务、证券过户代理业务、不动产买卖与出租代理业务等业务。信托机构业务范围的扩大，有利于加强与其他金融机构的竞争，有助于延伸服务深度，获取更多客户群体。

（四）国外信托业发展经验对我国的启示

尽管西方各国的法制、习俗、历史渊源不同，并且生产力发展水平、社会制度和经济体制各有差异，信托模式和发展状况也不完全相同，但有一些共性——发展的趋势及各自有特色的东西仍然是值得我们借鉴和学习的。

1. 重塑信托形象，普及社会的信托意识

发达国家的信托业之所以发达，主要原因是其信托观念早已根深蒂固。信托业的发展

基础首先是受信于民，因此，构建信任基础是信托公司开展一切信托业务的唯一出发点。我国现有的信托公司在经过整顿后，一方面应加强自身管理，重塑信托形象，另一方面应成立行业协会并发挥应有的作用，重视信托理财的宣传，促使个人转变理财观念，提高全民信托意识。

2. 对信托业的职能进行合理定位

借鉴发达国家信托业的特征，要使信托业健康、长远地发展下去，必须结合我国国情对其进行基本、合理的定位。

3. 加强与其他金融机构的合作

近年来，我国国内金融机构的跨行业合作一直在进行当中。而信托公司要想大规模销售信托品种，特别是个人信托品种，利用银行或证券公司的网点代理销售是最好的，不仅范围大、成本低，而且体现了信托公司方便客户、服务客户的思想。另外，信托同保险的结合空间也极为广阔。

4. 立足本国，积极开拓国际市场

信托公司融入国际金融市场的步伐加快，主要表现为信托机构和信托业务的国际化。当年日本与国际金融机构在信托业务方面的合作不仅促进了日本信托机构的发展，也繁荣了其信托市场。我国加入世界贸易组织（WTO）带来了金融业的开放，也必然吸引大批国外金融机构参与国内信托市场，从而促进我国信托业和信托机构的繁荣和发展。信托公司可以利用这一契机，加强与它们的合作，借鉴其先进的技术和理念，逐步融入国际金融市场。

5. 抓住市场，开创信托业务新品种

我国仍然有很多未被开发的信托领域，比如个人金融资产信托在国外是典型的信托业务，但在我国几乎没有开展。又如，信托是一种高度专业化的财产管理制度，非常适合国有资产的经营管理。但我国国有资产产权主体缺位的问题一直未得到有效解决。信托公司可以根据国有资产的不同特点和需要推出不同的信托品种。我国信托业应积极学习国外已开发信托产品的经验并结合本国的国情和法律制度，开创符合市场要求的信托业务新品种。

四、我国信托业的转型创新

（一）我国信托业转型创新的必要性

在中国经济增速下降、产能过剩、泛资管行业竞争加剧、利率市场化改革深入、资本市场异常波动、风险防控压力上升等多重因素叠加下，信托公司传统业务增长乏力。2015年，在实体经济融资需求下降、经营景气度持续下滑、优质资产难寻等因素影响下，信托业资产规模迎来了5年来首次环比负增长，身处阵痛期的信托业也迎来了近年来最大规模的人才流失。根据中国信托业协会发布的2015年第3季度末信托公司主要业务数据，信托资产规模增长速度、固有资产规模、信托各盈利指标在第3季度都出现了大幅回落。

其实在2015年或者之前信托公司整个资金的信托投向主要集中在几类业务上，第一大类就是事务型业务，通常被称为通道业务，其中很多是银信合作。第二大类就是地产融资业务，这是信托公司的主要业务。第三大类就是政府平台和基建贷款业务。第四大类就是对传统的工商企业的贷款。在如今的宏观经济环境下，这些传统业务既面临较大的经营风险，也受到其他资产管理公司的市场份额的挤压，信托公司依靠传统的资金投入获得暴利的时代一去不复返。而且，在分类监管、信托经理终身负责制等监管措施渐次出台的大背景下，信托业可以涉及的业务领域却在萎缩：涉房类、集合类信托业务风险较大，对信托公司的主动管理能力要求非常高，逐渐被收紧；通道类业务面临基金子公司等同业价格战的贴身肉搏；股灾前遍地开花的伞形信托配资业务，在去杠杆化过程中被坚决终止。而随着宏观经济增速下行，越来越多的信托产品出现各种兑付难题——延期兑付、打折兑付、提前兑付。在多重压力的作用下，2015 年下半年，信托业阵痛期到达顶峰——地产、地方融资平台以及证券投资类三大业务陷入困境，并且 2015 年信托业也迎来了近年规模最大的离职潮。

从社会对信托产品的需求看，随着收入水平的提高及恩格尔系数的持续下降，信托公司不仅要满足委托人对资产的简单投资，还要满足委托人多样化、个性化、高端化的财富管理需求，包括财富传承、教育、养老、旅游、公益等需求。特别是在大资管的时代背景下，其他资产管理机构在利用自身优势开发新的类信托产品、满足老客户的同时，抢占信托原本的客户，因此信托业应积极地在市场上推出可供客户选择的产品，满足客户的需求。

而且，信托业的转型是根植于中国经济社会转型的大趋势之中的，随着中国经济进入增速换挡期，实体经济的融资需求下降，经营景气度持续下滑，整个社会的经济结构都在调整。这些复杂而深远的社会经济结构调整正在推动我国信托业转型，以使其适应经济新常态，倘若信托业不积极主动地转型创新，信托业将面临发展难题。

（二）我国信托业的转型创新探索之路

在大资管以及利率市场化背景下，信托公司的牌照优势逐步消失，好在近些年信托公司对市场化运作以及信托制度的应用累积了一定经验，形成了一套高效的项目管理运作模式，那么信托公司如何依据自身的已有优势，结合现实经济社会环境走好转型创新之路呢?

应该说信托公司有一个很好的创新基础和条件。因为在这个大资管的时代，信托公司具有牌照优势、多元化经营的优势，包括一些专业的资格资质。但由于信托公司的资源禀赋存在差异，信托公司转型探索之路侧重点不同，并不存在具有普适性的统一的模式。然而，信托未来的转型之路大的方向已然清晰，目前大部分信托公司在业务创新上正在回归信托的本源，发挥“受人之托，代人理财”的金融功能，将资产管理、投资银行、受托服务等多种业务有机结合，走差异化发展道路。

2016 年以来信托业的创新主要集中在业务和产品的创新上：积极探索债权型信托直接融资工具；大力发展真正的股权投资；积极参加企业并购重组，试点资产证券化；探索家族财富管理和完善公益信托；等等。但是信托公司要实现转型的话，除了产品创新以外还有更多方面可以创新，比如说机制方面的创新，包括组织机构的创新、人才理念方面的创新、产品跟业务方向的创新。

信托公司应转变传统的经营理念。在旧的经营模式下，信托公司决策层形成了较强的融资性业务偏好，而在转型过程中信托公司应该更注重业务团队的专业资产配置能力，根据客户的风险偏好和理财需求，提供专业化、顾问式的服务，包括量身定制理财规划、资产配置、选择不同的投资方式和金融产品；而且应根据不同类型业务的风控标准、不同信托客户的风险偏好，运用风险管理手段进行资产管理。在财产投资运用领域，依据信托业的制度优势进行资产配置，可关注其他资产管理机构不太关注的养老、科技、新能源、影视、农业等行业。只有把资源、新理念和管理方法与转型方向结合起来，才能实现真正的转型。

另外，信托公司不仅要在制度、产品、组织上进行创新，还要加强信托产品市场建设，建立和完善二级市场，这样，信托产品市场才能变得活跃，发挥其巨大作用。市场体现的是供求关系，协调供求关系才能促进市场的稳定和均衡。并且信托公司要加强网络布局，比如建立有关信托公司及其产品的网上信息公布平台，提供网上交易服务，并为客户提供个性化服务，与银行、证券公司等联网，方便相互间获取数据和降低业务交流成本。这样才能为信托业的转型创新提供更强的动力。

近年来，各家信托公司都在积极探索新产品、新思路、新领域，总结起来有以下几类信托转型创新方向。

1. 信托本源业务

与其说信托业面临的是转型创新问题，不如说是如何回归信托本源的问题，如何根据信托的本质特征，开发出那些能够体现信托财产的所有权与受益权相分离、信托财产的独立性原则、信托财产的继承性原则等一系列特征的产品，而且依据信托制度开发出的信托产品和其他管理机构的产品会有本质的区别。从信托业转型创新开始，就不断有家族信托、土地信托、消费信托、公益信托、铁路信托等体现信托制度的产品出现，如 2013 年初，第一个家庭信托计划是平安信托推出的“平安财富·鸿承世家系列单一完全资金信托”。该信托起步金额为5 000万元人民币，合同期为 50 年。2014 年中信信托等单位联合推出了一款消费信托产品“海洋旅行包”，客户出价9 999元，即可游玩原先总价超过 2.1 万元的 3 条海外路线。虽然说中国的信托公司目前在本源业务上挖掘得还不够深，但好在已经走上这条道路了，从未来发展的角度看，信托业应该不断地深挖信托制度的本源价值，不断进行产品创新，提供功能多元化的信托产品，才能和其他资产管理机构形成强有力的竞争。

2. 资本市场业务

作为横跨资本市场、货币市场和实体市场的金融工具，信托可以为具有不同风险偏好的客户提供多样化、定制化的资产配置服务，助力发展多层次资本市场。目前，具备资管性质的信托公司可以对非上市公司在 PE 投资、私募债等方面运用创新方式提供相关服务，也可以对上市公司提供股票质押融资、定向增发、可交换债等相关服务。随着多层次资本市场逐步完善，未来股权直接融资比例将进一步提高，股权投资将迎来巨大市场空间，开展真实股权投资业务将成为信托公司转型的主要方向。其实信托公司对股权投资的探索早在几年前已经起步，信托股权投资多通过下设 PE 子公司开展，形式包括 PE、定增、资本市场并购重组、产业基金等。平安信托旗下的平安创新资本是其中的代表，作为平安信托的全资子公司和平安集团主要的股权投资平台，不少涉及平安集团的 PE 投资均借道平安创新资本为投资主体来完成。在社会经济结构调整过程中，资本市场、实体市场处于不断变革当中，信托公司可以在诸多领域与实体市场开展合作，共同开拓市场。

3. 新经济领域业务

2016 年供给侧改革横空出世，旨在调整经济结构，使要素实现最优配置，提升经济增长的质量和数量。供给侧改革加快了现代服务业、高新技术产业等新经济领域的发展，如新能源、新材料、健康产业、物联网/智慧城市、新生物、新海洋、高端军工机械等新兴产业。而且在供给侧改革的指导思想下，实施新股发行注册制可为创业、创新企业打开资本市场融资通道，信托业可利用投资范围广泛的制度优势积极地开展相关创新业务：一方面信托公司可以借助资本市场拓宽业务边界，抓住产业结构调整机遇，积极拓展基于主动管理的并购定增业务；另一方面信托公司还可以深挖创新产业和新兴产业业务机会，主动开展私募股权投资业务，为创新、创业企业提供全方位的综合金融服务。如近几年出现的绿色信托、低碳信托、水信托等就是一些信托公司在新经济领域的探索。信托业应该抓住时代机遇，结合自身制度优势，明确新的产业定位，调整产业布局，率先介入新兴产业，相信新经济领域将成为未来信托转型的新蓝海。

4. 互联网融合业务

互联网热潮已经席卷整个经济社会，虽然互联网金融并未从根本上改变金融的基本功能，但其思维、技术的革新正在带来整个金融服务模式、营销模式、风控模式、组织体系的重构。2015 年 7 月国家十部委联合下发的《关于促进互联网金融健康发展的指导意见》为互联网金融提供了方向和路径规划。信托业在“互联网＋”业务上进行了积极的探索，如中信信托与百度合作，推出互联网消费众筹平台。但是在互联网的大背景下，仅仅探索是不够的，还要利用互联网技术进行行业的转型升级。应当看到互联网信托对传统信托业态有很大的冲击，比如营销手段线上化、财富管理群体范围更加广泛、支付清算手段更加多元、客户购买更加便利等。信托公司应该利用灵活的制度优势，主动探索如何整合互联网基因与金融元素，从产品设计、市场营销、资产管理、客户服务等方面去改善，推动业务转型。

5. 国际化业务

2016 年 10 月 1 日，人民币加入特别提款权（SDR），人民币在岸市场与离岸市场不断深化，跨境投融资业务整体呈现出规模不断扩大、产品加速创新的特征。国际化业务是信托业创新发展的又一个尝试，相比国内单一市场的地域限制，全球化投资机遇确实是个吸引人的概念和业务发展方向。目前信托公司应加快获取国际化业务牌照，国内资本境外投资的主要形式有合格境内机构投资者（QDII）、合格境内有限合伙人（QDLP）、合格境内投资企业（QDIE）、人民币国际投贷资格。但是信托公司的国际化业务发展仍存在不足，国际化业务的复杂性、市场制度的差异性，导致国内信托公司国外业务处理能力不足，而且产品服务较为单一，信托公司国际化业务的市场品牌认可度较低，信托公司在国际化业务探索初级阶段略显艰难，但是随着人民币国际化进程的进一步加快、资本账户对外开放的逐步进行，信托业走向国际是必然的趋势，而信托公司在走向国际化时加深推进、加快步伐是关键。在其他资产管理机构更早介入国际化业务时，信托公司作为后来者，需要依托制度和公司资源的优势特点，以客户需求为导向着力培育和提高核心能力，争取将国际化业务发展成公司转型创新的重要支点之一。

（三）近年来信托的创新产品简单介绍

1. 资产证券化信托

所谓资产证券化信托就是以信托方式设立特殊目的机构，具体是指发起人把由基础资产组建的资产池设为信托，然后交付给信托机构换取信托受益凭证，最后再销售给投资者的模式。比如说，一个上市公司想筹集资金，找到信托公司要发行产品，用固定资产或者其他资产做抵押，信托公司按照该上市公司的要求设计了一种产品，金额是 10 亿元，信托公司将资产证券化产品卖给想要买信托产品的客户，信托公司将筹集来的 10 亿元借给该上市公司，该上市公司付的利息将被按照份额分给购买这种产品的客户。在这种模式下，信托公司成为资产证券化业务中特殊目的机构最合适的参与者。

在信托转型过程中，资产证券化信托越来越引人注目，不仅基础资产逐渐丰富，信托公司在资产证券化业务中的服务范围也在逐步拓展。过去信托公司在资产证券化业务中仅仅充当通道，如今在企业资产证券化业务中，信托公司可以作为受托人、计划管理人和发行人，参与产品结构设计。在传统业务竞争不断加剧的情况下，开展资产证券化业务有利于提升信托公司的专业化能力和创新能力，提升行业地位。①

2. 伞形信托

伞形信托是指具有母子信托结构的股票结构化证券投资信托计划，即由信托公司作为受托人，发行集合资金信托计划，按照约定分成比例，由银行通过发行理财产品募集资金来认购信托计划优先级收益权，获取优先固定收益，其他客户认购信托计划劣后级受益权，根据证券投资信托的投资表现，剔除各项支出后，获取剩余部分收益或承担剩余部分亏损。简单来说，伞形信托是证券公司、信托公司、银行等金融机构共同合作为证券二级市场的投资者提供投融资服务的结构化证券投资产品。银行提供优先级资金，证券公司提供产品销售渠道和证券交易，信托公司提供伞形信托产品和账户系统。具体来说，伞形信托就是用银行理财资金借道信托产品，通过配资、融资等方式，加杠杆后投资于股市，操作上是银行通过发行理财产品募集资金来认购信托计划优先级收益权，投资股市的投资者认购信托计划劣后级受益权，优先级受益权享受固定收益，劣后级投资者分享剩余收益或承担剩余部分亏损。

这种投资结构是在一个信托通道下设立很多小的交易子单元，通常一个母账户可以拆分为 20 个左右的虚拟账户，按照约定的分成比例，由银行通过发行理财产品募集资金来认购信托计划优先级受益权，其他潜在客户认购信托计划劣后级受益权，根据证券投资信托的投资表现，剔除各项支出后，由劣后级投资者获取剩余收益。伞形信托针对的劣后级投资者主要是自然人大户、机构客户，以及一些集团旗下的财务公司。信托产品参与年限一般不超过 3 年，投资门槛通常为 300 万元。单一伞形信托的总规模已经提高至3 000万元，甚至 1 亿元，而此前单一伞形信托仅需1 000万元便可成立；伞形信托下挂的单个子账户门槛也略有提高趋势，此前只要客户资金量达到 300 万元，就可以通过伞形信托子账户进行配资，但目前开设子账户普遍需要 500 万元以上。

2015 年 4 月 16 日，中国证券业协会召开了融资融券业务通报会，要求不得以任何形式开展场外股票配资、伞形信托。2015 年 7 月，监管层发布《关于清理整顿违法从事证券业务活动的意见》，要求券商彻底清除违法违规的配资账户。伞形信托正式退出证券市场。伞形信托在短期内迅速发展，经历了一段野蛮生长后，却被叫停并退出证券市场，这给信托业在转型创新中提供了一些失败经验！②

3. 城镇化信托

随着城镇化率的不断提高，中国城市基础设施建设需求也急速扩大，财政部财科所的研究显示，城镇化率每提升 1 个百分点，地方政府公共投资需求将增加 5.9 个百分点。城市中国计划发布的项目报告《探索更为高效的地方政府投融资模式》称，到 2020 年新型城镇化的资金需求将超过 20 万亿元，一半由政府解决，一半将引入社会资本，城镇化信托正面临着历史发展的大好机遇。

---

① 参考毕马威发布的《2015 年中国信托业调查报告》。

② 参考中信信托金融实验室撰写的《中国信托业发展研究报告（2015）》。

在城镇化建设的推进中，信托公司应顺应经济新常态下产业结构调整的趋势，整合银行、证券、私募等各种资源，在三农、新型城镇化等政策导向下大力拓展并购重组业务，探索土地流转信托、PPP 信托等信托新模式。

所谓土地流转信托，是指在坚持土地集体所有制和保障农民承包权的前提下，由政府出资设立的信托中介服务机构接受农民的委托，按照土地使用权市场化的需求，通过规范的程序将土地经营权在一定期限内依法自愿、有偿转让给其他公民或法人来进行农业开发经营活动。例如 2013 年，中信信托作为受托机构及发行人，与安徽省宿州市埇桥区政府合作推出了中国首个土地流转信托项目，流转土地5 400亩，农民获取收益的模式从之前的单一地租模式转变为“基本地租＋浮动收益”模式，有助于促进土地效率提升，构筑乡村发展、农业转型和城镇化的和谐体系，是农村土地制度的又一次深刻变革。

所谓 PPP 信托，是指 PPP 融资模式希望在城市基础设施建设中，政府部门和私人机构形成一种合作关系，共同出资建设、运营，政府与社会各主体建立“利益共享、风险共担”的合作模式。在 PPP 模式下，政府和社会资本共同承担项目风险。信托介入 PPP 项目主要有以下三种方式：一是信托公司设计发行开放式产品，吸引社会闲散资金认购，直接向项目公司提供融资服务，项目公司以土地使用权等提供抵押担保；二是信托公司引导保险资金、社保资金等机构资金，以股权投资方式控股项目公司，通过派驻董事、财务和印章管理人员等方式，维护受益人和委托人的切身权益；三是信托公司与专业公共设施运营建设机构合作，信托公司以参股的方式为项目提供资金支持，专业运营机构在约定时间内回购信托公司所持项目公司股权。以首单 PPP 信托——中信信托唐山世园会项目为例，2016 年唐山举办世园会，其基础设施及配套项目即采用 PPP 模式，在募集项目资本金中，中信信托通过“中信·唐山世园会 PPP 项目投资集合资金信托计划”向社会募集 6.08 亿元，占比为 60%，剩余 40%由唐山市政府出资。在该项目中，中信信托作为社会资本受托人，在信托产品设计方面，除采用传统的贷款等直接融资工具外，还采用股权投资、夹层融资、资产证券化、收益权转让等方式为项目提供建设资金及运营管理工作。

4. 消费信托

消费信托，简单来讲就是理财＋消费，是为消费而进行的投资理财，也是一种具备金融属性与产业属性的消费产品。信托公司从消费者需求出发发行信托理财产品，投资者在购买信托产品的同时获得消费权益，直接连接投资者和提供消费产品的产业方，从而将投资者的理财需求和消费需求整合起来，达到保护投资者消费权益、实现消费权益增值的目的。也就是说，消费者购买消费信托需要转变一个观念，即购买的是消费权益，而不是为了获得资金回报。其风险是基于消费信托项目的消费权益能否实现，在消费权益实现时，是否达到了预期的质量。这就需要在考察消费信托项目时，不仅关注项目本身的各项保障条款，而且关注相关信托公司以及服务或产品提供方的实力和口碑等。

消费信托的主要功能有：一是帮助消费者优选可提供更好消费权益的商家和服务机构；二是借助“集中采购”获取消费权益认购的“折扣优惠”；三是在信托机构的监管下，保证预付资金的安全。

中信信托于 2013 年 11 月推出了国内首单消费信托，围绕这款产品，中信信托设计了医疗养生、消费信托、旅游地产、大数据等卖点。该消费信托的设计源自预付型储值卡和分时度假理念的嫁接。该消费信托收益中的消费权益，即云南嘉丽泽健康岛度假公寓 14

天居住权及一张健康消费卡、一项原价优先购房期权（在购买产品后的三年内拥有嘉丽泽项目地产板块的原价优先购房权）。如果对消费权益进行资金化回报换算，在五年有效期内，每年消费权益价值的实际回报率超过15%。

5. 艺术品信托

所谓艺术品信托，是指委托人将其持有的资金委托给受托人，由受托人以自己的名义，按照委托人的意愿将该资金投资于艺术品市场，并由受托人具体负责艺术品投资事务，通过艺术品投资组合，在尽可能控制风险的前提下为投资者提供分享艺术品价值增长的收益。2009年6月18日"国投信托·盛世宝藏1号保利艺术品投资集合资金信托计划"成功推出，这是国内首例艺术品信托产品，弥补了国内信托业在艺术品领域的空白，产品上市3天，即被投资者抢购一空，取得了极大的成功。本产品满足了高端客户对艺术品投资的需求，培育了理财市场高端客户，是金融资本与文化产业融合的成功范例。

艺术品投资属中长线投资，艺术品精品具有超地域的征服性和流通性，且具有不可被取代的唯一性和限量性，因此随着社会经济增长和财富积累，艺术品投资的价值也日益凸显，中国艺术品市场正经历着两位数增长的时代，国内艺术品市场目前处于正在规范化的运作期，国内外的投资家、收藏家、艺术品服务机构无不希望金融机构介入艺术品市场。但单个艺术品价格高昂，这将大部分投资者拒之门外，而艺术品信托产品将一系列投资打包再拆分，降低了投资门槛，因此，其一经推出就引起了投资者的广泛关注。

艺术品信托的主要形式有：一是艺术品质押融资信托，即艺术品所有人持有的艺术品由专业的机构出具鉴定及估值意见后，再被质押给信托公司获得信托资金，信托公司将艺术品保存在专业的保管机构，在艺术品持有人偿还信托资金本息后，信托公司将质押的艺术品交还给艺术品所有人。二是艺术品投资信托基金，即信托公司发行信托计划募集资金，同时聘请专门的艺术品专家或者专业的投资公司提供顾问服务来指导投资，通过多种艺术品类组合的投资，以达到最终实现收益的目的。

案例分析

艺术家信托基金

艺术家的生活保障无论在美国还是世界范围内都是一个需要探讨的问题。尽管美国、德国以及其他少数国家提供艺术家养老保障金，但是获得其保障的条件十分苛刻。因此很多艺术家在艰苦创作的同时，不得不为生计发愁。

2004年实业家Moti Shniberg和经济学家Dan Galai在纽约共同创立了艺术家信托基金（简称APT）。该基金一共设有8只区域基金，分别设在纽约、洛杉矶、伦敦、柏林、墨西哥、孟买、北京、迪拜，还有一只全球基金——APT环球一号。

该基金的运作模式是每一个区域基金会的容量是250位艺术家，评审会经过严格的筛选从申请名单中选出符合条件的艺术家加入基金会。不同于其他以市场为基础的投资项目，APT不存在任何现金交易，艺术家只是将作品的经营管理权委托给APT。基金会中的艺术家将在20年内投入20件作品到9只基金中的一只。每售出一件作品，72%的销售款项会被回馈给艺术家：其中，40%将会归于售卖作品的创作艺术家，32%将会被分发给基金会里的所有其他艺术家。剩余的28%将作为机构的运营经费。也就是说，无论是哪一位艺术家的作品被售出，基金会中的其他艺术家都将受益。因此，为了确保这一点，APT特别设置了由全球100位顶尖策展人组成的策展团队对申请者进行甄选，每年甄选出的500位艺术家仅为申请总数的5%。

通过这一计划，艺术家们可以分享集体成功带来的收益，这对新艺术家来说尤其是件好事，在最初艰苦的创作时期，这至少可以保证基本的收入来源。而对那些相对成功的艺术家来说，这也并不只是一个单向地救助新艺术家的“慈善活动”，因为大多数艺术家都是采用典型的自由职业工作形式，或者从事不稳定的兼职工作，国际上传统的劳保退休金计划对他们并不适用。APT提供给艺术家的服务可以成为另一种形式的退休金计划。

6. 酒类信托

所谓酒类信托，就是以酒为标的物的信托产品。与其他另类投资品信托相比，酒类信托收益率稳定，运作也较为成熟。对于投资者来说，和自己投资实物酒相比，投资酒类信托省去了储运、管理、销售等诸多环节的麻烦。其标的酒由厂家进行专业管理，质量不用自己担心，还有诸多中间环节监控管理，省心省时省力，减少了不必要的担心。

国内第一款红酒信托产品是2008年7月由中国工商银行联手中海信托、中粮集团在北京推出的“君顶酒庄红酒收益权信托理财产品”。该信托计划买入君顶酒庄所持有的2006年份干红葡萄酒期酒的收益权，投资期限为18个月，面向中国工商银行的私人银行客户、优质个人和法人客户发行。投资者认购该款产品后，有如下两种方式实现理财收益：一是在葡萄酒装瓶后，客户可向银行提出红酒消费申请，除了消费掉的红酒外，剩余部分将使投资者获得约8%的年化收益率。二是在理财产品到期时，投资者选择以现金方式分配理财收益，君顶酒庄将回购红酒，投资者取得约8%的年化收益率，中粮集团旗下的中粮酒业将为该回购行为提供担保。

酒类信托的主要形式有：一是融资型酒类信托产品，它是一种抵押贷款信托，通常是酒类企业、酒类企业的股东、经销商等与酒的运营相关的公司，为了融资，用酒的收益权进行抵押贷款。大多数酒类信托都采用这种模式，比如第一款酒类信托“君顶酒庄红酒收益权信托理财产品”。二是投资型酒类信托产品，即委托人将信托资金委托给信托公司，成立信托计划，由受托人以自己的名义按照委托人的意愿购买实物酒，待升值后沽出，如2011年8月中航信托发行的“天启189号红酒投资集合资金信托计划”，以受托人的名义委托中航商贸在市场中寻找并购买具有投资价值的国外著名酒庄红酒，在信托计划到期前溢价销售所购买的标的红酒，以此获取收益。

7. 影视信托

国内不时刮起的“票房风暴”和高速发展的影视文化市场正吸引各路资本不断涌入，信托业开始关注这一投资领域，2012年8月中国对外经济贸易信托有限公司发行了国内首只影视信托“一壹影视（一期）集合资金信托计划”，其资金投向就是国内著名的影视剧作品。影视信托就是合格投资者将其合法所有的资金委托给信托公司，由信托公司成立信托计划，将信托资金按照委托人的意愿以受托人的名义投资于制片商或发行方等的股权，资金将被用于电影的制作、发行等，最终获得的投资收益被返还给投资受益人。

下面以“百发有戏”为例介绍影视信托的运作方式。2014年，中信信托、百度及中影股份联合推出电影大众消费平台“百发有戏”。其首款挂钩电影《黄金时代》的金融产品推出后颇受消费者青睐，短短两分钟内意向认购就达到1 500万元。“百发有戏”具体的运作方式为：消费者通过团购＋预售的方式获得消费权益，然后这种零散的消费权益被集中起来注入百度消费权益信托项目，并由中信信托进行集中管理。其中，消费者可认购的最低起购门槛为10元，产品收益与《黄金时代》的票房直接挂钩，即票房越高，消费者潜在的回报越大。

案例分析

国内教育类消费信托案例分析

西藏信托-普乐3号留学信托的设立背景为部分信托公司的中高净值客户的子女有留学海外的计划与安排，信托公司凭借其信托制度优势以及在大消费行业的业务开展经验，推出了行业首单教育类消费信托产品。尽管部分银行的私人银行或者信托公司的财富中心为高净值客户推出了类似的增值服务，但是该信托产品则是利用消费信托架构将综合留学教育服务提供给信托公司的客户（见图4-3）。

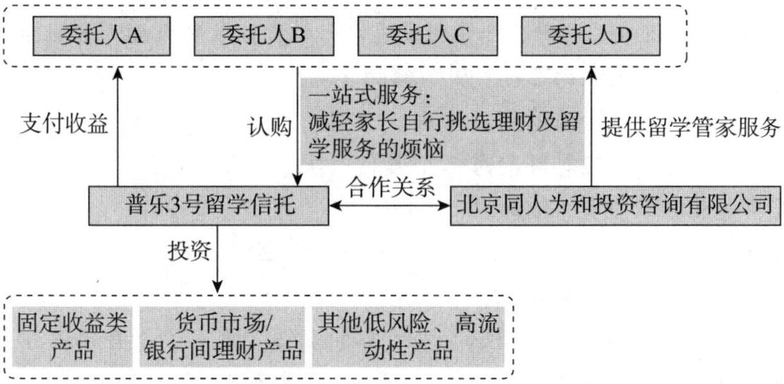

图4-3　西藏信托-普乐3号留学信托交易结构

1. 该教育消费信托计划的核心要素

项目名称：西藏信托-普乐3号留学信托。

委托人：有意愿购买并且达到该消费信托门槛的客户，根据委托金额和信托期限，可以被分为A、B、C、D四大类和A1～D4十六小类（见表4-1和表4-2）。

表4-1　依据委托金额划分的信托单位类别

信托单位类别	对应信托本金金额（I）
A类信托单位	300万元≤I<600万元（最低认购额为300万元）
B类信托单位	600万元≤I<1 000万元
C类信托单位	I≥1 000万元
D类信托单位	100万元≤I<300万元 （仅适用于因赎回而导致本金金额变化的A、B、C类信托单位）

表 4-2　　依据信托期限划分的信托单位类别

信托单位类别	赎回日
A1、B1、C1、D1	自起算日起每3个月之对应日
A2、B2、C2、D2	自起算日起每6个月之对应日
A3、B3、C3、D3	自起算日起每12个月之对应日
A4、B4、C4、D4	自起算日起每24个月之对应日

受托人：西藏信托有限公司。

合作机构：北京同人为和投资咨询有限公司。

信托规模：计划的募集资金规模为人民币3 000万元。

信托期限：2年，到期可展期并增加或减少投入资金，根据不同的档位将客户可选择的赎回频率定为3个月、6个月、12个月、24个月。

投资标的：交易所债券、银行间市场债券、股票质押式回购、低风险银行理财产品等固定收益类投资产品，开放式货币市场基金，信托公司发行的集合资金信托计划和单一资金信托计划，以及基金管理公司、券商资产管理公司发行的资产管理计划等金融市场交易产品。

信托费用：固定信托报酬的2%、认购额的1%。

信托收益：由资金收益和消费权益组成。

信托利益支付方式：自起算日起每三个月付一次。

2. 该教育消费信托计划的信托收益

西藏信托-普乐3号留学信托的信托收益主要由资金收益和消费权益两部分组成。

(1) 该教育消费信托的资金收益。

根据西藏信托-普乐3号留学信托的十六类委托人，设定了差异化的预期收益率，分别从最低的2%（D1类）到最高的7.5%（C4类）（见表4-3）。

表 4-3　　针对不同类别信托单位设定的预期收益率

信托单位类别	预期收益率（包含应承担的信托费用）			
A类信托单位	A1类	A2类	A3类	A4类
	3.0%/年	3.5%/年	6%/年	6.5%/年
B类信托单位	B1类	B2类	B3类	B4类
	3.5%/年	4.0%/年	7.0%/年	7.5%/年
C类信托单位	C1类	C2类	C3类	C4类
	4.0%/年	4.5%/年	7.0%/年	7.5%/年
D类信托单位	D1类	D2类	D3类	D4类
	2.0%/年	2.5%/年	5.0%/年	5.5%/年

注：收益率仅供参考，实际以信托合同为准。

(2) 该教育消费信托的消费权益。

西藏信托-普乐3号留学信托的消费权益主要是由西藏信托的合作机构北京同人为和投资咨询有限公司联合易思汇等共同为客户提供的综合家庭私人留学教育管家服务，涵盖留学教育买手服务、留学费用代付代缴和子女海外生活顾问三大类（见表4-4）。具体的服务方案也将结合客户子女当前所处学习阶段和客户的要求等多个方面有针对性地提供。西藏信托-普乐3号留学信托十六类客户具体享受的消费权益也将在合同中约定。

表4-4　西藏信托-普乐3号留学信托消费权益

家庭私人留学教育管家服务	留学教育买手服务	考试培训服务、背景规划提升服务、留学咨询/中介服务等
	留学费用代付代缴	同人为和投资咨询有限公司及易思汇提供保障客户子女留学生活质量且杜绝浪费等代付代缴服务方案
	子女海外生活顾问	暑期实习实践活动推荐（含西藏信托实习机会）、求职经验分享指导、海外置业咨询推荐、创业指导规划等服务

资料来源：根据公开资料整理，具体以合同约定为准。

3. 该教育消费信托计划的特点

西藏信托-普乐3号留学信托主要是为了减轻家长自行挑选理财及留学服务的烦恼，为信托公司客户提供一站式服务。它具有以下几大特点。

(1) 在产品设计方面，西藏信托-普乐3号留学信托采取开放式设计，将产品分为十六类，客户可以根据产品的预期收益以及消费权益内容，选择适合自身的产品种类。

(2) 在财富管理方面，西藏信托-普乐3号留学信托采用较为稳健的投资组合策略，主要投向低风险、高流动的金融产品，以保障客户的投资收益。尤其是在市场收益下行的背景下，该款产品更具有竞争力。

(3) 在留学服务方面，西藏信托-普乐3号留学信托的消费权益主要体现在该方面，西藏信托通过与北京同人为和投资咨询有限公司合作，借助其长期在留学服务方面的优势，为客户提供综合、高质的服务方案。

总之，该产品是针对子女留学资金进行专项管理的信托产品，通过信托＋留学的方式，保障客户的子女未来留学教育的畅通，同时也有助于培养孩子的理财观念，符合市场的需求。

4. 国内教育类消费信托产品启示

从当前消费信托以及教育类消费信托的开展情况可以得出以下启示：

首先，实践证明在一定时期内消费信托在信托公司业务体系内大多扮演锦上添花的角色，尚不能成为信托公司类似于传统信托业务的主力角色。因此需要信托业务人员继续深挖消费信托的业务价值，规模化复制模式，让信托公司因开展消费信托而如虎添翼。

其次，尽管国内的教育类消费信托产品才刚刚起步，但是结合国内家长对子女教育的重视程度不断加强的趋势，教育类消费信托有着广阔的市场前景。因此信托公司可以尝试在这一板块对消费信托产品进行突破。教育类消费信托的服务对象定位主要应当是子女教育，突破口在于留学教育方面；同时应适当加入类似于MBA、EMBA等适合高净值客户本身的服务。

本章思考题

一、名词解释

1. 商事信托
2. 自由信托
3. 强制信托
4. 通用信托
5. 法人信托
6. 他益信托
7. 债权信托
8. 集合资金信托
9. 消费信托
10. 资产证券化信托
11. 伞形信托
12. 资金信托
13. 实物财产信托
14. 担保信托
15. 宣示信托

二、简答题

1. 按信托目的划分，信托分为哪些类型？
2. 按信托关系发生的基础划分，信托分为哪些类型？
3. 信托的基本特征有哪些？
4. 信托与债权债务的区别是什么？
5. 信托与委托、代理有什么区别？
6. 我国信托业目前处于生命周期的什么发展阶段？
7. 结合国外信托业的发展经验，谈一谈我国可以得到什么启示。
8. 结合美国和日本等国家的经验，预测我国信托业未来的发展趋势。
9. 我国信托业在整个资产管理市场中占据什么样的地位？
10. 搜集信托业2010年至今的相关数据，说明信托公司结合当时的背景推出了哪些种类的创新产品。

第五章

我国信托公司业务的主要内容

导入案例

金信信托的前身为金华市信托投资股份有限公司，该公司成立于1991年2月，是一家专业经营信托业务的股份制非银行金融机构，在2002年4月15日获得重新登记，公司注册资本为10.18亿元。

2005年12月30日，银监会宣布对金信信托停业整顿，并委托中国建银投资有限责任公司成立金信信托投资股份有限公司停业整顿工作组进驻该公司，具体负责停业整顿工作。停业整顿期间，该公司停止新办业务，停止债务支付。

金信信托非法挪用了权属不清的单一信托资金58.23亿元和金信证券账户上的国债回购资金，挪用资金已造成40亿元的损失。单一类信托产品同集合类信托产品相比，在信息披露方面存在较大的不透明性，不便于投资者了解资金的用途及本息的回收。金信信托作为受托人，并未做好信托本业，而是挪用受托人资金用于自营，造成巨额亏空。对于“受人之托，代人理财”的信托业而言，保证受托人财产安全是其重要职责。金信信托此次停业整顿事件，主要原因是政府和机构本身没有做好风险防控措施。构建信托风险防控机制应当从多方面入手，一方面，要在国家政策和法制框架下，建立政府对信托风险的监督防范机制；另一方面，在信托公司内部应当建立和完善风险防范机制。

前面一章从理论上详细地介绍了信托业务的多种分类方式、各种信托业务的特点和创新点。这一章从实践上，着重介绍我国信托公司比较通用的信托业务分类方式、实际存在的信托业务种类，以及它们的内容和特点。

我国信托公司对于信托业务最通用的分类方式是按管理类型进行分类，所谓管理类型指的是被动管理或者主动管理。被动管理类信托业务主要指通道类信托，而主动管理类信托业务有投资类信托和融资类信托两种。

2009年发布的《关于加强信托公司主动管理能力有关事项的通知（讨论稿）》提出了主动管理的概念，其中，主动管理类信托是指“信托公司作为受托人，在信托管理过程中发挥主导性作用，在尽职调查、产品设计、项目决策和后期管理等方面发挥决定性作用并承担主要管理责任的营业性信托业务”。在《信托公司监管评级与分类监管指引》中，监管层增加了对信托公司自主管理资产能力的考核内容，按照监管层的要求，通过做通道业务片面做大规模的信托公司将无法获得较高评级。这个政策可以被看作是监管层对信托公司提出的更高要求，是监管层从长远发展角度对信托公司的一种前瞻性引导。下面将具体介绍被动管理类信托和主动管理类信托所涵盖的内容。

第一节 被动管理类信托

一、被动管理类信托的概念

被动管理类信托并不是一个传统的法律概念，而是实务中约定俗成的一种叫法。被动管理类信托源于银行与信托公司合作的一种方式，银行作为信托委托人，以其自有或理财资金设立信托，并指定资金的运用方式和使用的项目，信托公司作为受托人仅负责按照银行的要求将信托资金运用至银行指定的项目或融资方。在这种信托模式中，银行作为主导方，提供或安排信托资金，同时对信托资金的运用和回收也会事先作出安排，受托人也就是信托公司仅在提供资金端与项目端中间起到“通道”作用，因此，此种业务模式通常也被称为通道类信托业务。

二、被动管理类信托的特点及作用

被动管理类信托的特点主要有四个：(1) 信托设立之前的尽职调查由委托人或其指定第三方自行负责，委托人相应承担上述尽职调查风险，受托人有权利对信托项目进行独立的尽职调查，确认信托项目是否合法合规；(2) 委托人和资金使用项目、资金使用方式都不是受托人确定的，资金使用方式和使用项目是委托人或是第三方指定的，受托人无权改变；(3) 被动管理类信托中比较常见的一类为单一资金信托，但也可以是集合资金信托；(4) 在被动管理类信托业务中，受托人收取的信托报酬要低于主动管理类信托。

被动管理类信托中的委托人自主决定信托设立、信托财产运用对象、信托财产管理运用处分方式等事宜，自行负责前期尽职调查及存续期信托财产管理，自愿承担信托投资风险，受托人仅负责账户管理、清算分配及提供或出具必要文件以配合委托人管理信托财产等事务，不承担积极主动管理职责。

三、几种常见的被动管理类信托业务

虽然被动管理类信托不是监管部门倡导的方向，但由于被动管理类信托本身的灵活性、信托制度的功能优势，以及被动管理类信托业务模式的易复制性等，从银信合作使被动管理类信托正式进入人们的视野时起，它便开始茁壮成长，成为信托领域不可忽视的一类业务。在金融机构交叉产品、非金融机构或自然人作为委托人的单一信托、信贷资产证券化、企业员工股权激励、家族财产的传承安排、信托公司作为受托人的企业年金基金的管理中都能见到被动管理类信托的身影。

（一）委托人为银行的被动管理类信托业务

1. 表外投资

表内资产是指资产负债表上所反映的资产，商业银行主要受到银保监会和央行两大主体的监管。银保监会对商业银行的监管体系主要是基于《商业银行风险监管核心指标（试行）》和《商业银行监管评级内部指引（试行）》，央行对商业银行的监管体系主要是 MPA 考核（宏观审慎评估体系考核）。此外，商业银行的监管也会涉及信用创造的微观投向监管。这些构成了商业银行完整的监管体系。以《商业银行监管评级内部指引（试行）》的“CAMELS+”评级指标为主体框架，补充《商业银行风险监管指标（试行）》的一级指标，并引入《商业银行资本管理办法（试行）》相关规定，可将指标分为资本充足类指标、资产质量类指标、盈利能力指标。伴随着商业银行业务的复杂化，规避商业银行监管的手段层出不穷，为此监管层对商业银行表内设置了其他监管，如合意贷款机制、大额风险暴露等，这也会对商业银行信用创造产生影响。由于表内资产大量占用了银行可用资本，影响了银行的信贷投放能力和资产收益率，因此银行为了扩大信贷规模，提高收益，往往会把部分表内资产转移到表外进行投资。被动管理类信托业务就是银行将表内资产转移到表外进行投资的工具。

银行进行表外投资一般采用信托贷款的方式。银行委托信托公司就某一企业的贷款项目发起集合或单一资金信托计划，然后银行以自有资金全额或理财资金购买此信托计划，从而实现间接贷款给融资企业，银行通过这种信托渠道来转移表内资产，能够实现更多的贷款项目。应监管层要求，银行必须维持一定的存贷比，面对优质企业客户的融资需求，银行便可以选择通过信托进行表外投资。贷款类信托业务的开展可以满足银行优质企业客户的融资需求，而且还帮助银行从原始的只经营存贷款业务，以风险较高的贷款利息为主要收入来源的单一经营模式，转变为扩大风险较小的中间业务规模，增加中间业务收入，将本属于其自身的信贷资产通过信托平台，转换为信托财产，这样有助于银行降低风险资产，提高盈利水平。

长期以来，由于银行资产出表需求驱动而快速扩张的金融机构表外业务客观上放大了杠杆，在刚性兑付的背景下积累了大量的风险，是金融去杠杆的重要领域。截至 2017 年末，我国大资管体系总规模达到 119.93 万亿元，是 2014 年末的 2.1 倍，其中信托公司的资金信托规模达到 21.9 万亿元，占比 18.2%，是仅次于商业银行理财产品的第二大资管主体。

2. 同业金融机构存量资产出表转让业务

为了满足银行盘活存量金融资产的目的，信托公司可以通过设立信托计划，受让相关金融资产收益权，并通过同业财富管理服务平台对接银行资金，从而使银行达到出表转让的目的。根据基础资产的类别，该类业务主要包括信贷资产收益权转让、保险债权计划收益权转让、金融租赁资产转让业务、资产管理公司金融资产转让业务。同时，信托公司还可以通过资产证券化的方式实现银行的信贷资产出表，从而提高银行的资本充足率，调整银行的资产负债状况，解决流动性问题，并加快资金周转，提高银行的获利能力。

3. 银信理财投资

根据银行的理财产品投向，银信理财投资一般可分为两类：股权投资和固定收益投资。合作模式为银行用理财资金委托信托公司设立信托项目，再通过信托公司将银行的理财产品投向股权类资产或者固定收益类资产。

股权投资类银信合作指银行面向机构以及零售客户发行理财产品，以所募资金设立信托计划，按事先约定的投资计划和策略，投资特定企业所持有的上市公司股票的股权收益权，到期由该企业或第三方以约定的溢价回购该部分股权收益权。固定收益类银信合作主要是银行面向机构以及零售客户发行理财产品，然后将募集资金投向信托公司成立的信托计划，该信托计划主要投资于国债、政策性金融债、央行票据、债券回购等风险较低、收益固定的债券投资品种。

（二）委托人为非银行的被动管理类信托业务

1. 家族信托

家族信托是指个人作为委托人，以家庭财富的管理、传承和保护为目的的信托。家族信托的委托人和受益人一般是自然人，而且通常是家庭或家族成员，委托人自己也可以是受益人。家族信托可以设立信托监察人，其目的在于使受托人按照委托人的意愿执行家族信托，同时监督受益人，保护受益人的利益。家族信托的监察人可由家族委员会指定自己信赖之人。在本章第三节，我们会详细地介绍家族信托。

2. 执行遗嘱信托

执行遗嘱信托是为了实现遗嘱人的意志而进行的信托。遗嘱的执行，其出发点在于谋求遗嘱上各种事务的便利，以表现遗嘱意志，按遗嘱处分遗产。遗嘱执行上的事务分为债权的收取、债务的清偿、遗赠物的交付、遗产的分割四大类。遗嘱执行人根据遗嘱，参照法律办理清理遗产等事务。

《中华人民共和国继承法》第十六条规定："公民可以依照本法规定立遗嘱处分个人财产，并可以指定遗嘱执行人。"遗嘱执行人可以由遗嘱人的亲属、朋友承担，也可由信托机构承担。信托机构充当遗嘱执行人相比其他人具有较大优势：信托机构是独立法人，在遗嘱执行中可以排除各种干扰，做到公平客观；信托机构社会联系面广，对债权债务的清理较为方便；信托机构拥有专职技术人员，对遗产的分割处理有丰富的经验；信托机构有固定的办公时间，便于各方联系；信托机构执行遗嘱信托的成立与终止，都有明确的规定，便于社会监督和法律监督。

案例分析

诺贝尔奖

诺贝尔奖是根据瑞典著名化学家阿尔弗雷德·贝恩哈德·诺贝尔的遗嘱建立起来的。1896 年 12 月 10 日，诺贝尔在意大利逝世。他留下遗嘱，将部分遗产（920 万美元）作为基金，以其利息分设物理、化学、生理学或医学、文学及和平 5 种奖金（后于 1968 年增设了经济学奖），授予世界各国在这些领域对人类作出重大贡献的学者。据此，1900 年 6 月瑞典政府批准设置了诺贝尔基金会，并于次年诺贝尔逝世 5 周年纪念日，即 1901 年 12 月 10 日首次颁发诺贝尔奖，截至 2016 年共授予了 881 位个人和 23 个团体。以其部分遗产建立起的基金的管理人由瑞典政府任命的正副董事长和诺贝尔基金会理事会选举的董事和副董事组成的董事会担任，负责诺贝尔基金的管理和运作。依靠强大的信托功能和管理人对资产的合理配置及科学运作，诺贝尔基金不断壮大，信托财产从 1900 年设立之初的约合 920 万美元发展到 2014 年的 38.69 亿瑞典克朗（约 4.43 亿美元）。

3. 企业员工股权激励信托

企业员工股权激励信托即员工持股信托或职工持股信托，是指将员工买入的本公司股票委托给信托机构管理和运用，员工退休后享受信托收益的信托安排。交给信托机构的信托资金一部分来自员工的工资，另一部分为企业以奖金形式资助员工购买的本公司的股票。

职工持股信托按当初的信托财产的形态分为两种：第一种是金钱信托以外的金钱信托方式的职工持股信托，也可被称为金外信托方式的职工持股信托，即信托机构接受职工的资金和公司对职工的奖金，买进本公司的股票并进行管理，待信托终了时，将股票交还给职工；第二种是管理有价证券信托方式的职工持股信托，即职工用工资和奖金购入本公司的股票后，将股票委托给信托机构进行管理，在信托终了时信托机构将股票归还给职工。

第二节　主动管理类信托

一、主动管理类信托的概念

所谓主动管理，是一个相对的概念，区别于被动管理。主动管理类信托，是指信托公司作为受托人，在信托管理过程中发挥主导性作用，在尽职调查、产品设计、项目决策和后期管理等方面发挥决定性作用并承担主要管理责任的营业性信托业务。信托公司将上述管理工作中的一部分外包给其他机构，但不致影响受托人主导地位的信托项目也可被视为主动管理类信托。

二、主动管理类信托的优势

（一）主动管理类信托回归信托公司本源业务

中国的信托业务从西方国家引入，本身就是一种资产管理服务。主动管理类信托项目代表信托公司真正的资产管理能力。

前面已经提到，紧缩银信合作资产规模之后，国务院银行业监督管理机构开始强调信托公司不能仅仅作为一个融资的通道，鼓励信托公司进行业务转型，大力倡导信托公司加大主动管理类信托产品的开发，培育核心资产管理水平和自主理财能力。因此，信托产品从被动管理类向主动管理类转变是大势所趋。主动管理类信托项目是各大信托公司彰显自身资产管理能力的产品，项目的优劣直接考验一家信托公司的品牌、口碑和市场竞争力，这也是信托公司存在的真正意义。

（二）主动管理类信托受重视程度更高

根据《信托法》的规定，信托公司因主动管理不善导致信托亏损，信托公司要负全责。所以主动管理类信托在任何一家信托公司里面都受到足够高的重视。

2014 年 4 月 8 日，中国银监会办公厅发布了《中国银监会办公厅关于信托公司风险监管的指导意见》，其中明确要求：信托公司应“建立流动性支持和资本补充机制。信托公司股东应承诺或在信托公司章程中约定，当信托公司出现流动性风险时，给予必要的流动性支持。信托公司经营损失侵蚀资本的，应在净资本中全额扣减，并相应压缩业务规模，或由股东及时补充资本”。

（三）投资策略更加灵活，资金使用效率更高

为了提高资金的使用效率，在保证信托资产安全性和流动性的基础上，信托公司通过自主管理，建立投资决策委员会，设置具体的投资限制，除了投资优质的信托计划之外，将主动管理类信托项下的闲置资金用于受让银行信贷资产、货币市场投资、银行存款等短期且具有稳定收益的投资品种。同时根据不同的投资方式采取相应的风控措施，可有效分散投资风险，采用赚取长短期收益差价的盈利模式，能够使资金使用效率更高，从而可获得长期的稳定增值，有效地保障信托计划的如期兑付。

（四）融资成本相对低，信托报酬率相对高

与被动管理类信托业务相比，主动管理类信托业务的融资成本是较低的。信托公司在主动管理类信托业务中发挥主导性作用，在尽职调查、产品设计、项目决策和后期管理等方面发挥决定性作用，容易主动抓住盈利机会，因此，主动管理类信托业务的信托报酬率要高于被动管理类信托业务。

（五）节省募集时间

一般而言，被动管理类信托业务从商业洽谈到尽职调查，再从撰写文件送报国务院银行业监督管理机构审批到最终国务院银行业监督管理机构过会，一个产品从发出来到募集结束，通常需要2～3个月的时间，这2～3个月的时间对融资方和信托公司来讲构成了大量的时间成本。主动管理类信托的优势就在于省去了很多中间环节，只要有好的项目，项目经理和投资界的权威都会给出专业的建议，信托公司直接就能将资金池的资金和优质的项目对接起来，节省了募集时间。

（六）期限更加灵活

主动管理类信托项目的期限可以从1个月至24个月不等，期限灵活，流动性高，便于投资者灵活选择。

三、主动管理类信托的分类

主动管理类信托一般分为投资类信托和融资类信托两类，两者主要通过以下三个方面进行区分：

（1）资金使用方式，即信托资金通过什么方式参与到融资方的项目中。如果能形成明确的债权债务关系，那么属于融资类信托；如果是受让股权，则属于投资类信托。

（2）风险控制措施。融资类信托产品一般要求融资方有清晰的抵押担保物和质押率，而投资类信托多是通过回购或者财务监管或者结构化来进行风控。

（3）还款来源。如果信托产品的还款来源与抵押物关联性不大，融资方以抵押物以外的其他来源进行还款，则属于融资类信托。投资类信托无明确还款来源。

（一）投资类信托

1. 投资标的为拟上市类公司的股权投资信托

通过信托计划投资标的为拟上市类公司的股权，加入有限合伙，即“信托＋有限合伙”是目前信托参与PE投资的最主要形式。“信托＋有限合伙”混合型业务融合了两种法律结构，即先由信托公司募集客户资金成立信托PE，再将信托PE作为有限合伙人与投资公司（投资顾问）成立有限合伙企业，从而将信托资金转为有限合伙企业的资本金。信托

公司本身作为有限合伙企业的管理人，参与投资并获取管理费及业绩提成。私募股权投资通过私募形式对非上市企业进行权益性投资，在交易实施过程中附带考虑了将来的退出机制，即通过上市、并购或管理层回购等方式出售持股获利。这种模式有可能在一定程度上突破《信托公司私人股权投资信托业务操作指引》对信托制 PE 的诸多限制性要求。

案例分析

众一股份股权投资计划

信托公司不通过加入有限合伙进行权益类股权直接投资。2012 年 5 月厦门国际信托推出了“众一股份股权投资计划”，厦门国际信托接受厦门佳瑞德投资有限合伙企业和厦门御汇鑫投资有限合伙企业的委托作为其投资顾问，并发布营销信息为其募集有限合伙人，募集资金 2.4 亿元用于受让云南天素投资有限公司持有的曲靖众一精细化工股份有限公司的2 400万股股份。本模式由信托公司为客户征募投资人，投资人不是通过信托公司，而是直接作为有限合伙人将资金注入信托公司主导的有限合伙企业。合格投资者直接作为有限合伙企业的有限合伙人，规避了信托持股成为首次公开募股（IPO）障碍的可能性；另外，通过两家有限合伙企业共同募资，解决了有限合伙企业的合伙人不得超过 50 个的投资人数限制问题。

2. 投资标的为非拟上市类公司的股权投资信托

非上市类的标的绝大多数为房地产项目。信托公司通过发行集合资金信托产品，将所募集的信托资金直接投资于某房地产企业或房地产项目，形成实质性股权投资，并以一定方式直接或间接参与所投资房地产企业或房地产项目的经营与管理，且将根据在房地产企业中所占的股权比例或房地产项目所有权情况获得的经营所得，在规定期间内（通常是在房地产信托计划终止时），由信托资金的使用方或者其关联公司及其指定的其他第三方，承诺按照一定的溢价比例，全额将信托公司以信托资金投资持有的股权全部回购，进而确保委托人信托财产的归还和信托收益的实现。

3. 证券投资类信托

一是以投资者为导向，采用财富管理模式。这是着重宏观资产类别配置的财富管理业务，是受托人与投资管理人职能分离下的受托人业务，即利用信托制度优势和市场跨越优势组合市场已有的投资管理力量，站在金融投资管理产业链的上端，组合优选投资管理人，由其代表最终端的财富所有者进行资产配置并监督投资管理。

二是以市场投资机会为导向，采用资产管理模式。这是着重微观资产类别配置的体系特色的资产管理业务，主要包括投资管理的公募模式和投资管理的对冲基金模式。前者采取公募模式发行固定收益的数量化宏观衍生投资信托、基金投资信托，以体现其与目前市场各类主体的差异化优势；后者在机制、投资方向和投资策略上均不同于前者，可发挥有效边界上移的优势。

（二）融资类信托

融资类信托指的是委托人基于对受托人（信托公司）的信任，将信托资金或信托财产交付给受托人，由受托人按信托计划文件的约定向借款人（即企业）进行融资，并按照委托人或受益人的要求和有关监管规定进行管理，以获得相关收益。

1. 房地产开发贷款融资模式信托

房地产开发贷款融资模式，即债权型融资方式，是信托公司开展得最为普遍的一种房地产信托融资模式，是指信托公司通过信托计划以债权的形式投资到房地产企业。信托公司与满足“432条件”的房地产企业就融资事宜达成一致后，信托公司为房地产企业融资发起集合资金信托计划，信托计划视情况可能会需要向主管银行业监督管理机构备案或审批，然后信托公司通过商业银行或第三方信托理财机构向社会投资人发行信托产品，投资人与信托公司签订《信托合同》，并将自己合法拥有的资金划付至信托财产专用账户，信托公司再与房地产融资企业签署《贷款合同》，将信托计划募集的资金贷给房地产企业，房地产企业按期支付本息，同时此笔贷款会显示在房地产企业的中国人民银行信贷系统中。债权型信托贷款融资模式有操作简单、运行成本较低等特点。

为确保信托资金及预期收益的顺利退出，信托公司会要求房地产企业提供包含土地抵押担保、关联企业保证担保在内的信托计划外部增级措施。同时，信托资金在监管的情况下被用于指定的房地产项目，用于项目的后续开发。项目开发完成后，房地产企业归还信托公司的信托贷款并支付相应的利息，信托公司按信托文件约定向投资人返还本金并分配信托收益，进行信托计划清算。

“432条件”是中国银监会办公厅在2010年发布的《中国银监会办公厅关于信托公司房地产信托业务风险提示的通知》里所提到的条件。该通知要求：“各信托公司应立即对房地产信托业务进行合规性风险自查。逐笔分析业务合规性和风险状况，包括信托公司发放贷款的房地产开发项目是否满足‘四证’齐全、开发商或其控股股东具备二级资质、项目资本金比例达到国家最低要求等条件；第一还款来源充足性、可靠性评价；抵质押等担保措施情况及评价；项目到期偿付能力评价及风险处置预案等内容。”

国务院2009年发布的《国务院关于调整固定资产投资项目资本金比例的通知》第一条规定：“保障性住房和普通商品住房项目的最低资本金比例为20%，其他房地产开发项目的最低资本金比例为30%。”该通知的第三条还规定：“金融机构在提供信贷支持和服务时，要坚持独立审贷，切实防范金融风险。要根据借款主体和项目实际情况，参照国家规定的资本金比例要求，对资本金的真实性、投资收益和贷款风险进行全面审查和评估，自主决定是否发放贷款以及具体的贷款数量和比例。”

2. 工商企业贷款信托

工商企业贷款信托指的是由银行对企业授信评级后推荐给信托公司的集合信托，这是在银行贷款规模不够的情况下为企业融资的模式。经过银行推荐后，信托公司介入尽职调查，调查完成后报备审批，审批完成后面向公众发行集合信托。

此类信托的融资主体为在各地市场监督管理局注册的工商企业，风控措施主要有公司股权质押、物业资产抵押、各类应收款质押以及关联公司和相关法人担保等方式。

3. 政府基础设施建设类项目（含政信合作类）信托

政府基础设施建设类项目信托，是指资金投资于基础产业领域的信托计划。基础产业是指为社会生产和居民提供公共服务的物质工程设施，是用于保证国家或地区社会经济活动正常进行的公共服务系统。基础产业包括基础工业和基础设施两部分。基础工业是指能源（包括电力）工业和基本原材料（包括重要的矿产资源、钢材、石油化工材料）工业，基础设施主要包括交通运输、机场、港口、通信、水利等设施。其中，信托资金投向交通、水利等基础设施建设项目的被称为基建类信托。这类信托的参与实体基本为地方国企或融资平台，用资项目多由国家和政府支持、最后由政府验收还付款，因包含隐形政府信用，故又被称为政信合作类信托。

此类信托产品的融资主体为地方政府融资平台，风控措施大多是地方政府应收款质押、其他城投公司担保、土地质押或者政府财政承诺还款等方式。

第三节　家族信托

一、家族信托概述

家族信托源于古罗马帝国时代，是由个人信托发展而来的，是个人信托业务的延伸。它是指信托机构受个人或家族的委托，以家庭财富的管理、传承和保护为目的，管理、处置家庭财产的一种信托，受益人一般为家庭或家族成员。家族信托作为一项家族财富传承工具早已在国际上广泛盛行，但在我国，还只是处于起步阶段。直到2012年9月，国内才诞生首个真正意义上的家族信托产品：由平安信托推出，一位四十多岁的企业家以5 000万元资产设立的合同期限为50年的家族信托。家族信托在实际中一般被当作一种通过转移财产所有权进行财富传承的工具。富人作为委托人要将资产的所有权转移给受托人（信托公司），并将资产托管在一家商业银行，然后受托人根据双方契约管理这份信托资产，并将资产收益再转让给受益人（通常为企业家的子女、直系亲属）。家族信托的实施不仅要考虑到受益人的利益，还要顾及委托人的意愿能否得以实现。

二、家族信托的优点

1. 信托财产的独立性

利用这个特点，可以避免因为少数家庭成员的重大失误而给家族财富带来严重的损失。例如，避免因为家庭成员离婚、法定继承等原因，造成家庭财富的损失，以保护家庭财富的安全。

案例分析

默多克的家族信托

世界传媒大亨默多克通过GCM信托公司设立并运作家族信托，默多克家族持有新闻集团近40%的拥有投票权的股票，其中超过38.4%的股票由默多克家族信托基金持有，受益权人是默多克的六个子女。默多克与前两任妻子的四个子女是这个信托的监管人，拥有对新闻集团的投票权；而默多克与第三任妻子邓文迪的两个女儿仅享有受益权而无投票权。这样新闻集团的控制权就被牢牢掌握在默多克家族的手中。在默多克与邓文迪离婚案中，邓文迪只分得了2 000万美元的资产，与默多克134亿美元的总资产相比简直就是九牛一毛，离婚之事丝毫未影响新闻集团的资产和运营。

现实中一些企业家的个人资产和企业资产并不能清晰划分，当企业面临债务危机时，企业实际控制人的个人资产往往成了债务追偿对象。另外，如果企业家或其子女发生婚姻变故，家庭财富也将面临重大变故。而家族信托的防火墙功能使财产被安全隔离，因为信托财产是独立的，其所有权与受益权严格区分，信托财产名义上属于受托人，与委托人、受托人和受益人的其他财产隔离，从而使委托人的任何变故都不会影响家族信托财产的存续与受益人的受益权。

2. 有利于节税避税

在西方国家，通过信托的方式进行收益分配，可以规避高税率的遗产税。委托人去世前转移到信托内的财产，并不在遗产税的征收范围。因此，通过设立足够长时间的家族信托，财富可以一直传承但不用缴纳任何遗产税。

3. 保持家族企业股权集中

委托人可以在信托契约中设立家族财产不可分割和转让或信托不可撤销的条款。当家族财富一代又一代地传下去时，若按遗产分割法传承，股权或将散落到数十个亲属股东手中，松散的股权可能令家族企业的所有权面临极大挑战。

4. 有利于激励和约束后代的行为

委托人可以在信托条款中明确规定受益人获取收益的条件，附加对后代的约束条款。如果后代一事无成，挥霍度日，那么其可以支配的钱就会少一点。通过这些具体条款的约束，可以有效避免“败家子”，从而实现对继承人的教育，使得物质财富和精神财富双重传递。

三、家族信托在我国遇到的阻碍

1. 缺少契约文化

家族信托实现财富跨代管理，往往需要存续数百年。在中国，信托业发展了仅30余年，良莠不齐，信托业只是投资理财渠道，且监管未能跟进。家族信托属于新鲜事物，概念尚未普及，信托理念相对淡薄，富豪阶层对其缺乏认知和信任。再者，受托人可能不具备经营企业所需要的专业知识，很难融入企业的经营管理中，从而企业家就难以“信而托之”。

2. 缺少信托登记制度

根据《信托法》的规定，依法办理信托登记是财产信托生效的前提。根据目前的政策，现金资产的投资信托计划无须办理登记，而非现金资产则需办理信托登记手续后才能产生信托效力。根据信托相关法律规定，委托人合法所有的财产及财产权利，包括房地产、艺术品、游艇等实物资产，原则上均可以作为信托财产。但在实际中，由于信托财产的登记、转移等配套制度不完善，特别是信托财产的非交易性过户登记存在一定的操作障碍，目前国内信托业务主要为资金信托业务，很多投资领域也受到限制，这给家族信托的发展造成了不便。

3. 管理费用过高

上面提到，家族信托实现财富跨代管理往往需要存续数百年。家族信托的费用并不是固定的，每一单操作的难易、数量规模等都会影响费用的多少。此外，家族信托还可能会涉及信托机构的管理费，律师事务所、会计师事务所等的费用。较长的家族信托存续期所积累的费用会是一个比较惊人的数字。

4. 对家庭隐私的保护力度不够

我国将公示信托生效的法律要件：财产被纳入信托计划时，除办理信托登记手续外，还要进行公示，以确认该信托关系不会影响第三人的利益，无损社会公共利益。无法保护隐私是富豪阶层最为忌讳的，传统的“财不外露”的观念决定了在境内开展家族财富管理具有一定的挑战。而国外为了保护委托人及受益人的隐私，信托生效要件没有公示环节，家族信托具有完全的私密性，即便是司法需要，受托人也有权不公开委托人的家族信托计划。

本章思考题

一、名词解释

1. 表外投资
2. 家族信托
3. 银信理财投资
4. 融资类信托

二、简答题

1. 简述被动管理类信托的概念及其分类。
2. 简述主动管理类信托的概念及其分类。
3. 与被动管理类信托相比，主动管理类信托的优势有哪些？
4. 简述家族信托的内容及其优点。
5. 家族信托在我国面临的问题有哪些？

第六章

基金信托投资业务

导入案例

2014—2015 年，信托公司曾热衷于申请备案私募基金牌照，不过经过几年沉淀，这份热度正渐渐退去。在私募基金牌照推出后，信托公司曾密集谋求私募基金管理人备案，最多时曾有至少 44 家信托公司同时“在册”。

2016 年 2 月初，中国基金业协会发布的《中国基金业协会关于进一步规范私募基金管理人登记若干事项的公告》，要求尚未备案私募基金产品的私募机构在规定期限内完成备案，否则将注销私募基金管理人登记。

由于多数备案私募基金管理人的信托公司并未备案私募基金产品，此后，私募基金管理人中的信托公司数量开始逐步减少。2017 年 8 月，中注协私募基金管理人系统中的信托公司由 44 家降为 41 家。由于信托牌照“自带私募属性”，信托公司对于私募基金业务并不积极。诸多信托公司进行私募基金管理人备案，其动机可能起源于金融业传统的“牌照思维”，认为多一个牌照业务机会更多。然而由于信托公司业务发展情况不一，部分公司虽然积极办理私募基金管理人资格备案，但并未大力发展相关业务。

而从 2017 年 8 月至 2018 年 8 月期间的情况来看，信托公司备案私募基金产品的热情进一步降低。在这一年期间，仅有 5 家信托公司备案 52 只私募基金，其中外贸信托和民生信托两家公司占九成以上份额。与同期中国基金业协会备案的 3 万余只私募基金相比，占比进一步下降至 0.15%。

第一节　基金信托投资业务的含义与特点

一、基金信托投资业务的含义

基金信托投资业务是指将不特定的多数投资者的资金结合在一起，交由专业理财机构按风险分散的原则，以获取资本利得或股利收入为目的，投资于证券等领域，并由投资者直接承担投资风险、享受投资收益的一种集合投资制度。①

基金信托也叫投资基金。另外，它在不同的国家和地区又有不同的名称：英国称其为单位信托基金；美国把它叫作共同基金；日本、韩国等国家和中国香港、中国台湾等地区称其为证券信托基金。

二、基金信托投资业务的特点

（一）实行专家管理、专家操作制度

基金信托投资实行专家管理制度，这些专业管理人员都经过专门训练，具有丰富的证券投资和其他项目投资经验。他们善于利用证券投资基金与金融市场的密切联系，运用先进的技术手段分析各种信息资料，能对金融市场上各种投资产品的价格变动趋势作出比较正确的预测，最大限度地避免投资决策的失误，提高投资成功率。

（二）以组合投资、分散风险为基本原则

以科学的投资组合降低风险、提高收益是证券投资基金的另一大特点。在投资活动中，风险和收益总是并存的，因此，“不能将所有的鸡蛋都放在一个篮子里”，这是证券投资的箴言。

证券投资基金可以凭借其雄厚的资金，在法律规定的投资范围内进行科学的组合，分散投资于多种证券，一方面借助于资金庞大和投资者众多的公有制使每个投资者面临的投资风险都变小，另一方面又利用不同的投资对象之间的互补性，达到分散投资风险的目的。

（三）实行资产经营与保管相分离的管理制度

基金信托投资与一般的金融信托关系一样，主要有委托人、受托人、受益人三个关系人。其中委托人与受托人之间订有信托契约。但基金信托作为金融信托业务的一种形式，又有其自身的特点。如从事有价证券投资的主要当事人中还有一个不可缺少的托管人，它不能与受托人（基金管理公司）由同一机构担任，而且基金托管人一般是法人。

（四）实行利益共享、风险共担的分配原则

基金信托投资是一种利益共享、风险共担的投资于证券的集合投资理财方式，即通过基金发行单位，集中投资者的资金，由基金托管人（一般是信誉卓越的银行）托管，由基金管理人（即基金管理公司）管理和运用资金，从事股票、债券等金融工具的投资。基金投资人享受证券投资的收益，也承担因投资亏损而产生的风险。

（五）以纯粹的投资为目的

基金信托投资是一种证券投资工具。它发行的凭证即证券投资基金券（或受益凭证、证券投资基金单位、证券投资基金股份）与股票、债券一起构成有价证券的三大品种。投资者通过购买证券投资基金券完成投资行为，并凭之分享证券投资基金的投资收益，承担证券投资基金的投资风险。

---

① 闵绥艳．信托与租赁．北京：科学出版社，2012.

第二节 基金信托的类型

一、按基金的法律基础和组织形态划分为：公司型基金与契约型基金

公司型基金：具有共同投资目标的投资者根据公司法组成以营利为目的、投资于有价证券的投资公司，基金本身就是投资公司，是具有独立法人资格的经济实体。

契约型基金：即信托型基金，是基于一定的信托契约原理组织起来的委托投资行为。即由委托人、受托人和受益人三方订立信托投资契约，根据契约规定，由基金管理公司负责向社会发行受益凭证，并负责基金的投资运作，由托管人负责保管基金资产，以受益凭证持有人为受益人。

公司型基金与契约型基金的区别为：一是立法基础不同。公司型基金组建的依据是公司法，而契约型基金的组建依照基金契约，《信托法》是其设立的法律依据。二是法人资格不同。公司型基金具有法人资格，而契约型基金没有法人资格。三是投资者的地位不同。公司型基金的投资者作为公司的股东有权对公司的重大决策发表自己的意见，可以参加股东大会，行使股东权利；契约型基金的投资者购买受益凭证后，即成为契约关系的当事人，即受益人，对资金的运用没有发言权。四是基金运营方式不同。公司型基金像一般的股份公司一样，除非依据公司法规定到了破产、清算阶段，否则公司一般都具有永久性；契约型基金则依据基金契约建立、运作，契约期满，基金运营相应终止。五是融资渠道不同。公司型基金具有法人资格，在一定情况下可以向银行借款；而契约型基金一般不能向银行借款。

二、按基金收益凭证的变现方式划分为：开放式基金与封闭式基金

开放式基金：设立基金时，发行的基金单位份数不固定，金额不封顶，发行期过后，可随时根据需要增加发行；已发行的受益凭证可以按基金净资产值随时赎回。

封闭式基金：设立基金时，限定了基金的发行总额，在初次发行达到预定的发行计划后，基金宣告成立，并在一定期限内封闭运作，不做追加发行。已发行的受益凭证在二级市场交易。封闭式基金又分为公募与私募两种形式，二者的比较见表 6－1。

表 6－1　　公募基金与私募基金的比较

	公募基金	私募基金
募集方式	公开募集，直接销售或通过代销机构销售	非公开募集，直接洽商
募集对象	所有投资者	特定对象，多为有一定风险承受能力、具备一定投资知识与经验、资产规模较大的个人或机构投资者
投资方式	投资决策主要基于基金管理公司的风格和策略，投资者被动接受，投资限制多	无投资限制，投资决策主要体现投资者的意图和要求，由投资管理人和投资人协商确定投资方向及目标

续前表

	公募基金	私募基金
信息披露要求	定期披露详细的投资目标、投资组合等	一般只需要半年或一年私下公布投资组合及收益，投资更具隐蔽性
收费结构	按资产规模收取管理费用	收取管理费用及业绩表现费，以业绩表现费为主
投资份额流动性	流动性高	流动性低
监管要求	对基金管理人要求严格，对基金投资活动限制严格	监管宽松，基金运作自由度高
总体风险	相对较小	相对较大

开放式基金与封闭式基金的区别为：首先是发行规模不同。封闭式基金有固定的存续期，其间基金规模固定。开放式基金无固定存续期，规模因投资者的申购、赎回可以随时变动。其次是变现方式不同。开放式基金在其成立三个月以后的任何一个开放日均可以赎回变现。当基金持有人要求赎回其名下的基金份额时，基金管理公司必须按照赎回价格支付现金。封闭式基金上市以后，其变现方式与股票交易完全相同。再次是交易价格计算的标准不同。封闭式基金的交易价格受市场供求关系影响，常出现溢价或折价交易现象，通常为折价交易，并不必然反映基金的净资产值。开放式基金的申购价一般是基金单位净资产值加一定的购买费，赎回价是基金净资产值减一定的赎回费，与市场供求情况的相关性不大。最后是投资策略不同。开放式基金必须在投资组合上保留一部分现金和高流动性的金融商品。封闭式基金的基金资本不会减少，有利于长期投资，基金资产的投资组合能在有效的预定计划内进行。

三、按基金投资目标划分为：成长型基金、收益型基金与平衡性基金

成长型基金追求资本的长期增值；收益型基金旨在获取最大的当期收益；平衡型基金以净资产稳定、客观的收益及适度的成长为目标。① 其中，成长型基金与收益型基金的区别主要表现在投资目标、投资对象、派息情况、风险程度等几个方面，具体见表 6－2。

表 6－2　　成长型基金与收益型基金的比较

	成长型基金	收益型基金
投资目标	资本的长期增值	最大可能的当期收入
投资对象	有较大升值潜力的小公司及一些新兴行业的股票	公用事业、金融业及自然资源业等行业拥有丰厚股利收益的企业股票
派息情况	一般不直接将股息派发给投资者，而将股息投资于市场	按时将股息派发给投资者
风险程度	较高	较低

① 王淑敏，齐佩金．金融信托与租赁．北京：中国金融出版社，2011.

四、按基金投资的国别和地域划分为：国内基金、国家基金、国际基金与区域基金

国内基金是指资本来源于国内，并投资于国内市场的投资基金；国家基金是指资本来源于国外，并投资于某一特定国家的投资基金；国际基金是指资本来源于国内，并投资于国外市场的投资基金；区域基金是指投资于某个特定地区的投资基金。

五、按基金投资对象划分为：股票基金、债券基金、货币市场基金、专门基金、衍生基金、对冲基金与伞形基金

其中，专门基金是指专门投资于某个特定行业或经济部门的基金；采用对冲交易手段的基金被称为对冲基金，也称避险基金或套期保值基金，是指金融期货和金融期权等金融衍生工具与金融工具结合后以营利为目的的金融基金；伞形基金是指在一个母基金之下再设立若干个子基金，各子基金独立进行投资决策的基金运作模式，其主要特点是在基金内部可以为投资者提供多种选择，投资者可根据自己的需要转换基金类型（不用支付转换费用），在不增加成本的情况下为投资者提供一定的选择余地。

六、按基金投资方向划分为：产业投资基金、证券投资基金与货币市场基金

产业投资基金一般是指向具有高增长潜力的未上市企业进行股权或准股权投资，并参与被投资企业的经营管理，以期所投资企业发育成熟后通过股权转让实现资本增值。其中有一种叫作政府引导基金，又称创业引导基金，是指由政府出资，并吸引有关地方政府、金融机构、投资机构和社会资本，不以营利为目的，以股权或债权等方式投资于创业风险投资机构或新设创业风险投资基金，以支持创业企业发展的专项资金。证券投资基金是通过发行基金单位，集中投资者的资金，由基金托管人托管，由基金管理人管理和运用资金，从事股票、债券等金融工具投资，并将投资收益按基金投资者的投资比例进行分配的一种间接投资方式。货币市场基金是指投资于货币市场上短期（一年以内，平均期限为120天）有价证券的一种投资基金，该基金资产主要投资于短期货币市场工具，如国库券、商业票据、银行定期存单、政府短期债券、企业债券等短期有价证券。

第三节　基金信托的运作

一、基金的设立、募集

（一）基金的设立

1. 发起人

基金的设立首先需要发起人，一般而言，基金发起人须具备的资格为：一般为两家以上法人机构，至少一家为金融机构；实收资本为基金规模的一半以上；有两年以上的盈利记录；首次认购基金份额不低于20%，同时保证基金存续期内基金份额不低于10%。

按照《证券投资基金管理公司管理办法》（以下简称《管理办法》）及相关法律法规的

规定，基金发起人必须具备以下条件：主要发起人是按照国家有关规定设立的证券公司、信托公司以及基金管理公司；注册资本不低于1亿元人民币，且股东必须以货币资金实缴，境外股东应当以可自由兑换货币出资；有符合法律、行政法规和中国证监会规定的拟任高级管理人员以及从事研究、投资、估值、营销等业务的人员，拟任高级管理人员、业务人员不少于15人，并应当取得基金从业资格；有符合要求的营业场所、安全防范设施和与业务有关的其他设施；设置了分工合理、职责清晰的组织机构和工作岗位；有符合中国证监会规定的监察稽核、风险控制等内部监控制度；等等。

依据《管理办法》及中国证监会的有关规定，基金发起人的主要职责包括：

（1）制定有关法律文件并向主管机关提出设立申请，筹建基金。1）基金发起人必须对金融政策、市场状况、大众的投资心理等进行研究分析，在此基础上对拟设立的基金进行策划，如确定基金的主要投向、基金的类型、基金的存续期限以及基金的募集规模等。2）基金发起人要代表基金持有人与基金管理人、基金托管人签订基金契约，约定基金各方当事人的权利、义务。同时，基金发起人还需要制作管理机关要求的其他相关文件，如招募说明书等。3）确定发行方案，选定销售机构。4）向主管机关提出设立申请，并报送主管机关要求的有关文件。5）设立申请获得批准后，进行公告。

（2）认购或持有一定数量的基金单位。基金发起人须在募集基金时认购一定数量的基金单位，并在基金存续期内保持一定的持有比例，从而使基金发起人与基金持有人的利益结成一体，保证基金发起人以维护投资人的合法权益作为其行为准则，不从事有损于投资者利益的活动，以切实保护投资者的利益。

（3）基金不能成立时，基金发起人须承担基金募集费用，将已募集的资金并加计银行活期存款利息在规定时间内退还基金认购人。

2. 设立程序

根据《管理办法》及中国证监会的相关规定，我国发起人申请设立基金一般要完成以下工作：

（1）发起人申请设立基金，必须准备各种法律文件：申请报告、发起人协议书、基金契约、基金托管协议、基金招募说明书等。其中，申请报告主要包括基金名称、拟申请设立基金的必要性和可行性、基金类型、基金规模、存续期间、发行价格、发行对象、基金的交易或申购与赎回安排、拟委托的基金管理人和基金托管人等。发起人协议书应包括拟设立基金的基本情况、发起人的权利和义务、发起人认购基金单位的数量、拟聘任的基金管理人和基金托管人等内容。有关基金契约、基金托管协议、基金招募说明书的内容与格式，由中国证监会规定。

（2）上报中国证监会。中国基金证监会收到文件后对基金发起人资格、基金管理人资格、基金托管人资格以及基金契约、基金托管协议、基金招募说明书等上报资料的完整性和准确性进行审核，如果符合有关标准，则正式下文批准基金发起人公开发行基金。

（3）收到证监会批文后，6个月内募集资金，于发行前三天公布招募说明书。

《管理办法》及相关法律法规规定，发起人可申请设立开放式基金，也可申请设立封闭式基金，并规定封闭式基金存续期不得少于5年，最低募集数额不得低于2亿元人民币等。基金要正式成立，还必须满足一定的条件：对封闭式基金而言，自该基金被批准之日起3个月内募集的资金应超过批准规模的80%；对开放式基金而言，自该基金被批准之日起3个月内净销售额不得少于2亿元人民币。

（二）基金的募集

1. 公开募集基金

公开募集基金应当在国务院证券监督管理机构注册。未经注册，不得公开或者变相公开募集基金。公开募集基金的基金招募说明书应当包括下列内容：基金募集申请的准予注册文件名称和注册日期；基金管理人、基金托管人的基本情况；基金合同和基金托管协议的内容摘要；基金份额的发售日期、价格、费用和期限；基金份额的发售方式、发售机构及登记机构名称；出具法律意见书的律师事务所和审计基金财产的会计师事务所的名称及住所；基金管理人、基金托管人报酬及其他有关费用的提取、支付方式与比例；风险警示内容；等等。

2. 非公开募集基金

非公开募集基金应当向合格投资者募集，合格投资者累计不得超过200人。合格投资者是指达到规定资产规模或者收入水平，并且具备相应的风险识别能力和风险承担能力、其基金份额认购金额不低于规定限额的单位和个人。按照基金合同的约定，非公开募集基金可以由部分基金份额持有人作为基金管理人负责基金的投资管理活动，并在基金财产不足以清偿其债务时对基金财产的债务承担无限连带责任。非公开募集基金募集完毕，基金管理人应当向基金行业协会备案。对募集的资金总额或者基金份额持有人的人数达到规定标准的基金，基金行业协会应当向国务院证券监督管理机构报告。

二、基金的交易与投资

1. 基金的交易

开放式基金的交易安排为：开放式基金只能在符合国家规定的场所申购、赎回，其交易表现为投资者向基金管理公司认购基金券或受益凭证，赎回或认购价格一般按当日每份基金或每份受益凭证基金的净资产价值计算，大部分基金每天报价一次，计价主要采用未知价方式，即基金管理公司在当天收市后才计价，以充分反映基金净资产和基金券或受益凭证总数的变化。封闭式基金的交易安排为：封闭式基金的基金份额，经基金管理人申请、国务院证券监督管理机构核准，可以在证券交易所上市交易。国务院证券监督管理机构可以授权证券交易所依照法定条件和程序核准基金份额上市交易。其中，基金份额上市交易应符合的条件为：基金合同期为5年以上；基金金额不低于2亿元；基金份额持有人不少于1 000人。

2. 基金的投资运作

《中华人民共和国证券投资基金法》（简称《证券投资基金法》）规定：基金管理人运用基金财产进行证券投资，应采用资产组合的方式，资产组合的具体方式和投资比例在合同中约定。基金财产应当投资于上市交易的股票、债券以及国务院证券监督管理机构规定的其他证券及其衍生品种。基金财产不得用于下列投资或者活动：承销证券；违反规定向他人贷款或者提供担保；从事承担无限责任的投资；买卖其他基金份额，但是国务院证券监督管理机构另有规定的除外；向其基金管理人、基金托管人出资；从事内幕交易、操纵证券交易价格及其他不正当的证券交易活动；法律、行政法规和国务院证券监督管理机构规定禁止的其他活动。

三、基金的变更与终止

1. 基金的变更

按照基金合同的约定或基金份额持有人大会的决议，经核准可转换基金运作方式。封闭式基金延期或扩募须满足一定条件并经核准：基金运营业绩良好；基金管理人最近两年内没有因违法违规行为受到行政处罚或者刑事处罚；基金份额持有人大会决议通过。①

2. 基金的终止

有如下情形之一的，基金合同终止：合同期满而未延期；基金份额持有人大会决定终止；基金管理人、基金托管人职责终止，在六个月内没有新基金管理人、新基金托管人承接。

四、基金资产净值的计算与收益分配

1. 基金资产净值

基金资产净值是衡量基金经营好坏的主要指标，也是基金单位买卖价格计算的主要依据。它是指在某一基金估值时点上，按照公允价格计算的基金资产的总市值扣除负债后的余额，该余额是基金单位持有人的权益。

单位基金资产净值=(总资产－总负债)/基金单位总数

其中，总资产是指基金拥有的所有资产（包括股票、债券、银行存款和其他有价证券等）按照公允价值计算的资产总额。总负债是指基金运作及融资时所形成的负债，包括应付给他人的各项费用、应付资金利息等。基金单位总数是指当时发行在外的基金单位的总量。基金估值，即按照公允价格对基金资产和负债的价值进行计算、评估，以确定基金资产净值和基金份额净值的过程，它是计算单位基金资产净值的关键。基金往往分散投资于证券市场的各种投资工具，如股票、债券等，由于这些资产的市场价格是不断变动的，因此，只有每日对单位基金资产净值重新进行计算，才能及时反映基金的投资价值。

2. 收益分配

基金收益包括基金投资所得红利、股息、债券利息、存款利息、资本利得和其他收入。基金收益的分配是以年度为单位进行的，一般而言，基金当年的净收益应当先弥补上一年的亏损后才能进行当年的收益分配。如果基金当年净亏损，则不应进行收益分配。基金可分配收益的计算公式为：

基金可分配收益=基金净收益－应纳税所得额

基金净收益=基金收益－各项费用支出

基金收益的分配一般采用以下三种方式中的一种或几种的结合：(1) 派发现金方式，这是基金收益分配最普遍的方式。(2) 派送基金单位，把应分配的净收益折合成等额基金单位送给投资者。这种方式扩大了基金的资本总额和规模。(3) 不分配，即既不派发现金，也不派送基金单位，而将收益列入本金进行再投资，体现为单位基金资产净值的增加，同样增加了资产总额。

---

① 闵绥艳．信托与租赁．北京：科学出版社，2012.

案例分析

我国房地产投资信托基金案例分析

1. 成功案例：越秀房地产投资信托基金

中国香港于2003年8月颁布了《房地产投资信托基金守则》，该守则规定在香港上市的房地产投资信托基金（real estate investment trust，REIT）只能投资于香港物业。2005年6月，该守则得到修订，允许在香港上市的房地产基金投资于世界各地的房地产。这一变化使得原计划在新加坡上市的越秀房地产投资信托基金（以下简称“越秀REIT”）立即改为在香港上市。2005年12月21日，越秀REIT（0405.HK）在香港联合证券交易所上市，这是首只以中国内地房地产物业为资产的REIT。

越秀投资作为首家以内地房地产资产为组合而在香港公开发行REIT的企业，其准备时间达五年之久。从越秀REIT整个上市历程看，其思路很明晰。第一步，由广州市城市建设开发集团有限公司（以下简称“广州城建”）设立离岸公司，然后该离岸公司反过来收购广州城建拟剥离上市的资产；第二步，由广州越秀集团有限公司（以下简称“越秀集团”）成立全资子公司“越秀投资”，越秀投资对以上离岸公司进行收购，并最终上市。

总结起来，越秀REIT的上市流程可分为三个步骤：企业重组、资产梳理、上市发行。下面对其上市步骤进行详细说明。

（1）企业重组。

越秀集团和广州城建均是属于广州市政府的企业。为了发行越秀REIT，2001年，越秀集团和广州城建开始企业重组，此次重组耗时近两年。2002年9月，经国家计委批准，越秀集团获得广州市政府所持有的广州城建95%的股权。由于越秀投资需要持有越秀集团重组后的拟剥离上市资产，广州城建也开始整合其内部资产。首先，广州城建在英属维尔京群岛（以下简称“BVI”）设立了离岸公司（以下简称“城建离岸”），广州城建将95%的股权转给城建离岸。然后，2002年12月，越秀投资收购了越秀集团持有的广州城建的离岸公司。此次收购的完成使得权益关系进一步清晰。至此，原属于广州城建拟剥离上市的资产由越秀投资通过城建离岸间接持有。该拟剥离上市物业资产包括白马广场的部分物业、财富广场的部分物业、城建大厦的部分物业，以及维多利广场的部分物业。这四处物业总建筑面积约为16万平方米，包括办公室、停车场及零售商铺等多项商业用途，公平估值为40.05亿港元，2005年上半年净利润为4.54亿港元。

（2）资产梳理。

由于法律规定REIT上市必须有明晰的产权关系，因此越秀投资于2002年12月完成收购后，开始对其拥有的资产的产权关系进行清理。越秀投资通过城建离岸在海外设立了四家全资BVI公司，即柏达BVI、金峰BVI、福达BVI及京澳BVI。

2002—2005年，广州城建分批将旗下部分物业资产转让给了越秀投资的四家BVI。具体情况如下：2002年12月至2005年，将其拥有的白马广场部分物业转给柏达BVI。2004年9月及2005年8月，将财富广场部分物业转给金峰BVI。2004年10月，将城建大厦部分物业转给福达BVI。2005年7月，将维多利广场部分物业转给京澳BVI。经过复杂的资产整合与置换后，越秀投资旗下的四家BVI分别持有一个物业资产，越秀投资及越秀RE-

IT 资产包中资产的产权已逐步清晰化。

最后，成立基金资产的管理人——越秀房托资产管理有限公司，同时越秀投资选择汇丰机构信托服务（亚洲）有限公司作为越秀 REIT 的受托人，由汇丰机构信托服务（亚洲）有限公司在香港设立全资子公司越秀房托（控股）有限公司。最终越秀基金所需的各方机构均成立完毕，越秀 REIT 得以顺利发行。

（3）上市发行。

在建立了完备的 REIT 体系之后，越秀 REIT 于 2005 年 12 月 21 日上市发行。越秀 REIT 的发行价为 3.075 港元，共发行 5.83 亿单位，越秀 REIT 共募集资金 18 亿港元。此次 REIT 权益由社会公众投资者、越秀投资以及越秀集团共同持有，其中，社会公众占 67.9%、越秀投资占 31.3%、越秀集团占 0.8%。

2008 年 1 月 15 日，越秀 REIT 通过增发新基金单位购入越秀投资旗下资产——广州越秀新都会大厦的部分权益，这使得越秀投资持有的越秀 REIT 的权益由 31.3%提高到 35.6%。

2. 失败案例：快鹿产权式 REIT

（1）产权式 REIT 的概念。

产权式 REIT 是一种以物业资产抵押为担保的私募股权金融产品。该产品拥有“股权质押、资产抵押、租约锁定”三重保障，在房屋预售许可证核定面积内将产权划分为若干等份，即将物业资产的整体产权及其受益权，以产权单位的形式销售给投资者。然后由投资者指定共有产权持有人，并委托专业的 REIT 资产管理公司进行统一经营和管理，在此过程中约定报酬率和赎回时间。同时由该物业的投资商与 REIT 资产包辅导机构进行担保和赔付，该辅导机构对多个物业资产进行组合，从而形成 REIT，并遵守 REIT 上市和监管的法律法规，最终上市发行。

简单来说，产权式 REIT 与产权式商铺的销售相似，即将建成的某一大型物业的产权按照 REIT 标准进行分解，使大型物业的产权分割为若干小产权，分解后各个小产权的价值仅在万元左右。因此，大众投资者可以购买 REIT 进行投资。但该物业的产权总体交给专业的资产管理公司进行统一管理。产权式 REIT 与产权式商铺的最大区别在于 REIT 实行双倍资产担保。

（2）快鹿产权式 REIT 的背景。

上海快鹿投资集团（以下简称“快鹿集团”）是集工业投资制造、工商业房地产开发于一体的投资企业。2003 年，快鹿集团与江苏省镇江新区合作，投资建设位于镇江大港新区东郊的快鹿产业港，总面积达 900 万平方米，计划将快鹿产业港建设成为集厂房、住宅、写字楼及酒店于一体的“新城”。截至 2007 年初，快鹿产业港一期开发建设的 87.6 万平方米土地的招商已经完成，首批入驻企业有 18 家。

快鹿产业港项目总投资达 19.6 亿元，快鹿集团计划通过发行 REIT 来筹集一定的民间资本。2007 年 2 月 10 日，快鹿集团与北京嘉富诚国际资本有限公司（以下简称“嘉富诚”）签订了 20 亿元资产包的投融资战略服务合作协议。快鹿集团将 15 万平方米的优质租赁型厂房作为产权式 REIT 的一部分资产。该打包资产的收入主要来源于快鹿产业港首期 18 家企业的租金收益。该 REIT 所募集的资金计划全部用于快鹿产业港未来的开发和建设。

快鹿产权式 REIT 首期的具体设计为，对快鹿产业港一期标准化厂房的整体产权进行一对一的分割。该厂房规划建设面积为5万平方米，按照每平方米为一个产权单位，一共划分为5万个产权单位，由投资者进行认购，其报酬率根据物业已签订租约所带来的现金折算。发售价格为每个产权单位2 000元，单份认购额最大不超过100万元。投资年限分1年、2年及3年，预计收益率在7.2%～9.18%之间。投资者可选择按月获得收益或选择一年期、两年期或三年期一次性支付。快鹿集团将6亿元净值资产作为担保和赔付，同时通过股权质押提供反担保，并选择北京融正信用担保公司对投资者的权益实施担保和赔付。

在快鹿产权式REIT的运作结构设计中，快鹿集团与嘉富诚共同设立镇江快鹿产业港资产管理公司（以下简称"资产管理公司"），快鹿集团持有95%的股份，嘉富诚持有剩余5%的股份。作为投资顾问和资产的监管人，资产管理公司代表REIT投资者的权益，对房地产资产的经营管理和租金收入进行监管，并通过租约锁定，将物业出租所获得的收益返给投资者。

（3）快鹿产权式REIT的失败原因。

2007年3月18日，快鹿产权式REIT正式发售第一期，首期发售总额为1亿元。仅一天半时间，快鹿产权式REIT已筹集到1 700万元资金。然而3月20日，当地政府即通知立即停止快鹿产权式REIT的出售，同时必须将已筹集的资金全部退回给投资者。快鹿产权式REIT的融资之路宣告失败。

快鹿产权式REIT发行失败的原因如下：

第一，REIT资产包内资产产权不清晰。快鹿产业港将其约6.67万平方米的土地使用证做了两次抵押融资，其一是镇江市交通银行的2 000万元的抵押贷款融资，其二是对快鹿产权式REIT资产包内的部分资产进行融资。该做法严重地违反了REIT资产产权明晰的规定。

第二，非法集资。快鹿产权式REIT是在未经任何批准的情况下以公募的方式发行的。快鹿产权式REIT属于公募发行，而嘉富诚和快鹿集团既不属于银行，也不属于信托公司或上市公司，它们均没有公募发行证券的企业资质。

第三，快鹿产权式REIT没有遵守信息披露的相关规定，瑕疵较多。例如，快鹿产权式REIT的发售方披露的《快鹿产权式REIT推介书》基本就是一份广告宣传册，与内容严谨的招募书相差甚远。招募书中没有说明未来信息披露的相关规则等法定内容，更没有列明该REIT的抵押担保资产的明细内容。并且发售REIT当日，发售方要求投资者当场阅读买卖合同、委托经营管理合同等文件，而不能带走，也不能复印。以上种种原因导致快鹿产权式REIT被政府禁止发行而以失败告终。

本章思考题

一、名词解释

1. 基金信托投资
2. 公司型基金
3. 开放式基金
4. 产业投资基金

5. 货币市场基金

6. 基金资产净值

二、简答题

1. 基金信托投资业务有哪些特点?

2. 基金信托可以按照哪些标准进行分类?

3. 基金发起人需要具备哪些资格?

4. 公开募集基金的基金招募说明书应包括哪些内容?

5. 基金进行变更与终止的条件分别是什么?

6. 基金收益的分配方式有哪些?

第七章

投资银行信托业务

导入案例

中航信托为了探索信托新型业务，扩大信托业务收入规模，在新能源领域独辟蹊径，与美国华平投资集团合作，投资华成燃气有限公司。中航信托通过发行信托计划，将资金全部投资于华成燃气并购项目，并获得华成燃气25%的股权。华成燃气为美国华平投资集团成立的专注于在中国投资天然气中下游业务的平台公司，华成燃气通过优选、收购、整合提升的商业模式，营运工业园燃气、城市燃气、加气站、支线管网等优质项目，发展终端市场，获得稳定的资产增值。较美国华平投资集团出资1.32亿美元与华成燃气管理层团队出资480万美元，中航信托出资总额为5 928万美元，持有其25%的股权。之后中航信托每次按照25%的比例与美国华平投资集团同步等价增资。信托计划根据增资步骤分期发行，首期为1.172 3亿美元，每期信托单位存续期为1～2年，信托单位期满后通过发行新的信托单位兑付，直至华成燃气IPO退出或协议出售给第三方，实现信托计划的全部退出。

本章从企业兼并与收购概念、项目融资概念、公司理财概念入手，阐述兼并与收购的基本理论及投资银行所起到的作用，项目融资的参与方、风险、运作程序及结构，以及公司理财业务的相关内容，读者从中可以全面了解投资银行信托业务的开展情况。

第一节　企业兼并与收购

随着经济的增长，企业要想快速地实现发展，很可能会采取外部发展的形式，即兼并与收购的方式，通过兼并与收购来满足企业对某一项业务的需求。随着企业兼并与收购的经常发生，兼并与收购业务已成为投资银行信托业务中很重要的一部分。投资银行在兼并与收购过程中主要扮演财务顾问的角色，协助策划及实施兼并与收购。

一、兼并与收购的概念

兼并与收购（mergers and acquisitions，M&A），简称并购，是指一家企业通过产权交易的方式获得其他企业一定程度的控制权，用以加强自身实力、实现预期目标的一种经济行为。并购是企业间进行产权重组的常用方式，实质就是通过产权交易这一方式获得对方企业一定控制权的过程。

（一）兼并

兼并就是指将目标企业并入自己企业当中，被兼并企业也随即失去法人资格的经济行为，这一过程是通过产权的有偿转让来实现的。通常，兼并包括吸收合并和新设合并。

吸收合并方式是指，被吸收的企业被解散，失去原来的法人资格，其资产全部被并入吸收方企业，吸收方也要承担对方的全部债务。而新设合并是指两家以上企业合并，设立一家新的企业，原有企业各自解散而失去法人资格。

（二）收购

收购是一种对企业资产或股权的购买行为，即一家企业收购另一家企业以达到一定控股比例的合并形式。收购涉及的内容较为广泛，可能是将其吞并，拥有对方企业几乎100%的股份或资产；也可能是获得对方企业较大比例的股份或资产，能够控制该企业的生产经营活动。通常，收购包括股份收购和资产收购两种类型。

二、企业并购的动因

当所处产业市场竞争激烈，而企业又想扩大市场份额、实现资产多元化和获取更多利润时，企业往往采取并购的方式。并购确实可以使企业获得更多的经济效益，主要体现在以下几个方面：

（一）避开壁垒，迅速进入

当企业所处行业竞争异常激烈或想多元化发展时，企业就可能转向其他行业或市场。一种方式是通过内部发展（新建），但这种方式所需要的时间较长，速度较慢，也会引起原有企业的强烈反击，可能会难以获得原有企业的生产技术、积累的经验以及销售渠道。另一种方式就是并购，它可以避开新行业的进入障碍，迅速进入。这是因为该行业的生产能力并没有因为并购而有所增加，短期内该行业的内部竞争结构也不会发生剧烈变化，不易引起原有企业的报复。而且，并购企业可以获得现成的原材料供应渠道、生产技术、产品销售渠道，在较短的时间内使生产经营走上正轨。

（二）获得规模经济效应

通过并购对生产资本进行调整，可以达到规模经济的要求，在保持产品整体结构不变的情况下，实现单一化生产，从而达到专业化生产的要求。通过纵向并购，可以有效地解决专业化引起的各生产流程的分离，降低运输成本，充分利用生产能力。通过横向并购，可以提高市场占有率，提高生产能力，使管理费用在更大范围内进行分摊，降低单位产品的管理费用。通过并购，企业可针对不同的市场层面进行生产和提供服务，共用同一销售渠道，可以节约销售费用。

（三）获得经验共享和互补效应

在有些行业，如对劳动力素质要求较高的行业中，并购可以获得经验曲线效应，随着累计生产量的增加，积累的经验就会增多，成本就会呈现出不断下降的趋势。经验的累积可以大幅度提高工人的劳动熟练程度，使经验-成本曲线效果显著。通过并购，企业既可以获得原有企业的资产，也可以分享原有企业的生产经验，建立起自身的竞争优势。另外，通过并购，企业还可以在产品和市场管理方面，甚至在企业文化方面扬长避短，实现互补效应。

（四）实现财务经济

并购可以使资金在企业内部流动，从而节约外部筹资成本和交易费用。并购的财务效应也体现在合理避税上，比如一家盈利企业和一家亏损企业合并，会使利润在两家企业间分摊，减少纳税额。同时，并购也会对被并购企业股票市价的预期产生影响，从而可能会提升市价，有时国家也会在政策上给予被并购方适当的优惠。

三、并购的主要类型

按照不同的标准划分，并购有不同的类型，主要有以下几种。

（一）按并购的态度划分

1. 善意并购

善意并购是指并购企业与被并购企业之间通过友好协商来完成并购的各项事宜。具体来说就是，并购企业提出较好的并购条件与被并购企业进行商议，在双方可接受的条件下，签订并购协议，被并购企业提供必要的资料给并购企业。善意并购也被称为友善并购。

2. 敌意并购

敌意并购是指并购企业不顾被并购企业的意愿而强行并购的行为。通常的做法是，并购企业在二级市场上购入目标企业分散在外的股票以形成包围之势，使其不得不将企业出售，从而掌握目标企业的控制权。在敌意并购的情况下，目标企业往往会制造障碍阻止并购，并购的成本较高。

（二）按资金来源划分

1. 杠杆并购

它是企业进行并购的一种特殊形式，其实质在于利用借款进行并购，把债务资本作为主要的融资工具，而这些债务资本大多是以被并购企业的资产作为担保的。它主要是指并购企业通过加大财务杠杆系数，用较少的自有资金就可获得数倍于自身的资金，对被并购企业进行并购重组，待其产生良好盈利能力后，伺机出售以收回投资并获利的一种运作方式。由于债务资本在总资本中所占的比重较大，而且债务资本的提供方也会在债务合同中加入限制性条件，因此并购方的偿债压力会很重。

2. 非杠杆并购

它是指不利用被并购企业的资产来支付或担保支付并购款的并购方式。一些小型的并购交易，往往无须杠杆并购方式，以非杠杆并购交易即可完成。但是，非杠杆并购并不是说并购企业不能通过对外借款的方式来支付并购款，只是说并购企业对外举债的担保及偿债是靠企业自身来完成的。

（三）按所处行业划分

1. 横向并购

它是指同行业企业之间的并购，即直接对手间的并购。采用横向并购需要具有一定的条件：并购企业有扩大产品生产和销售的需求，并且有能力做到。其目的一般是减少竞争，扩大市场份额或增强并购企业的经济实力，降低生产成本，提高并购企业的市场支配能力，以便垄断市场。一般而言，横向并购风险较小，并购双方容易融合在一起，进而形成生产或销售的规模经济。

2. 纵向并购

它是指生产过程或经营环节相互衔接、密切联系的企业之间，或者具有重要的协作关系的专业化企业之间的并购。纵向并购的企业之间不是直接的竞争关系，而是供应商和需求商之间的关系，并购双方是同一产业中的上下游企业。纵向并购有利于确保原材料供应及产品销售等环节的稳定性，便于协作化生产，节约交易费用；有利于改善产品生产过程，缩短生产周期；通过对原材料和销售渠道的控制，可以降低生产成本，获取竞争优势。

3. 混合并购

它是指生产和经营彼此间没有关联的企业之间的并购行为。其主要目的是分散长期经营一个行业所带来的风险，提高企业对经营环境变化的适应能力。与混合并购密切相关的是多元化经营战略，企业同时经营几个行业的业务，降低经营局限性，分散投资风险，减少生产成本，扩大企业的知名度和提高其竞争力。

四、投资银行在企业并购中的作用

企业并购是一项专业性极强且十分复杂的工作，投资银行的参与使并购活动的效率得到大幅提高。投资银行的信息比较灵通，对企业比较熟悉，具有丰富的并购经验；投资银行的财务管理与分析能力较强，能确定较合理的并购价格；投资银行的融资能力较强，能为企业并购提供资金保障。所以，在企业并购过程中，投资银行已成为不可或缺的角色。

（一）为实施并购的企业提供服务

投资银行为实施并购的企业提供的服务包括：制定并购标准，制定目标企业名单并与潜在目标接触，锁定目标企业，对目标企业进行估值和定价，准备并购要约，与目标企业谈判，制订并购融资方案，接管和整合目标企业。其中，目标企业定价和制订融资方案是两项关键性的工作。

1. 准确把握目标企业定价的构成要素

目标企业定价将直接影响并购交易给并购方企业股东带来的价值，与并购整合的成败密切相关。目标企业并购定价的构成要素主要包括以下三个方面：

一是企业的内在价值，即财务估值。这是形成企业价值的基础，也是投资银行作为并购方财务顾问进行尽职调查的重要内容，需要综合运用财务、经济、法律、税法方面的知识和技能，在大量调查并掌握资料的基础上，对目标企业进行详细的分析和评估。目前，常用的财务估值方法有现金流量折现模型和相对价值评估方法（包括市盈率估值法、市净率估值法和市销率估值法）。在财务估值模型的应用中，主要关注现金流、贴现率以及可比企业等因素。在实践中，估值还受企业所面对宏微观经济因素的影响，主要考虑以下因素：企业的基本面，即企业的规模、市场占有率、管理能力；行业因素，包括行业类型、行业生命周期；宏观经济因素，包括利率、通货膨胀率、汇率等。

二是并购的协同效应。协同效应既是评判并购可能性的基础，也是影响交易价格的重要因素，甚至决定着并购的成败。研究表明，并购方过于乐观地估计了并购所带来的协同效应，在交易中支付了过高的溢价，从而在实施并购后，预期的协同效应无法实现是并购失败的主要原因。

三是并购的外部竞价因素。并购方与被并购方对企业的估值可能存在差异。并购方希望自身的股权不会被过度稀释，并能有所升值；而被并购方希望能获得较高的股权转让收入。因此在对目标企业进行估值和竞价的过程中，投资银行必须协助并购方制定有效的竞价策略，包括：合理确定目标企业的价格边界，有效控制并购成本；合理确定首次要约价格，控制并购溢价；充分运用诱导性出价策略，与目标企业大股东形成友好的交易关系。

2. 制订合理的融资方案

对实施并购的企业来说，合理的融资方案是并购得以进行的关键因素之一。大多数企业都会使用外部资金，需要制订并购融资计划。常用的融资工具有以下三类：

一是债务融资工具。企业可以对外申请贷款，或者通过发行债券进行融资。由于债务融资会增加并购后企业的债务，因此要求并购方具有较高的偿债能力。但债务融资可以起到保持股东独立性、避免控制权被稀释的作用。

二是权益融资工具。权益性融资工具主要包括公开发行融资、换股并购和以权益为基础的融资。采取公开发行融资，应考虑股东认购资金来源的资金成本、增资扩股对其股东控制权的影响；换股并购可避免大量现金短期流出的压力，降低并购风险，还可以使并购方获得税收方面的好处；以权益为基础的融资主要包括股权划出、员工持股计划等。

三是混合性融资工具。混合性融资工具主要包括优先股、认股权证和可转换债券。优先股是相对于普通股而言的，在利润分红和剩余财产分配的权利方面优先于普通股，筹资成本介于债务资本成本和股权资本成本之间。认股权证是公司向股东发放的一种凭证，该凭证授权其持有者在一个特定期间以特定的价格购买特定数量的公司股票。作为一种筹资工具，认股权证与公司债券同时发行，用来吸引投资者购买票面利率低于市场利率的长期债券。可转换债券是一种特殊的债券，它在一定期间内依据约定的条件可以转换成普通股。

（二）为被并购企业提供服务

1. 善意并购

投资银行应对并购企业的并购建议作出评价，向被并购企业董事会和股东作出该建议是否公平合理的判断。如果被并购企业接受并购，投资银行应帮助其选择采取何种方式与并购方进行商谈。一般有以下三种商谈方式：

（1）一对一逐个谈判，首先按照一定的标准，列出潜在并购者的优先顺序，然后依次与它们展开一对一的磋商。

（2）同时与两家潜在并购者谈判，筛选出最有并购意愿的两家企业，同时与它们展开谈判，在这种方式下出售方可以掌握主动权。

（3）公开竞拍，出售方企业股东公开表明出售意愿，由投资银行协助其制定招标文件并对外公布，有意愿的购买方可购买招标文件并发出投标书参与竞标。

2. 敌意并购

目标企业往往请求投资银行设计出反并购策略来对付并购方。投资银行在充分了解并购双方的基本情况后，制定出反并购策略，其目的是帮助目标企业以尽可能低的代价实现反并购行动的成功，从而捍卫目标企业及其股东的正当权益。反并购措施主要有以下几种：

（1）毒丸计划。它授予目标企业股东按照事前约定的高折价认购目标企业股票的权利，只有当企业面临被并购的威胁时它才会启动。在敌意并购者掌握的股票数量超过一定比例后，目标企业股东可以以优惠的价格购买企业股票，从而稀释并购方的股权，提高并购成本，从而达到抵制并购的目的。

（2）寻找“白衣骑士”。企业在面临敌意并购而又难以对抗时，可以寻找与自己有良好关系的企业，即“白衣骑士”来拯救自己。“白衣骑士”会与并购企业进行竞争，轮番竞价，势必会提高并购成本，逼迫并购企业放弃并购。一般情况下，如果敌意并购者的并购出价不是很高，目标企业被拯救的可能性就会比较大；但如果并购出价很高，目标企业被拯救的可能性就会相对较小。

（3）降落伞计划。企业并购可能会导致目标企业的员工及管理人员被解雇，降落伞计划就是在聘用合同中写明，若企业控制权发生变动，会对员工及管理人员进行补偿。这样就会使目标企业在被并购后面临巨额现金支付，使并购者望而却步。依据被保护对象的不同，降落伞计划又可分为金降落伞、银降落伞和锡降落伞。

（4）股票回购。企业采用要约回购的方式，以高于敌意并购者的价格回购本企业股票。这样就可以减少本企业流通在外的股票数量，提高股价，增加并购难度，但这种做法要求企业有充足的财力作为保障。

（5）寻求司法保护。目标企业可以向司法部门或反垄断机构提出指控，控告对方的并购行为违背了反垄断法。即使反垄断控告失败，也可以在司法听证时争取时间，部署反并购措施。

第二节　项目融资

一、项目融资概述

（一）项目融资的定义

从广义上讲，以建设一个新项目、收购一个已有项目或者对已有项目进行债务重组为目的所进行的融资活动，都可以被称为项目融资。而狭义的项目融资是指，以项目自身的现金流量和收益作为还贷来源，以项目的资产与收益或权益作为担保，取得一种无追索权或有限追索权形式的融资的方式。

本节主要采用狭义的项目融资概念，即无追索权的项目融资和有限追索权的项目融资两种。之所以采用狭义的概念，主要原因是狭义项目融资概念为大多数国家所认可，争议较少。

无追索权的项目融资是指贷款人对项目发起人无任何追索权，贷款只能依靠项目未来的现金流量进行偿还，也被称为纯粹的项目融资。如果项目由于种种原因未能建成或经营失败，其未来现金流量不足以清偿全部贷款，贷款人无权向项目的发起人追索。无追索权的项目融资一般建立在政治环境和法律环境比较稳定的市场上，这样才能使贷款人放心，否则就需要提供一定形式的担保。由于无追索权的项目融资风险较大，这也导致了其在现代项目融资中已很少使用。

有限追索权的项目融资是指除了以项目未来现金流量作为还款来源外，贷款人还要求有项目实体以外的第三方提供担保，贷款人有权向第三方担保人追索。通常，这种有限追索性表现在时间上的有限性、金额上的有限性和对象上的有限性三个方面。

时间上的有限性是指贷款人只能在项目的建设开发阶段有权对项目发起人或担保人进行追索，而一旦项目通过完工测试进入正常运营阶段，项目就很可能会变为无追索性的。金额上的有限性是指，如果项目在经营阶段不能产生足够的现金流量，其差额部分可以向项目发起人或担保人进行追索。对象上的有限性是指，如果项目是通过发起人成立的项目公司进行融资，则贷款人一般只能追溯到项目公司，而不能对项目发起人进行追索。

项目融资一般应用于现金流量比较稳定的项目，主要有三大类项目。一是资源的开发与利用类项目，包括能源开发类项目（如煤、石油、天然气和太阳能等）和金属矿石开发类项目（如铁、铜、汞、铅等）。二是基础设施项目，铁路、高速公路、隧道、桥梁等均可成为项目融资的对象。三是制造业项目，如动车、轮船和飞机等。

（二）项目融资与一般公司融资的差异

项目融资不同于传统的一般公司融资。公司作为一个独立的法人实体，在其日常经营或发展过程中，可能会出现资金短缺的情况，这时就需要采取措施筹集资金。这些筹资方式均是公司利用本身的资信能力，对外进行资金筹集的行为，包括发行股票、债券和借款等。项目融资与一般公司融资方式相比，主要存在以下差异：

1. 贷款对象不同

一般公司融资贷款的对象通常是项目的投资者或发起人，贷款人在决定是否提供贷款时，更多的是考察项目投资者的资产状况、信用等级及有关各方提供的担保。

在项目融资中，贷款人融资的对象是项目公司，项目融资的债务不列在项目发起方的资产负债表中。项目融资是基于项目公司的资产状况以及该项目完工投产后所产生的未来现金流量来发放贷款，而不是依赖于项目的投资者或发起人的资信。也就是说，如果项目本身有潜力，即使项目发起人现在的资产少，收益情况不理想，项目融资也完全可以取得成功。

2. 追索程度不同

追索程度不同，是项目融资与传统融资的最主要区别。传统融资方式属于完全追索，即借款人必须以本身的资产作为抵押，如果项目失败，该项目不足以偿还本息，则贷款人有权把借款人的其他资产作为抵押品加以拍卖，直到贷款本息得到清偿为止。

项目融资的突出特点就是融资的有限追索权或无追索权。项目建成后如果没有收益，例如金矿开采不出黄金或开采产量远远低于预期，竣工后无法使用甚至无法正常运行等，导致项目公司无法得到预期收入，也就不能进行贷款的偿还。贷款人不能追索到除项目资产及相关担保资产以外的项目发起人的资产。在有限追索的情况下，项目发起人只需向项目公司注入一定的股本，只承担有限的追索责任，从而减轻项目发起人的直接对外负债，提高其对外融资的能力，使项目发起人有更大的余地去开展其他项目。

3. 风险分担程度不同

一般公司融资的项目风险主要集中于投资者、贷款者或担保者，风险相对集中，难以分担。作为有限追索权的项目融资，与项目有关的各风险因素需要以某种形式在项目各参与者之间进行分担。一般情况下，项目融资需要严谨而复杂的担保体系，可以依据各方的利益通过严格的法律合同，把责任和风险在各参与方之间进行合理分担。一个成功的项目融资结构应该是在项目中没有任何一方单独承担全部项目债务的风险责任，这一点即是项目融资与一般公司融资的第三个区别。

这种风险分配方法一方面避免了项目发起人因为项目失败而遭受巨大损失甚至破产的可能性，另一方面因为各参与方都承担了风险，必然更加关注项目的成功，客观上提高了项目成功的可能性。

4. 债务比例与期限不同

一般公司融资方式通常要求项目投资者出资比例达到30%～40%才能融资，其余部分可以由债务资金来解决。而项目融资则采用项目导向，一些投资者很难借到的资金可以利用项目融资来安排。所以，相比于传统融资方式，采用项目融资一般可以获得较高的贷款比例，依据项目的经济强度可以为项目提供60%～75%的资本需求量。另外，采用项目导向，项目融资的贷款期限可以根据项目的具体要求和项目的生命周期来安排设计，这比一般性的商业贷款的期限要长。

项目融资可以获得较高的债务比例，而债务利息一般是在税前列支的，可获得税收优惠，因此在某种程度上降低了项目的资金成本。但是这并不意味着，贷款人不希望项目发起人投入较大比例的股权资本。实际上，贷款人非常希望项目发起人能投入大量股本，这不仅能降低项目的整体负债水平，还表明了发起人对项目的实际关注程度。项目发起人投入的股本数量越多，就越表明其关注项目的成败，越能增强贷款人对项目的信心。

5. 信用结构来源不同

在项目融资中，项目所需要的资金量往往规模较大，期限较长，因此需要多元化的资金筹集渠道。一个项目建设所需要的资金来源可以是国际金融机构贷款、外国政府贷款、银行信贷资金和证券市场资金。一般情况下，大型项目融资通常采用多种融资方式来满足其资金需求。

（三）项目融资的劣势分析

上述项目融资与一般公司融资的差异主要是从项目融资的优势角度进行分析的。但相比于一般公司融资方式，项目融资也存在着劣势，主要体现在以下几个方面：

1. 增加了贷款人的风险

由于项目融资的无追索权或有限追索权，一些项目的融资风险不能有效地被分散出去，这实际上增加了贷款人的风险。也就是说，当项目发生问题，预期未来现金流量发生重大变化时，贷款人的资金并不能得到足额的清偿，贷款人要承担比一般公司融资情况下更大的风险。基于这一点，我国商业银行对项目融资显得十分谨慎。

2. 融资手续较为复杂

项目融资需要做好大量有关风险分担、资产抵押和税收结构等的一系列技术性工作，筹资文件要比一般公司融资多得多。而且项目融资手续较为复杂，从项目的初次商议、担保合同及贷款合同的签订，到最后资金到位开始兴建，这一过程需要较长的时间来完成。

3. 风险控制较为复杂

项目融资涉及多个参与方，各参与方的目的也不尽相同，在考虑自身利益的情况下，就会使得风险控制过程中出现诸多矛盾。而且项目融资的长周期和有限追索权，使得各参与方都十分重视对风险的控制，会加剧矛盾的分化。例如，在发起人和项目建设公司之间控制风险，取决于项目建设公司提供的担保状况；在发起人与贷款人之间进行风险控制，取决于贷款人的追索程度。这些都会使风险控制过程更加复杂化，增加相关的成本，从而增加风险控制的难度。

4. 增加了项目融资的成本

融资成本包括融资的前期费用和利息成本两个组成部分。前期费用主要包括：融资顾问费、贷款的建立费、承诺费和法律费用等。项目融资涉及面广、结构复杂、工作量大且追索性有限，导致其融资成本高于一般公司融资的融资成本。而且由于贷款人的风险增加，贷款人势必要加强对发起人及项目公司的监管，有时甚至是过度监管，这就可能增加项目的执行成本，并且贷款人也会对某些资金的使用范围加以限制。因此，只有在大型项目进行融资时，在规模效应的作用下，利用项目融资方式才具有比较强的可操作性。

二、项目融资的主要参与方

由于项目融资结构复杂，参与融资并在其中发挥作用的利益主体也比传统的融资方式多。通常而言，项目融资的参与方主要包括以下几类：

（一）项目发起人

项目发起人是项目的实际投资者，通过项目的生产经营活动，获取一系列现金流。项目发起人通过组织项目融资，使项目达到运营的要求，因此掌握着项目的全部控制权或部分控制权。由于项目融资的有限追索性，发起人除了提供一部分股本资金外，还需要以直接担保或者间接担保的形式为项目的运营提供一定的信用。

项目发起人可以是一家公司，也可以是多家公司组成的财团；可以是私人公司，也可以是政府机构。

（二）项目公司

项目公司是发起人为了对项目进行融资而建立的经营实体，是项目借款的主体。它主要依靠借款进行融资，从实际操作的视角看，采用项目公司的形式具有较强的管理灵活性。它可以是一个实体，拥有项目运营所必须具备的人力资源、生产技术和管理经验；也可以只是一个在法律上拥有项目资产的公司，而将实际的运作委托给一家富有经验的管理公司来完成。

（三）资金提供者

商业银行、非银行金融机构和少数政府出口信贷机构等都是项目债务资金的主要提供者，这些机构在一定意义上都可被称为贷款银行。

为项目提供资金的银行可以是一两家商业银行，也可以是由多家银行组成的银团。银团中，银行的数目是根据贷款的规模和项目的风险决定的，其中各银行所发挥的作用也各不相同，包括安排行、代理行、管理行、技术行和保险行等。银行希望通过银团贷款的形式来减少和分散每一家银行在项目中的风险，而借款人则希望通过这种形式与更多的银行或金融机构建立联系，从而有利于业务的开展。

（四）产品或服务购买者

作为项目融资的重要参与者，产品或服务购买者可直接参与项目融资，在融资过程中发挥着非常关键的作用。产品或服务购买者通过确定产品或服务的单价及最低采购量，并与项目公司签订购买协议，保证了项目的未来现金流，更有利于项目公司取得贷款机构的信任从而取得资金。

（五）设备/原材料供应商

设备/原材料供应商为保证长期稳定的市场，可能会愿意以优惠的条件为项目提供融资，建立良好的合作伙伴关系，从而有利于日后业务的开展。这些安排有助于减少项目初期运营的不确定性因素，为项目的尽快运营打下良好的基础。

（六）东道国政府

东道国政府虽然在项目融资中并不发挥直接作用，但也对项目的顺利开展发挥着重要作用。从微观上看，政府机构为吸引投资可能会以较低的价格提供项目所需的土地、基础设施、某种形式的经营特许权、便利的交通和优惠的出口信贷，这些都可以降低项目的经营风险。从宏观上看，政府可以为项目提供一种良好的投资环境，完善配套产业，从而有利于项目的持续经营。

（七）保险公司

项目融资的规模较大，而未来不确定因素又较多，因此为了项目能顺利地进行融资，需要保险的介入。保险是项目融资中风险管理的重要内容，是项目融资的关键所在，因此保险人是项目融资的重要参与者，发起人必须与保险人建立紧密的联系，才能正确地识别和化解风险。

（八）项目融资顾问

项目融资工作量大、专业性较强，绝大多数的项目投资者缺乏相应的经验及资源，因此需要一个具备金融、法律和财务知识的团队来完成。项目融资顾问在项目融资中扮演着极其重要的角色，甚至是项目融资成功与否的关键，通常由金融公司、财务公司或投资银行中的融资部门来担任。在选择顾问时，除了要考察对方的专业知识，还要考虑其在资本市场上的地位、先前参与过的融资项目及所实现的效果如何。项目融资顾问主要进行可行性研究、设计融资方案以及监督贷款协议的执行等。

三、项目融资的风险

项目融资方案的实施，通常会受到各种风险的影响，因此需要对可能发生的风险因素进行识别和判断，并且采取适当措施予以防范，使项目融资方案得以有效实施。

（一）政治风险

在进行项目融资时，发起人首先应考虑的是东道国政局的稳定性。例如：考虑东道国局势是否稳定，是否有发生战争的可能，如果是在中东国家进行项目融资，就应特别考虑这一点；考虑政府是否会发生更迭，如果旧政府被推翻，新政府是否会承认旧政府所签订的各项条约。

2011 年，我国在利比亚的投资遭受损失就是一个很好的例子。高失业率和腐败导致民众上街游行，同时也滋生了反政府武装力量，卡扎菲政府采取了武力镇压的方式，引起了大规模骚乱。而美国等西方国家对利比亚展开了军事干预，使利比亚陷入了政治危机。2011年3月22日，我国商务部新闻发言人姚坚在商务部例行新闻发布厅表示，受西亚、北非地区政局动荡的影响，2011年1—2月，我国在利比亚新签合同额同比减少45.3%，完成营业额减少13.9%。姚坚表示，当时中国在利比亚承包的大型项目一共有50个，涉及的合同金额是188亿美元。中国铁建的三个工程总承包项目合同总额为42.37亿美元，已完成6.86亿美元。据相关部门统计，截至2011年4月，在利比亚危机中我国工程投资受到的损失约为200亿美元。[①]

（二）信用风险

信用风险是指项目参与者无法履行或拒绝履行合约所规定的责任与义务而产生的风险。有限追索权的项目融资是依靠有效的信用保证结构支撑起来的，如果各参与方都存在信用风险，则项目融资就难以顺利进行。信用风险的表现形式有：项目的建筑公司未能在规定的工期内完成项目；项目产品的买方不能按约定的价格接受约定数量的产品，或接受后不能及时支付款项；原材料供应者不能按照约定的价格足量供应原材料等。

信用风险贯穿于项目的各个阶段，为使项目融资顺利进行，发起人应该对项目各参与方的信誉状况、技术和资金实力以及过往的表现和管理水平等因素进行详细的考量。

（三）市场风险

项目产品或服务的市场风险主要体现在价格和销售量两个方面。价格风险是指产品或服务不能以适当价格出售，从而在弥补成本之后未能取得剩余的风险。销售量风险是指产品或服务的市场需求未能超过公司的盈亏平衡点，公司未能获取利润，以及未来的需求状况不强劲等的风险。

因此，降低项目市场风险的方法也应从这两方面入手，可以与信誉良好的购买者签订长期购买合同，来保证大部分的项目产品有适当的价格和销售市场，降低市场风险。在确定价格时有两种方法：浮动定价法和固定定价法。

浮动定价法是以国际市场的公认价格为基础，按照项目的具体情况加以调整的方法。它主要适用于在国际市场上具有公认定价标准、价格透明度比较高的大宗商品，如石油、铁矿石、煤炭和有色金属等。价格一旦确定，在合同有效期内固定不变。一般情况下，合同双方会在合同中设立最低购买价格，当市场价格低于最低价格时，购买方要以最低价格购买项目产品。

固定定价法是在签订长期销售协议时，确定下来一个固定价格，并在整个协议期间按照某一预先规定的价格指数加以调整的定价方法。固定定价法主要适用于国内市场项目，如发电站、高速公路和城市地铁等。固定定价法的核心是确定价格指数，它可以包括材料价格指数、劳动价格指数和通货膨胀指数等。

（四）利率风险

利率风险是指在项目经营过程中，由于利率变动而造成项目成本升高或收益受到损失的风险。我国利率市场化已基本实现，在这种情况下，利率水平更会随着金融市场的变化而变动，这就增加了项目的利率风险。如果项目采用固定利率进行融资，后期市场利率的下降便会造成机会成本的提高；而如果融资方案采用浮动利率计息，一旦利率上升，项目

---

① 奚君羊．投资银行学．北京：首都经济贸易大学出版社，2014.

成本就会升高。

因此，项目发起人应该了解未来利率的走势，或委托相关机构加以分析，避免利率变动对项目造成重大风险和损失。具体措施包括：妥善安排融资利率结构；选择恰当的固定利率与浮动利率比例结构；采用衍生工具进行利率互换，即固定利率与浮动利率的互换；利率下行时，可以选择提前偿还借款等。

（五）汇率风险

汇率风险是指在进行外汇交易结算时产生的风险，即本国货币相对外国货币币值变动的风险。项目建设时借用外国货币进口设备，例如美元，债务到期时再偿还美元。如果在偿还时本国货币汇率相对美元贬值，则对借款人来说，需要支付更多的本国货币来偿还美元，即出现汇率风险。对出口企业来说，在收款时同样面临着汇率风险。

因此，项目融资中外汇占比较大时，就应该时时关注外汇汇率走势，避免汇率的较大变动对项目造成风险和损失。具体措施包括：选择有利的计价货币、在合同中订立货币保值条款、根据汇率走势提前结汇或者延期结汇、与金融机构签订远期外汇合约或外汇期权合约等。

（六）完工风险

完工风险是指项目无法完工、延期完工、建设成本超支或者完工后不能达到预期生产标准的风险。它存在于项目的开发阶段和生产阶段，是项目融资的核心风险之一。如果项目不能按照预定计划建成投产，就会给项目带来很多负面影响，如建设成本增加、贷款利息增加、现金流量不能按计划获得，使项目前景大打折扣。

无论是发展中国家还是发达国家，在项目建设开发阶段出现完工风险的概率都是非常高的。发展中国家受制于项目管理水平和工业技术水平的落后，效率低下，完工风险上升；发达国家则是由于工会的存在，劳资纠纷较多，如不能满足工会的要求，项目就很难按期完工。因此，任何一个国家都应把完工风险作为一个重要的因素加以考虑。

为降低项目的完工风险，贷款人通常会要求发起人提供完工保证。一般采用以下几种解决方案：

（1）如果项目不能按期完工，则由发起人偿还债务。

（2）如果项目的完工条件最终不能达标，则由发起人收购项目债务或将其转为公司债务。

（3）如果项目的建设成本超过预算，则超出部分由发起人承担。

（七）环境保护风险

现如今，人们对生活质量的要求越来越高，也越来越关注工业项目对自然环境、人类健康所造成的负面影响。各个国家在工业项目的排放标准、废物处理、噪声、大气环境污染等环境保护方面的立法也越来越严格。基于此，项目的投资者可能会采购更先进的设备来避免环境污染，从而增加项目成本；甚至可能会因为项目未达到环境标准，而遭到有关部门的否决。因此，项目的投资者在初期就应该认真考虑项目在建设和运行时会出现的环境保护方面的风险。

环境保护问题所带来的风险主要表现为：前期的环境评价费用；为避免污染而要采用更先进的设备所增加的成本；造成环境污染后所认缴的罚款。

四、项目融资的运作程序

从投资决策分析开始，到最后完成项目融资并执行，一般情况下，项目融资要经过五个程序，即投资决策分析、融资决策分析、融资结构分析、融资谈判和项目融资的执行。

（一）投资决策分析

一般只有大型的基础设施工程才会采用项目融资的方式，这些项目资金需求量比较大，建设周期也较长，因此收回投资所需要的时间较长，风险较大。这就决定了投资者在决定投资一个项目之前，往往要进行宏观经济形势的判断、确定项目是否符合国家产业发展的规划、分析项目能否产生良好的社会效益和经济效益及进行项目的可行性研究等，以判断该项目是否有投资的必要。只有项目可行，才能进入下一程序。

（二）融资决策分析

这一阶段的主要任务是分析项目是否有融资的可行性和必要性，以及决定项目融资的方式。一般情况下，大型项目的开展都需要进行融资，投资者很难依靠自有资金来完成项目。因此，投资者在这一阶段只需要决定采用什么样的融资方式为项目筹集资金。投资者主要通过成本与效益的分析，对各种可能的融资方案进行比较选择，在获得一定的信息反馈后，再作出项目融资方案决策。在融资方案的确定过程中，投资者可以聘请融资顾问对各种方案进行比较和分析。

（三）融资结构分析

这一阶段的主要任务是完成对项目风险的分析和评估，设计出项目的融资结构和资金结构，对项目的投资结构进行修改和完善，并对项目的投资风险控制方式进行修改和完善。这一阶段的关键问题是，项目投资者要与融资顾问一起全面分析与项目有关的风险因素，评估风险发生的可能性及其影响程度，以此为依据确定项目的债务承受能力和风险。项目的融资结构以及相应的资金结构应能全面反映出投资者的融资战略。

（四）融资谈判

在初步确定了项目融资方案后，融资顾问将有选择地向商业银行或其他一些金融机构发出参加项目融资的建议书，组织贷款银团，着手起草项目融资的有关文件。通过对融资方案的反复设计、分析、比较和谈判，最后选定一个既能在最大限度上保护项目投资者的利益，又能为贷款银行所接受的融资方案。

因此，在这一阶段需要经过多次的谈判才能满足融资双方的要求。在谈判的过程中，可能会涉及法律文件的修改，甚至会修改之前的融资结构，这样才能满足贷款银行的要求。在这种情况下，融资顾问、法律顾问和税务顾问的作用就非常重要，他们可以帮助项目发起人提高谈判地位，保护投资者的利益，灵活地解决谈判中出现的问题。

（五）项目融资的执行

正式签署项目融资的法律文件之后，融资的组织安排工作就结束了，项目融资将进入执行阶段。在此期间，贷款银行会通过其经理人经常性地对项目的进展情况进行监督，依据融资文件的说明，参与部分项目的决策，管理和控制项目的贷款资金投入和部分现金流量。然而在传统的融资方式下，只要进入贷款的执行阶段，借贷双方的关系就变得简单明了了，借款人只需按照贷款协议的规定提取资金和按时偿还本息。

贷款银行参与项目可分为三个阶段，即项目的建设期、试生产期和正常运行期。

在建设期，贷款银行经理人将经常性地监督项目的进展，项目方应严格按照预算和项目建设进度提取资金，不能随意提取贷款资金。对于预算外的资金需求，应先修改预算，待审核之后再提取资金。如果贷款资金可以选择多种货币，经理人可以为项目投资者提供各种货币安排上的策略性建议。

在试生产期，贷款银行经理人监督项目试生产情况，对实际的项目生产成本数据与预先估计的成本指标进行比较，确定项目是否达到了融资文件规定的完工标准。

在正常运行期，项目投资者所提供的完工担保将被解除，项目本身产生的现金流被用于偿还贷款的本息。贷款银行经理人将按照规定管理项目产生的现金流，以确保债务的偿还。

五、项目融资的结构

项目融资涉及众多的业务内容，其结构也不完全相同，但一般会分为四个基本模块，即项目的所有权结构、资金结构、融资模式结构和担保模式结构。

（一）项目的所有权结构

项目的所有权结构，即项目的投资结构，指项目投资者对项目资产权益的法律拥有形式和项目投资者之间的法律关系。要确定项目的所有权结构，需考虑到以下因素：项目的产权责任、债务责任、现金流量、决策程序以及项目产品的分配形式和税务结构等。应该在所在国法律法规许可的范围内设计安排符合投资目标的所有权结构。比较普遍的所有权结构有：单一项目子公司、公司型合资结构、合伙制或有限合伙制结构、非公司型合资结构等。

（二）资金结构

资金结构主要反映在项目中股本、准股本资金和债务资金的形式及其相互之间的比例关系上。在资金结构中适当数量的股本和准股本资金为资金结构提供信用支持。在一个具体项目中，资金结构是项目资金来源中股本、准股本、商业贷款、发行债券和融资租赁等之间的比例关系。

（三）融资模式结构

融资模式结构是项目融资的核心。在项目融资中应尽量设计和选择合理、可行的融资结构以实现投资者在融资方面的目标要求。一般是由投资银行根据债务责任的分担要求、贷款资金数量和期限上的要求、融资费用等决定采用什么样的融资方式。常用的融资方式有：项目产品支付融资、杠杆租赁融资、BOT（建设—经营—转让）模式以及 ABS（资产支持证券）模式等。也可以根据投资者的要求，同时采用多种模式进行融资，以实现预期目标。

（四）担保模式结构

对于债权人而言，项目融资的安全性来自两个方面。一是项目本身的经济前景，二是项目之外的各种直接或间接担保。项目担保具有法律效力，担保人承诺向债权人承担协议规定的义务，担保可以由项目投资者提供，也可以由与项目有直接或间接利益关系的其他参与者提供。主要的担保模式有：完工担保、资金短缺担保、长期购买协议、技术服务协议等。另外，项目的信用保证结构与项目本身的经济前景有关，如果项目的经济前景较差，那么项目的信用保证结构就相对复杂，条件就相对严格；反之，项目的信用保证结构就相对简单，条件就相对宽松。

第三节　公司理财业务

理财服务是指利用掌握的客户信息与金融产品，分析客户的财务状况，了解客户的财务需求，为客户制订财务管理计划，并帮助其选择金融产品，以实现客户理财目标的一系列服务过程。公司理财是资产管理业务的一个重要方面，也是信托公司开展投资银行业务的一项重要内容。

公司理财业务是对公司资金的筹集、运用和分配进行综合性管理的活动，目的是要达到风险可控前提下资产和负债的有效组合。信托公司为一般经营性公司提供的理财服务的范畴很大，既包括利用各种财务分析工具对公司财务状况进行分析，也包括信托公司为公司提供各种专项资产管理产品或为公司提供综合的理财服务方案。

信托公司为企业投资理财提供产品或服务，主要体现在两个方面。一方面，信托公司发行各类存款类产品或理财类产品，为企业的闲置资金提供保值增值的投资渠道；另一方面，信托公司为企业提供资产管理、现金管理和委托理财等增值服务，并收取一定的费用。

信托公司为企业客户提供的主要理财工具包括：各类存款产品的组合、中央银行票据、国债等银行间市场产品、信托计划、资本市场的理财产品。

到目前为止，信托公司是唯一可以在货币、资本和实业三大市场实现跨区域投资的金融机构。由于其可进行跨市场投资，具有资产管理投资程序多样化的特点，其投资涵盖了从证券市场到近年来的能源、矿产、房地产市场和政府平台等。同时，必须是符合规定的合格投资者才可购买信托理财产品。2007 年 1 月，银监会发布了《信托公司集合资金信托计划管理办法》，首次提到“合格投资者”这一概念。满足下列条件之一的才可称为合格投资者：(1) 投资一个信托计划的最低金额不少于 100 万元人民币的自然人、法人或者依法成立的其他组织；(2) 个人或家庭金融资产总计在其认购时超过 100 万元人民币，且能提供相关财产证明的自然人；(3) 个人收入在最近三年内每年超过 20 万元人民币，或者夫妻双方合计收入在最近三年内每年超过 30 万元人民币，且能提供相关收入证明的自然人。

案例分析

华润聚金池

下面以“华润信托-聚金池 1 号集合资金信托计划”为例，介绍一下信托公司的公司理财业务。

(1) 信托计划期限。

信托计划期限为 2011 年 12 月 15 日至 2021 年 12 月 15 日，如发生信托文件规定的信托计划终止或延期情形，则信托计划提前终止或延期。

(2) 认购起点。

认购起点为 300 万元（受托人认可的除外）。

（3）信托资金用途。

1）银行存款、货币市场基金、债券基金、交易所及银行间市场债券等高流动性资产，也包括正回购、逆回购、债券远期交易等交易手段。

2）具有担保、结构化安排等增信手段的固定收益类金融资产，包括但不限于信托产品或信托受益权、附加回购的债权或债权收益权、附加回购的非上市公司股权收益权、有限合伙企业的有限合伙份额。

3）具有担保、结构化安排、止损措施等增信或保本手段的金融资产，包括但不限于结构化金融产品的优先部分、有限合伙企业的有限合伙份额。

4）投资范围限制：本信托计划不得直接买入银行信贷资产、股票二级市场直接投资、QDII 产品以及高风险的衍生产品，包括股指期货、股票期货、股指期权、股票期权等。

（4）信托净收益。

目前，该信托计划共设置定期型及对接型两类信托单位，其中定期型包括 2 周型、1 个月型、2 个月型、3 个月型、6 个月型、9 个月型、1 年型等七类信托受益权。

本信托计划项下定期型信托单位的预计净收益＝认购本金×实际存续天数×该份定期型信托单位认购时的预期年化收益率/365；本信托计划项下对接型信托单位的预计净收益＝认购本金×实际存续天数×该份对接型信托单位存续期限对应的预期年化收益率/365。

（5）受托人尽职管理情况。

该信托的受托人针对该信托计划的运作特点，通过定期和不定期的风险监控及风险预警机制，及时发现运作过程中可能出现的风险状况，并采取相应的风险规避措施，确保信托计划合法、合规、安全、正常运行。

（6）产品优势。

1）资金用途稳健，投向优选：华润信托设立投资决策委员会，负责项目日常运营中的决策问题。当进行资金运用时，华润信托依据资金来源的期限结构动态配置，具有完善的筛选标准和资产准入策略。自 2002 年以来，华润信托发行的固定收益产品全部实现预期兑付。

2）风控措施严格，安全有保障：该信托达到一定规模后，适度分散客户来源，每期募集的信托单位类型适度分散，对每类信托单位的募集规模也进行控制。当资金投向华润信托发行的其他信托产品时，若产品出现流动性风险，华润信托指定第三方购买该资产。

3）收益率高于市场同类产品：该信托收益率紧盯市场同类理财产品收益率，并做一定比例上浮，保证投资者的信托利益。该信托计划是一款短期现金管理产品，风险低，投资项目具有完善的风险控制措施，属稳健型产品。

案例分析

吉利收购沃尔沃

2010 年 3 月 28 日，吉利控股集团（以下简称“吉利”）宣布在沃尔沃汽车公司（以下简称“沃尔沃”）所在地瑞典哥德堡与福特汽车公司（以下简称“福特”）签署最终股权收购协议，以18亿美元的代价获得沃尔沃100%的股权以及包括知识产权在内的相关资产。作为中国汽车业最大规模的海外收购案，吉利上演了一出中国车企“蛇吞象”的完美大戏。吉利董事长李书福评价说：“这如同一个农村来的穷小子追求一个世界顶级的明星，这是一场盛大的跨海婚礼。”

1. 收购背景

1999年4月，福特正式收购沃尔沃。然而福特在2008年的经营情况并不是很理想。2008年金融危机爆发，福特出现巨额亏损，不得不卖掉那些不赚钱的品牌，决定出售沃尔沃业务。到2008年底，福特的汽车业务债务为258亿美元，即使减债成功，仍然有100多亿美元的缺口。沃尔沃在2008年销量仅为约36万辆，同比降幅达20%以上，总收入出现了大幅下滑，由2007年的约180亿美元跌至约140亿美元。福特2009年财报披露，2009年沃尔沃累计亏损达到税前6.53亿美元。因此，卖掉沃尔沃是福特降低成本、减少债务、改善财务状况、重新实现盈利的重大战略决策之一。

相比沃尔沃的背景，吉利的条件略显单薄。首先，吉利是一个低端车的品牌，而沃尔沃为高端汽车品牌，可想而知收购难度不小。其次，吉利的资金实力不足，截至2008年底，吉利控股的资产总值为140亿元，2008年利润额约为10亿元。2009年上半年，吉利控股的香港上市公司吉利汽车的销售量为13.8万辆，销售收入为59.5亿元，净利润为5.96亿元。不过吉利的一大优势在于，中国汽车产业快速发展。2009年在欧、美、日等主要豪华车市场大幅萎缩的背景下，中国豪华车市场却以超过40%的速度在增长。

2. 收购过程

2007年9月，李书福通过公关公司向福特阐明了收购沃尔沃的想法，但此时的吉利还未组成专业的收购团队，其收购意向也没有引起福特重视。

2008年初，在底特律车展，李书福在公关公司的帮助下第一次见到了福特财务总监、董事会办公室主任和采购总监等一干人。在此次会面以后，李书福回国后就开始组建吉利收购沃尔沃的专业团队，首先主动约见了在汽车产业界颇具声望的罗斯柴尔德银行大中华区总裁俞丽萍。

2008年12月，吉利负责人李书福组建了包括富尔德律师事务所、德勤会计师事务所、洛希尔银行等在内的项目团队，正式开始运作收购沃尔沃项目。

2009年1月，又一年底特律车展，李书福带着顾问团队与福特高层进行了接洽，吉利的认真态度最终让福特表示一旦出售沃尔沃，将第一时间通知吉利。

2009年3月，吉利在国内与政府的沟通最终得到了回复，获得了国家发改委的支持函。

2009年4月，福特首次开放数据库，项目团队开始阅读6 473份文件，通过十多次专家会议、2次现场考察、3次管理层陈述，吉利收购团队开始真正了解沃尔沃的状况。

2009年7月，吉利向福特递交具有法律约束力的标书并获得通过。

2009年10月，福特宣布吉利成为沃尔沃的首选方。

2009年12月，福特对外宣布已和吉利达成框架协议。

2010年3月28日，吉利与福特在瑞典哥德堡正式签署吉利收购沃尔沃的协议。

2010年8月2日，吉利完成对沃尔沃及相关资产的收购。

3. 收购交易框架

此次收购以在国内及海外设立特殊目的项目公司的形式进行。为便于收购，吉利成立了北京吉利万源国际投资有限公司（以下简称“吉利万源”）和北京吉利凯旋国际投资有限公司（以下简称“吉利凯旋”）作为国内的收购主体。

吉利万源最初由北京吉利凯盛国际投资有限公司（以下简称“吉利凯盛”）出资2 000万元成立，随后，其注册资本剧增至71亿元人民币。其中，吉利凯盛投资由2 000万元增至41亿元，占注册资本总额的57.75%；大庆市国有资产经营有限公司增资30亿元，占注册资本总额的42.25%。

吉利凯旋与吉利万源几乎同时注册，吉利凯旋的注册资本为1 000万元。按照18亿美元的收购价格折算，李书福的这次收购需要超过120亿元人民币。吉利万源的注资已经完成，那么下一步50多亿元的融资缺口需要通过吉利凯旋来满足。吉利万源和吉利凯旋将通过在瑞典设立一家全资的特设公司来持有沃尔沃的股份。

4. 收购团队的作用

收购团队组建之后马上开展了三方面的工作：第一，对目标公司进行深入、全面、细致的了解和研究；第二，制定收购的总体战略；第三，制订整个操作的细致时间表和规划。然后收购团队花了整整一年的时间，做出了第一份收购建议书并提交给福特。2009年4月，吉利进行了全面尽职调查，整个调查持续了4个月之久。吉利聘请的财务顾问、会计师顾问、法律顾问全面参与了尽职调查过程。

收购团队在公关、收购后整合、公司估值、卖方协调等方面发挥了巨大作用，做了大量的准备工作。收购启动之初，吉利便聘请了罗兰贝格对沃尔沃项目展开为期100天的内部审查。此后，吉利又聘请德勤会计师事务所研究收购完成后的企业整合工作，包括国内市场营销、网点分布、物流及全球联合运营。罗斯柴尔德集团旗下的洛希尔银行作为收购项目的财务顾问，负责对卖方的总体协调，并提供对沃尔沃的估值分析。富尔德律师事务所负责收购项目的相关法律事务。博然思维集团作为项目的公关顾问，负责项目的总体公关策划、媒体战略制定和实施。

5. 收购资金安排

吉利收购沃尔沃100%的股权用了18亿美元，再加上后续运营资金等资金，总计是27亿美元。而吉利2009年的销售收入只有165亿元人民币，利润不过是十几亿元人民币，如此庞大的收购资金对于吉利而言不是一个小数目。此次收购获得了来自国有银行以及地方政府甚至中央银行的大力支持。中国银行浙江分行与伦敦分行牵头的财团承诺为吉利提供五年期贷款，金额接近10亿美元，吉利还与中国进出口银行签署了贷款协议。大庆、成都等竞争沃尔沃国产项目的地方政府，也表示愿意为吉利提供至少5亿美元资金。此外，吉利自身在中国香港上市，拥有较强的造血能力。2009年9月，吉利旗下的香港上市公司——吉利汽车获得了高盛3.3亿美元的资金。瑞典和比利时政府也为吉利在当地的低息贷款提供担保。由于高盛的介入和收购沃尔沃的前景被资本市场所看好，吉利H股由2009年8月28日的1.81港元/股上升至2010年4月1日的4.15港元/股，融资空间进一步打开。

6. 吉利选择沃尔沃的动因

吉利之所以重金收购沃尔沃，看中的是沃尔沃的品牌价值和核心技术。在收购沃尔沃之前，吉利就已经开始了从低端品牌向中高端品牌发展的战略转型。吉利提出了“生产世界上最环保、最安全的车”的主张，正是基于这一战略思想，沃尔沃成为吉利的首要购买对象。具体来说，吉利收购沃尔沃的主要动因有以下三个：

第一，获得先进核心技术。沃尔沃不仅在品牌上具有相当大的价值，而且还把握了汽车行业未来最大的两个趋势——安全和新能源。

第二，汲取高端人才。一直以来吉利汽车在价格和外观上都给人以“草根”的印象，而要转变这个印象，一定需要有出色的工业设计人才和品牌策划人才。

第三，学习系统的市场营销模式。沃尔沃通过体育营销和大成本营销，让自己的品牌和“绅士精神、挑战极限、高尚生活”紧密地联系在了一起，锁定了追求生活质量、关注安全和环境并且又不爱张扬的用户群体。能够近距离地学习外资品牌的营销策略，对吉利以及中国自主品牌的车企来说，都是未来走向世界的前提。

7. 沃尔沃选择吉利的原因

第一，中国市场需求较大。沃尔沃选择了吉利其实是选择了中国。受国际金融危机的冲击，2009 年全球豪华车市场大幅萎缩。奔驰、宝马、奥迪等一线豪华品牌年销量均出现了较大幅度的下滑，与此同时，中国豪华车市场却以超过 40%的增速高速增长，其中，沃尔沃轿车 2009 年在中国的销量增长了 80%以上。因此，对于沃尔沃轿车来说，若想尽快扭亏为盈，选择吉利这一中国买家显然是个明智的抉择。沃尔沃要振兴，选择中国市场非常重要，因为中国高端豪华汽车市场潜力很大。

第二，吉利对沃尔沃的解读。吉利研究沃尔沃这个企业已经有 8 年多了，正式跟福特沟通和讨论这个问题，也有 3 年多了。吉利对沃尔沃的理解、对汽车行业的理解和对福特的理解，以及吉利本身的核心竞争理念，等等，都是福特选择吉利为沃尔沃新东家的非常重要的影响因素。

第三，吉利本身的成长。吉利近年来的快速发展、对知识产权的尊重、善于学习的企业文化、海外收购的成功经验、为沃尔沃制订的雄心勃勃的发展规划，以及掌舵人李书福的个人魅力，也是福特选择吉利为沃尔沃新东家的重要原因。

本章思考题

一、名词解释

1. 认股权证
2. 毒丸计划
3. 降落伞计划

二、简答题

1. 企业并购的动因主要体现在哪几个方面？
2. 企业出于什么样的目的才会实施横向并购及其风险如何？
3. 在企业并购中，如何合理地对目标企业进行定价？
4. 反并购措施主要包括哪几种？
5. 在有限追索权的项目融资中，这种有限追索性主要表现在哪几个方面？
6. 项目融资与一般公司融资的主要区别是什么？
7. 在《信托公司集合资金信托计划管理办法》中，满足什么样的条件才可被称为合格投资者？

第八章

公益信托

导入案例

公益信托是一种典型的资金与其他财产相兼的信托。这类信托的初始信托财产可以是货币，也可以是有价证券、股权、不动产等其他类型的财产。它们之所以被归为同一个类型，是因为其信托目的的相同性。信托以实用性广、制度灵活等优势在实践中广泛应用于民事、商务、公益等诸多社会生活领域。当下，信托机构跨界合作日益频繁、创新业务屡有突破，不仅提供传统金融服务，而且在服务小微、热心公益等方面也均有探索。

以"紫金·厚德"系列信托计划为例，其设立是为了救助困难家庭中罹患大病的儿童。与公众比较熟悉的自益类集合资金信托计划相比，公益信托具有鲜明的特点，其是为了一般或特定公益目的而设立的，属于他益类信托，这是其与常见的集合信托最根本的区别。

"紫金·厚德"系列的运作实践充分体现了信托制度在开展公益活动中的强大生命力。在扩大公益资金来源方面，除了依托本公司客户资源，"紫金·厚德"系列还开发出本金捐赠和信托收益捐赠两种方式，方便客户实施捐赠。在资金运用方面，"紫金·厚德"系列将救助对象确定为贫困家庭中罹患大病的儿童，以此作为对公共医疗保障短板的有效补充，在捐赠人群中实现了广泛的公益靶向的认同。

第一节　公益信托的定义、意义与特征

一、公益信托的定义

公益信托在英美法上被称为 charitable trust 或 community trust。公益信托是私益信托的对称，严格意义上的公益信托是指完全以发展公益事业为目的并以全社会或部分社会公众为受益人的信托。更具体地说，公益信托是指委托人将财产或者财产权转移给受托人

或为其他处分，由受托人为救助贫困或者发展文化、教育、医疗、卫生、环境保护、科学技术事业，或为其他公共利益，管理或处分信托财产的信托行为和信托关系。

严格意义上的公益信托必须完全以“慈善事业”或“社会公益”为信托意图，仅具有部分公益目的或者信托财产可以用于非公益目的的信托不构成有效的或者完全的公益信托。

作为信托的一种，公益信托与其他信托种类的不同之处在于其设立的目的，而并非在于设立信托时初始信托财产的特殊性。也就是说，只要信托目的是公益的，则无论信托财产是什么，信托的管理方式如何，都被归类为公益信托。因此，公益信托是多种不同种类信托的集合体或者总称，其共同特点是信托目的的公益性。

在英美法系国家，公益信托与慈善信托实际上为同义词。依照信托法理论，公益信托中的慈善事业意指对社会有价值或有重要社会意义的事业。但根据衡平法原则，公益信托旨在发展的慈善事业仅包括济贫事业、教育事业、宗教事业和其他造福社会的事业四类。

大陆法系国家和地区通常以列举与概括相结合的方式定义公益信托。我国台湾地区的信托相关规定为：“称公益信托者，谓以慈善、文化、学术、技艺、宗教、祭祖或其他以公共利益为目的之信托。”日本和韩国也都采取了相同的方式对公益信托予以规定。我国的《信托法》对公益信托的界定也是采取列举的方式，对公益信托的范围做了规定。

《信托法》对公益信托列举的内容与《中华人民共和国公益事业捐赠法》（简称《公益事业捐赠法》）规定的公益事业的范围是一致的，是根据我国的实际情况，需要给予帮助和大力发展的事项。具体包括七项：（1）救济贫困；（2）救助灾民；（3）扶助残疾人；（4）发展教育、科技、文化、艺术、体育事业；（5）发展医疗卫生事业；（6）发展环境保护事业，维护生态环境；（7）发展其他社会公益事业。

在语言表述和具体规定上各国可能不尽相同，但是从公益信托的实质性含义出发，公益信托都是指以实现公共利益为信托目的的信托。应该说，公益信托核心的特质是信托目的的公益性。

按照英美法的传统，仅具有部分公益目的或者信托财产可以用于非公益目的的信托不构成有效的公益信托。我国的《信托法》第六十三条也规定：“公益信托的信托财产及其收益，不得用于非公益目的。”这个规定强调了公益信托只能是纯公益信托的原则，与英美法系不允许有混合目的的信托存在的原则是一致的。但是，鉴于中国公益信托尚处于发展的初级阶段，我们还是倾向于将具有部分公益性的信托都归类为公益信托。

二、公益信托的意义

利用信托方式开展公益事业具有特殊的积极意义，这主要是因为信托方式引进了受托人来管理财产。其意义具体而言包括：第一，通过信托方式，信托机构可以广泛接受社会上分散的委托人的捐款资金，统一运用，集中办理具有特定目的的公益事业，信托在集聚社会资金方面可以起到特殊的作用；第二，信托机构在信托资金的投资运用中更为专业，加上信托财产的受托管理人与保管人之间的制衡、信托监察人的监督，信托机构在保证信托资金的安全使用和稳定收益方面具有特殊优势；第三，公益信托还必须接受社会公众监督，从而使得信托资金合理地运用于公益性事业更加有保障，可以更好地为社会服务。

目前世界上多数公益信托在管理运营过程中并不动用信托本金，而只是使用信托收益资助公益事业，这样实际上相当于扩大了公益信托的规模，可以使公益事业持续永久发展下去。

总之，开展公益信托业务可以直接推动社会公益事业的发展，有利于提高社会的整体福利水平。

根据《信托法》对公益信托的定义，其公益的内容主要体现在以下几个方面。

（1）救济贫困。救济贫困是各国信托法公认的一项重要的公益信托目的。通过公益信托帮助贫困者，也是维护社会公平、维持社会稳定的一个重要手段。一般来说，下列行为都属于救济贫困：第一，对贫困者、孤寡老人和其他生活困难的人提供一般性经济资助，或者资助其生活费、医疗费等费用，或者给予物质资助。第二，直接收养、照顾孤寡老人及孤儿弃婴等；第三，为穷人建立免费施舍食物处、济贫院、护理所等。

（2）救助灾民。这是指在发生自然灾害或者其他灾害时，直接向灾民提供资金和物质，帮助灾民解决生活、生产困难等。

（3）扶助残疾人。残疾人是指身体存在残疾障碍者，是社会的弱者，其劳动能力一般受到限制，生活一般比较困难。帮助残疾人是整个社会的责任。

（4）发展教育、科技、文化、艺术、体育事业。教育、科技、文化、艺术、体育事业的范围比较广泛，只要提供财产设立信托的目的是发展这些事业，都可以被称为公益信托。比如出资设立学校或者维持现有学校的运行，如设立奖学金、帮助贫困学生，设立或资助新专业、新学科、新课程等，出资设立或者维护博物馆、美术馆、图书馆，资助公共艺术团体或组织，资助公共体育运动以及资助相关的科学研究等。

（5）发展医疗卫生事业。这是指设立或者维护公益性的医院、诊所，救助某种疾病的患者或者一般性地救助病人，资助医学研究等。

（6）发展环境保护事业，维护生态平衡。《公益事业捐赠法》已经明确，发展环境保护事业、维护生态平衡属于公益目的，《信托法》则再次确认了环境保护事业的公益性。这方面的信托是指通过出资或者以财产设立信托，用于防止或清除环境污染、植树造林、采取措施防止沙漠化危害、科学处理工业废料和生活垃圾等致污物，以及进行环境保护方面的科学研究等。

（7）发展其他社会公益事业。由于公益事业的范围会随着社会、经济的发展而变化，采用列举的办法确定公益事业的范围，显然难以适应这种变化。为此《信托法》通过增加这项规定，以便适应相应的公益项目。

在许多国家和地区，戒毒、戒酒，建立和维护社会公众休闲设施等公共设施，保护动物不受伤害，增强国家的防御力量和发展宗教等，也被看成是公益事业。

三、公益信托的特征

1. 一般特征

设立公益信托的目的必须与发展公益事业有关，即必须是为了救济贫困、救助灾民、扶助残疾人，发展教育、保护环境等社会公共利益目的而设立的。公益信托只能是他益信托。

公益信托由于关系到公共利益，且一般享受税收等方面的优惠，因此，对公益信托必须有严格的判定标准。根据英美信托法的理论与审判实务，公益信托的成立必须具备以下条件：

（1）公益目的。信托目的必须具有公益性。公益信托以公共利益为目的，其信托目的必须实质上有利于社会公众的利益。设立有效的公益信托，其信托目的必须是法律确认的公益目的。

英美法院在实践中对公益目的的判定标准以英国《公益事业法》的规定为基础，该法列举了公益目的的内容，学者将其概括为十类公益目的。此外，《美国信托法重述》规定公益目的包括救济贫困、发展教育、发展宗教、增进健康、政府或社会目的及其他有利于社会利益实现的目的。大陆法系国家的信托法对于公益目的，也是采取了列举的方式。比如《韩国信托法》规定，以学术宗教、祭祀、慈善、艺术等公益为目的的信托为公益信托。我国的《信托法》也不例外，同样规定了公益信托是为了公共利益目的而设立的。

（2）公共利益。公益信托不仅以公益为目的，而且其实现必须确实能促进公共利益。具体而言，其标准包括：第一，信托的目的必须有明显的本质上的社会利益。有些信托目的从表面上看具有公益性，但是实质上不具有公共利益，对这种信托，不能认定为公益信托。第二，受益人不特定。成立公益信托，必须使整个社会的成员或者其中的相当一部分人受益，受益人范围必须是明确的，但具体受益对象并不确定。公益信托与私益信托最大的区别是，设立私益信托时必须有明确的具体的受益人，否则信托不能成立；而公益信托成立时的受益人是不确定的，是社会公众或者社会公众中的一部分。当然，公益信托的委托人可以对受益人的范围或者人数作出规定。委托人可以规定或者限定受益人的人数，甚至规定受益人享受的信托利益的数量。但是，受益人不特定，并不必然是公益信托。因此，判定公益信托是否具有公共利益，要从以上两方面综合考虑，缺一不可。

（3）绝对的公益性。绝对的公益性即信托目的必须具有明确的公益性，如果包含多个信托目的，必须全部为公益目的，不能兼具私益目的。同时，不能因公益信托的管理而使私人获利，但合理报酬除外。因此，概括起来讲，公益信托的目的必须具有绝对的排他的公益性，不得包含非公益目的或从中获取私利。

一般认为，只有完全符合以上三个条件的信托，才属于公益信托。具备部分公益性质的，则只能属于公益与私益兼有或者混合的信托。

对于绝对的公益性的理解，人们是有不同看法的。有一种观点认为，公益信托的设立必须是完全为了公共利益。而且，信托目的不止一个的，每一个目的都必须是公益目的。假如某信托的多个信托目的中，既有公益目的，因此也有有限公益目的，就不能确定哪些财产用于公益目的，因此该信托包括非公益因素，不能构成公益信托。信托的公益性质排除了私人利益的可能性。

但是，也有人认为，如果委托人设立信托，将部分信托收益指定给特定的人，其他信托收益则归属于公益目的的受益人，信托目的是改善这部分受益人的福利，或者信托目的具有特定的公益性，则这种信托也是一种公益信托。这类信托的典型代表是所谓慈善性剩余信托，也就是捐款人可将一部分信托收益用于自己及家庭的生活，而将剩余部分转给慈善机构或者公益机构。

另外，我们认为，绝对的公益性也不应当排除委托人或者其指定的其他人在公益信托终止时作为信托财产的归属者。这种情况就是，信托财产的本金部分并非捐赠性质的，只有信托财产所产生的收益才被用于公益事业。

2. 公益信托与私益信托的区别

公益信托与私益信托的差异较大，主要区别如下：

（1）严格意义上的公益信托的存续期通常是无限的，私益信托的存续期一般是有限的。公益信托具有无限延续性，公益信托的某一信托意图的实现或某些受益人的死亡并不能导致公益信托的消灭。即使信托目的已经实现，也适用近似原则，将剩余的信托财产用于类似的公益目的。私益信托则通常都有一定的存续期，通常私益信托的存续期不得超过信托合同或者信托文件规定的年限。

（2）公益信托与私益信托对信托目的的确定性要求不同。私益信托的信托目的必须具体、明确，其受益人也必须是确定的或者是可以确定的，否则信托无法生效。而公益信托正好相反，它的信托目的可以是明确的，也可以是概括的。公益信托不以严格确定的信托目的或者意图为成立要件和存续条件；在公益信托的公益宗旨明确的情况下，其含混的信托目的可经司法程序补充确定，在公益信托的具体目的已经实现或不可能实现的情况下，可经司法程序按照力求达意原则变换信托目的，使受托人将信托财产用于尽量接近于财产授予人或者委托人所希望达到的目的。

（3）公益信托以不特定的社会公众、一定范围或某一类型的社会公众为受益人，不以受益人的特定化为成立条件，不适用禁止变换受益人原则。按照酌定信托规则，公益信托的受托人有权决定并变换向公众受益人中的一部分履行利益给付。而私益信托的受益人则必须是特定的。

（4）公益信托对受托人有着特殊要求。公益信托涉及社会公共利益，因此对受托人的资格有所限制，或者比其他的民事信托对受托人有着更加严格的资格规定。例如，英国的有关法律规定，曾有涉及不诚实或欺诈的违法行为者、在管理公益信托过程中出现不当或者管理不当者、没有资格担任公司董事的人等，不能担任公益信托的受托人。而我国目前只有《信托公司管理办法》明确规定信托公司可以作为公益信托的受托人。

（5）公益信托的监督管理比私益信托更加严格。公益信托的委托人可能是人数众多的社会公众，受益人则是不特定的社会公众，因此，法律一般规定，公益信托的设立应当经过有关机关的批准，大多数公益信托的设立和信托目的的变更必须向管理社会公益的政府机关履行审批或者备案登记手续。公益信托必须设立信托监察人以便代表受益人的利益监督受托人，必要时提起诉讼或者采取其他法律行动。而且，相应的公益事业管理机构也有权监督公益信托的受托人。在公益信托中，对财产受托人的监督、控制，以及对信托财产的诉请执行依法由政府有关机关代为行使，信托受益人不具有直接请求权。《信托法》规定，公益信托的设立和确定其受托人，应当经有关公益事业的管理机构批准。未经公益事业管理机构批准，不得以公益信托的名义进行活动。公益信托应当设置信托监察人。信托监察人由信托文件规定。信托文件未规定的，由公益事业管理机构指定。

（6）公益信托与私益信托的终止和解除事项存在明显差异。《信托法》对于私益信托终止情形的规定是：信托文件规定的终止事由发生；信托的存续违反信托目的；信托目的已经实现或者不能实现；信托当事人协商同意；信托被撤销；信托被解除。

上述情形未必适用于公益信托。第一，公益信托的信托财产经常是捐赠性质的，受益权的权利归属人是不特定的社会公众，其信托目的实现后，公益信托终止后没有权利归属人或者权利归属人是不特定的社会公众的，经公益事业管理机构批准，受托人应当将剩余信托财产用于与原信托目的类似的目的，或者转移给具有类似目的的其他公益信托或者公益组织，这就是公益信托中的类似原则。第二，公益信托是为了公共利益目的设立的，受益人是不特定的社会公众，因此，当事人中的受益人是不可能与其他当事人协商终止信托的。第三，《信托法》规定，受益人对委托人有重大侵权行为，或者经受益人同意，则委托人可以解除信托。由于公益信托的受益人是不特定的社会公众，所以不可能出现受益人对委托人有重大侵权行为或者经受益人同意解除信托的情况。

3. 公益信托中的“类似原则”

如前所述，公益信托中的类似原则的适用是公益信托与私益信托的一个重要差异。私益信托终止后，如果信托文件中未规定信托财产的权利归属人，按照法定顺序，依次由受益人或者其继承人、委托人或者其继承人为信托财产的权利归属人。但是对于公益信托，除非在信托文件中规定了明确的权利归属人，否则信托财产不会归属于某受益人、委托人或者他们的代理人。信托财产将用于与初始信托“尽可能相似”的其他一些公益目的，从而使公益信托能够继续存在下去。这就是英美法中著名的“类似原则”。

日本、韩国的信托法都存在有关类似原则的规定。《日本信托法》规定，公益信托终止，无信托财产权利归属人的，主管机关需要依信托本旨，为类似目的，使信托继续存在。日本、韩国一些大陆法学者将此称为“公益信托的继承性”。

日本、韩国信托法中的类似原则与英美法中的不同之处主要是：第一，适用机关不同。日本、韩国规定实施的机关是公益信托的主管机关，在性质上属于行政机关。英美法的规定是法院，属于司法机关。第二，适用范围不同。日本、韩国信托法中的类似原则适用于公益信托终止时无信托财产权利归属人的情况；而英美法中的类似原则适用于公益目的不能实现的各种情况，范围比较广泛。

我国的《信托法》对公益信托也规定了“类似原则”。主要内容包括：

(1)《信托法》规定了“类似原则”适用的前提，即公益信托终止，没有信托财产权利归属人或者信托财产权利归属人是不特定的社会公众，也就是说，如果在公益信托文件中明确规定了信托终止后信托财产的权利归属人，就不能对该信托适用“类似原则”。“没有信托财产权利归属人”是指在信托文件中没有规定谁是信托财产的权利归属人。“信托财产权利归属人是不特定的社会公众”是指在信托文件中笼统地规定信托财产归某一社会群体或某类社会公众，但仍不能确定具体的人员。

(2)《信托法》规定了关于实施“类似原则”的审批，即规定在实施“类似原则”时，须经公益事业管理机构批准，这是公益事业管理机构对公益信托实施管理的延伸和继续。已经终止的公益信托的信托财产转交给新的公益信托或公益组织，是否与原公益信托的目的和性质相同或近似，要由公益事业管理机构把关认定。

(3)《信托法》规定了“类似原则”的具体实施方法，也就是由受托人将信托财产用于与原公益目的相近似的目的，或者将信托财产转移给具有近似目的的公益组织或者其他公益信托。前者是指使信托关系存续，将信托财产用于与原公益目的相近似的目的。后者是指将该信托财产转移给与原信托具有近似目的的公益组织，或者将该信托财产转移给与原信托具有近似目的的其他公益信托。

4. 公益信托与作为公益法人的基金会的区别

在《信托法》施行前，一般个人或者机构如果想要从事公益活动，只能成立公益性质的社团法人或财团法人，即公益法人机构，最常见的是成立财团法人性质的基金会。在《信托法》施行后，则可以依《信托法》成立公益信托。

公益信托与作为公益法人的基金会的主要不同如下：

(1) 在设立的法源、方式及存续期间方面存在本质性差异。

公益法人一般须依民法或者专门的民法特别法成立，除须经主管机关许可外，还必须办理法人注册登记。

我国的基金会在2004年之前都是依照1988年9月国务院发布的《基金会管理办法》实施管理的，从2004年6月起，新的法规《基金会管理条例》施行。按照第一个法规，基金会是指对国内外社会团体和其他组织以及个人自愿捐赠资金进行管理的民间非营利性组织，是社会团体法人。而第二个法规也有类似的规定。作为非营利的法人团体，基金会需要在民政部门办理注册登记。

公益信托则依《信托法》设立，不具有法人资格，其设立仅须经公益事业主管机关批准，不需要办理注册登记，因此在设立上比较容易。另外，公益法人成立后不得任意解散，但公益信托则无此问题，因此对于不具永久存续性质的公益活动，公益信托可以为我们提供较为弹性的选择。

公益信托的财产是独立的信托财产，委托人、受托人和受益人的债权人均不得强制执行。但是，基金会的资产是法人资产，财产不具有独立性，不存在破产风险隔离机制。

(2) 在设立的方式上，公益信托主要通过信托合同设立，也可以通过遗嘱设立。而基金会依照基金会章程等文件设立。

(3) 就财产的提供额度及运用而言，公益法人为确保其永续性，一般均在章程中规定有设立捐助的最低财产额，而且原则上仅能动用利息，不得处分其捐助财产，因此营运上受到的限制较多。我国的有关法规也规定，根据基金会的种类，成立基金会必须具有一定规模的原始基金。《基金会管理条例》第八条规定，全国性公募基金会的原始基金不低于800万元人民币，地方性公募基金会的原始基金不低于400万元人民币，非公募基金会的原始基金不低于200万元人民币。而公益信托不存在上述规模限制问题，其规模的大小取决于信托财产的规模与委托人的多寡，其在成立及营运方面有非常大的弹性。

(4) 就常设机关、人员设置及事务执行和监督而言，公益法人必须设立专门的办事机构，设立理事会，并聘任专门的职员进行法人机构的管理。但公益信托的管理由受托人为之，并不需要专门的机构与人员进行管理运营，可节省费用，提升营运效率，可将更多财产用于公益目的。

公益信托因设置监察人，实行的是外部监督机制，有助于公益目的的达成。而一般公益法人依民法及主管机关的规定，采用的是内部监督机制。

当然，基金会也可以采取信托方式管理运用其名下的财产。如果基金会不是自己亲自管理财产，而是选择受托人管理其名下的部分或者全部财产，则受托人管理的财产构成信托财产。由于基金会本身几乎都是为公益目的而设置的，其信托目的也是公益的，因此这类信托也构成公益信托。著名的诺贝尔奖金（基金）就是采取信托方式管理和运营的，因此，也是一个公益信托。诺贝尔基金会成立于1896年，其基金资产为诺贝尔本人捐献的920万美元。基金会每年须颁发5个（以后又创设经济学奖，现共为6个）奖项，支付高达数百万美元的奖金。因此，公益信托与基金会并非绝对对立或者没有关联。

第二节 公益信托业务规范

一、公益信托的主要关系人

公益信托与其他一般信托在当事人方面存在显著的差异：一是公益信托的受益人不是特定的，而是特定范围的；二是公益信托必须设置信托监察人，这是法律强制要求的。

1. 委托人

公益信托可以以社团、基金会等机构为委托人，也可以以社会公众为委托人。

单一机构或者自然人作为委托人的，为单一信托。多个自然人和机构作为委托人的，为集合信托。

设立公益信托应当由委托人或受托人提出申请。委托人只有一人或者数人的，可以直接向公益事业管理机构提出设立公益信托的申请；委托人人数众多，或者是不特定的社会公众的，宜由受托人提出申请。

2. 受托人

受托人是指接受委托人之委托，管理运用信托财产的机构或者个人。在中国，公益信托的受托人必须经过有关政府机构审查批准，取得受托管理信托财产的资格，一般企业和其他机构未经批准不得自行出任受托人。

在目前中国的法律制度架构之下，只有信托公司的公益信托受托人身份是明确得到法律认可的。

3. 受益人

公益信托的受益人是在信托设立时由信托文件确定范围的不特定的社会公众。公益信托成立时的受益人只有范围是确定的，是社会公众或者社会公众中的一部分，但不是特定的。这是公益信托与其他私益信托本质上的不同。当然，公益信托的受益人必须有一个确定的范围，否则，信托就不能成立和生效。

4. 信托监察人

信托监察人是指根据法律和信托文件的规定，监督信托财产管理运用事务的个人或者机构。《信托法》规定，公益信托必须设置信托监察人。

根据《信托法》，信托监察人由信托文件规定，信托文件未规定的，由公益事业管理机构指定。也就是说，公益信托监察人的选任有两种方法：一是由委托人指定；二是委托人未指定的，由公益事业管理机构指定。

《信托法》并未对信托监察人的资格、职责和履行职责的方式以及信托监察人是否可以为多个等作出规定。信托监察人应具备一定的资格，应当由相关领域内的资深专家、政府官员或专业机构或者组织担任。为了保证委托人的权利，还可以通过委托人大会的形式从委托人中推选1～2名代表作为共同信托监察人。

5. 公益事业管理机构

公益事业管理机构指依照法律规定负责主管有关公益事业的政府有关部门。例如，医疗卫生事业的公益事业的主管机关是卫生行政主管部门，因此，设立医疗卫生事业的公益信托，应当经卫生行政主管部门批准。环境保护的公益事业的主管机关是政府环境保护部门，设立环境保护公益信托，应当经过政府环境保护部门的批准。

批准设立公益信托的公益事业管理机构，对相应的公益信托活动和受托人处理公益信托事务的情况，有权依法进行检查和监督。

公益事业管理机构虽然不是信托的当事人，但是是有权批准信托设立及监督受托人管理运营信托财产的权力机关，是公益信托的设立所不可缺少的关系人。

公益信托与其他信托相比，存在的特殊性是：第一，公益信托的受托人有严格的资格限制，受托管理信托财产需要经过政府批准或者登记注册；第二，公益信托必须设置监察人；第三，公益事业主管政府机关有权审批信托的设立和受托人，并对信托的运作行使监督权。因此，应对受托人、监察人及公益信托的审批机构进行重点介绍。

二、公益信托的受托人

1. 受托人确定的政府审批

《信托法》规定，设立公益信托、确定受托人应当经公益事业管理机构批准，未经批准，不得以公益信托名义进行活动。公益信托的受托人未经公益事业管理机构批准，不得辞任。

值得强调的是，公益信托不但设立要经过政府有关机关批准，受托人的确定也必须经过政府的批准。这主要是由于公益信托涉及社会公共利益，因此，对公益信托的管理和监督要大大严于私益信托。这并不是中国特色，各国的情况基本相同。就公益信托的设立环节来看，英美法要求向有关机关履行登记注册手续。英国规定，公益信托的设立，应当由受托人向公益委员会办理登记手续。公益信托一经登记，即具有“公益性”，可享受法律上的优惠。该项登记工作要受到公众的公开监督，任何人都可以查阅公益信托的登记事项。日本、韩国等大陆法系国家规定，设立公益信托必须经有关机关批准。《日本信托法》规定，公益信托的受托人须经主管官署批准。

2. 受托人的资格

《信托法》没有专门对公益信托的受托人资格进行特别规定，其对一般受托人的规定适用于公益信托的受托人。按照《信托法》的规定，受托人应当是具有完全民事行为能力的自然人、法人，而法律、行政法规对受托人的条件另有规定的，从其规定。在此基础上，《信托法》规定公益信托受托人的确定要经公益事业管理机构批准，这是对公益信托的特别规定，目的是在公益信托受托人选任这一环节严格把关，以确保公益信托目的的实现。因为受托人在信托活动中起着举足轻重的作用，信托目的是通过受托人管理或者处分信托财产来实现的，受托人是否能够胜任，直接关系到受益人的利益。也就是说，考虑到公益信托的社会公益性，为了保护公共利益，《信托法》明确规定公益信托受托人的确定要经公益事业管理机构批准。

3. 公益信托受托人的主要职责

受托人的基本职责是依照信托文件的规定管理运用信托财产，保证信托目的的充分实现。《信托法》规定的受托人必须履行各种职责与义务，公益信托的受托人也是不能例外的。除此之外，《信托法》第六章专门规定了公益信托受托人的三个特别义务：一是受托人应当至少每年一次作出信托事务处理情况及财产状况报告，经信托监察人认可、公益事业管理机构核准后，予以公告；二是公益信托终止的，受托人应当及时将终止事由和终止日期报告公益事业管理机构；三是公益信托终止的，受托人作出的处理信托事务的清算报告，应当经信托监察人认可后，报公益事业管理机构核准，并由受托人予以公告。

三、公益信托的监察人

公益信托必须设立信托监察人，其职责是为维护受益人的利益而监督受托人的活动。信托监察人有权以自己的名义提起诉讼或者实施其他法律行为。

1. 设置信托监察人的必要性

《信托法》明确规定公益信托应当设置信托监察人。这是关于公益信托的特别规定，是法定要求。法律之所以作出这种强制性规定，与公益信托和私益信托的性质不同是有直接关系的。

按照《信托法》的规定，委托人、受益人为了保证信托目的的实现，有权对受托人的受托管理活动进行监督，具体而言，委托人、受益人有权了解信托财产的管理运用、处分及收支情况，并有权要求受托人作出说明；有权查阅、抄录或者复制与信托财产有关的信托账目以及处理信托事务的其他文件；在符合《信托法》规定的有关条件下，有权要求受托人调整信托财产的管理方法；有权申请人民法院撤销受托人对信托财产的处分行为，并有权要求受托人恢复信托财产的原状或者予以赔偿等。但是，公益信托的受益人是不特定的社会公众，只是在享受信托利益时才能确定具体的受益人。因此，与私益信托从成立时就有明确的受益人不同，在公益信托的信托财产的管理过程中，受益人是不可能直接对受托人进行监督的。因此，就有必要另行设置信托监察人，以加强对公益信托的监督，保证公益信托目的的实现，保护社会公众利益。信托监察人既是受益人利益的代表，又是对受托人的信托活动实施监督的人。

日本、韩国的信托法也规定了公益信托的监察人制度。

2. 信托监察人的选任

《信托法》规定，信托监察人由信托文件规定，信托文件未规定的，由公益事业管理机构指定。根据上述原则，委托人在设立公益信托时，如果决定自己选任信托监察人，就应当在信托文件中作出规定。

关于信托监察人的选任，当信托文件未规定信托监察人时，日本、韩国的规定是，由利害关系人或检察官申请法院选任。

《信托法》关于公益信托设置信托监察人的规定，要求公益事业管理机构在审查批准公益信托的设立时，应当审查信托文件中是否规定了信托监察人。如果未作规定，应当对该公益信托指定信托监察人。

3. 信托监察人的权利与义务

信托监察人是公益信托的受益人利益的代表。其职责就是维护公益信托受益人的利益，加强对公益信托活动的监督，保证信托目的的实现。

受益人的受益权，根据《信托法》的规定，可以分为两部分：一是享受信托利益的权利；二是对信托的监督权。受益人了解信托财产的管理运用、处分及收支情况，并要求受托人作出说明，受托人违反信托目的处分信托财产或者因违背管理职责、处理信托事务不当致使信托财产受到损失的，受益人申请人民法院撤销该处分行为，并要求受托人恢复信托财产的原状或者予以赔偿等，都是受益人对信托的监督权。

信托监察人作为受益人利益的代表，其权利只能在受益人的权限范围内行使。但是，从上述受益人所享有的两部分受益权来看，信托监察人只能行使第二部分权利，即只有以自己的名义对信托实施监督的权利，而不能行使受益人对信托利益的请求权。

《信托法》对信托监察人权利的规定是：有权以自己的名义，为维护受益人的利益提起诉讼或者实施其他法律行为。这一规定的主要内容包括：

（1）信托监察人行使权利是以自己的名义进行的。信托监察人是一个独立的法律主体，可以作为独立的一方，以自己的名义为受益人的利益行使权利。

（2）信托监察人行使权利是为了受益人的利益，不能是为了自己或者其他人的利益，这是信托监察人作为受益人利益代表的具体体现。

（3）信托监察人行使权利的方式是进行诉讼或者实施其他法律行为。比如，受托人违反信托目的处分信托财产或者因违背管理职责、处理信托事务不当致使信托财产受到损失的，信托监察人有权以自己的名义申请人民法院撤销该处分行为，并有权要求受托人恢复信托财产的原状或者予以赔偿。

四、公益事业管理机构对公益信托的监管

为了加强对公益信托的管理，确保公益信托名副其实，防止其打着公益信托的幌子享受公益信托的有关优惠规定，而实际上为受托人自己或者其他人牟利，《信托法》赋予公益事业管理机构广泛的公益信托监督管理权和审批权。这些权力主要有：

（1）信托设立的审批权。《信托法》规定，信托设立方面实行审批制，要求经有关公益事业的管理机构批准。审批机关，不是专门设立的对公益信托进行审批的机关，而是目前已有的涉及有关事业领域的管理机关。比如，运用信托形式资助癌症患者，应当经卫生行政部门批准；运用信托形式资助贫困大学生，应当经教育行政部门批准；等等。但是，由于民政部门具有扶贫综合管理职权，因此，涉及贫困救助的公益信托的审批和管理，不免发生争相管理或者都不管理的局面。这是一个应当进一步明确管理权的问题。

审批就是要对信托是否符合《信托法》规定的公益信托的要求进行审查。重点是审查信托的实质目的，以及信托财产的管理运用是否与信托目的的实现一致，等等。

（2）受托人确定、变更及辞任的审批。公益信托可以由委托人发起申请设立，也可以由受托人发起申请设立。不论什么情况，公益信托受托人的确定，都应当经公益事业管理机构批准。公益事业管理机构的审批，主要审查的是受托人是否具备《信托法》及其他法律法规规定的资格和条件，防止不具资质者成为受托人。

公益事业管理机构不但有权在设立信托阶段通过审批确定受托人，而且有权在公益信托的受托人违反信托义务时，变更受托人。另外，公益信托的受托人要求辞任的，也必须经过公益事业管理机构的批准，未经批准不得擅自辞任。

（3）公益信托事务的监管。公益事业管理机构有权力也有义务对信托实施过程进行监督管理，以便督促受托人依照法律和信托文件的规定履行职责，及时发现信托实施过程中的问题，及时解决或者纠正。

许多国家的信托法或者有关法律对此都做了规定。英国《公益法》规定，公益委员会可以对公益信托行使检查权，有权要求取得有关公益信托的材料，包括账目和会计报表，

查阅公益信托的档案，并可采取措施补救受托人管理中的失误。在美国，由州检察长行使对公益信托的监督权。受托人必须定期向检察长提出书面报告，报告内容包括资产细目、营运状况、会计报表等。《日本信托法》规定，公益信托由主管官署监督，主管官署可以随时检查公益信托业务的处理情况，亦可以命令实行财产提存或其他必要处分。受托人应当每年一次在一定的时期公告信托事务及财产状况。

我国的《信托法》规定，公益事业管理机构是对公益信托实施管理和监督的机构。《信托法》赋予公益事业管理机构的职权包括：公益信托的设立和确定其受托人，由公益事业管理机构批准；公益信托的受托人未经公益事业管理机构批准，不得辞任；公益事业管理机构应当检查受托人处理公益信托事务的情况及财产状况，并对受托人制作的信托事务处理情况及财产状况报告进行核准；公益事业管理机构有权依法变更公益信托的受托人和变更信托文件中的有关条款；公益信托终止后，公益事业管理机构核准受托人制作的处理信托事务的清算报告；公益信托终止后，公益事业管理机构依法批准适用公益信托的"类似原则"；等等。所以说，从公益信托的设立、公益信托的变更到公益信托的终止及终止后的清算报告，都需要公益事业管理机构的批准、核准。公益事业管理机构对信托事务的管理权限是非常全面、广泛的。

公益信托成立后，发生设立信托时不能预见的情形，公益事业管理机构可以根据信托目的，变更信托文件中的有关条款。这个规定与对私益信托的有关规定有较大的差异。

在私益信托中，变更信托文件的情形按照《信托法》的规定，包括：第一，因设立信托时未能预见的特别事由，致使信托财产管理方法不利于实现信托目的或者不符合受益人利益时，委托人、受益人有权要求受托人调整该信托财产的管理方法；第二，在设立信托后，受益人对委托人有重大侵权行为，或者受益人对共同受益人中的其他人有重大侵权行为时，委托人可以变更该受益人或者处分该受益人的信托受益权。

与私益信托的规定相比，公益信托的规定有下列不同点：一是对公益信托条款进行变更的前提是发生设立信托时不能预见的情形，比私益信托规定的前提要广，不限于发生设立信托时未能预见的特别事由。在公益信托实施中凡出现与设立公益信托时为实现信托目的不相适应的未能预见的情形，为保证公益信托目的的实现，公益事业管理机构就有义务根据信托目的，变更信托文件中的有关条款，以使受托人调整信托财产的管理和运用。二是有权对公益信托条款进行变更的是公益事业管理机构，而不是委托人、受益人。这是因为法律规定公益信托的设立必须经公益事业管理机构批准，如果对公益信托条款的变更不作限制，则公益信托设立时的审批就形同虚设，因此，没有规定委托人有权对公益信托条款进行变更；同时，由于公益信托的受益人是不特定的社会公众，因此，由受益人对信托条款进行变更也难以操作。三是对公益信托变更的范围未作任何限制，不限于私益信托可以变更信托财产的管理方法这一种形式，即公益事业管理机构根据信托目的，可以对信托文件的条款进行变更。

为了防止公益事业管理机构利用其行政管理机关的有利地位，在管理信托事务过程中出现违法情况，《信托法》也规定，公益事业管理机构违反本法规定的，信托当事人有权向人民法院起诉。这里所指的公益事业管理机构违反《信托法》的行为，主要包括：第一，依照《信托法》应当行政作为的，公益事业管理机构行政不作为，例如，拒绝受理公益信托设立的申请、对应当审批的事项拒绝行使审批权等；第二，公益事业管理机构对符合公益信托条件的信托不予批准；第三，公益事业管理机构随意变更公益信托的受托人；第四，公益事业管理机构随意变更公益信托文件中的有关条款；第五，公益信托终止后，在有信托财产权利归属人的情况下，公益事业管理机构要求该公益信托适用“类似原则”；等等。这些行为不但损害公益信托当事人的利益，而且损害公益事业的发展。

由于公益事业管理机构是不同行业的政府行政部门，因此，公益信托的委托人、受托人或者受益人向法院起诉时，以公益事业管理机构为被告的诉讼，属于行政诉讼，应当按照《中华人民共和国行政诉讼法》的有关规定进行诉讼活动。

第三节　公益信托业务发展现状

一、《中华人民共和国慈善法》中的慈善信托对公益信托的完善

（一）《中华人民共和国慈善法》明确了慈善信托的监管部门为民政部门

《中华人民共和国慈善法》（简称《慈善法》）解决了《信托法》一直没有解决的公益事业管理机构的问题。《信托法》第六十二条规定：“公益信托的设立和确立其信托人，应当经有关公益事业的管理机构批准。”但这个管理机构并没有法律上的明确规定，依据公益信托的目的，有可能涉及教育、环保、卫生、体育等多个部门，这就带来了实际上的审批难题，导致公益慈善信托因无法找到主管机关而无法设立。《慈善法》明确了民政部门的监管部门地位，避免了相互推诿或者争夺监管权的可能，这是慈善信托的一大亮点。

（二）慈善信托监察人根据委托人的意愿任意设立

在《信托法》中，公益信托的监察人为必设机构，当事人设立慈善信托的时候，往往犹豫于如何选择监察人、谁可以充任监察人，以及怎样设立关于监察人的制度实施细则，拖延了慈善信托的设立，如此就增加了设立慈善信托的成本，可能造成信托监察人形同虚设，仅仅为满足监管要求而设立。而《慈善法》规定慈善信托的委托人根据需要，可以确定信托监察人，把是否设置监察人作为委托人可以自愿选择的事项，这极大地便利了慈善信托的设立。这也与日本关于信托监察人的设立规定基本保持一致，《日本信托法》规定：当信托文件未规定信托监察人时，由利害关系人申请法院选任，或由法院依职权选任，而不是最开始就必须选任信托监察人。

（三）主管机关的简政放权

根据《信托法》，公益信托的设立必须经过批准，这加大了设立公益信托的难度，而《慈善法》确立了慈善信托设立只需备案即可，备案制的选择体现了主管机关简政放权的思想，此思想还体现在其他方面。

例如，《信托法》规定受托人的信托事务处理情况及财产状况报告，必须报公益事业管理机构核准，并由受托人予以公告。公益信托的受托人违反信托义务或者无能力履行其职责的，由公益事业管理机构变更受托人。公益信托终止后的清算报告，必须报公益事业管理机构核准。《慈善法》则规定慈善信托的受托人只需要将信托事务处理情况及财务状况向其备案的民政部门报告即可，慈善信托的受托人违反信托义务或者无能力履行其职责的，由委托人变更受托人。慈善信托终止后的清算报告，同样只需要报公益事业管理机构

备案即可。

二、《慈善法》的慈善信托与《信托法》的公益信托的立法比较

《慈善法》第五十条规定，本法未规定的，适用《信托法》的有关规定，即《信托法》关于公益信托的相关条款，在《慈善法》没有规定的情况下依然适用。如《信托法》第六十三条规定的纯公益原则：公益信托的信托财产及其收益，不得用于非公益目的。第七十二条规定的近似原则：公益信托终止，没有信托财产权利归属人或者信托财产权利归属人是不特定的社会公众的，经公益事业管理机构批准，受托人应当将信托财产用于与原公益目的相近似的目的，或者将信托财产转移给具有近似目的的公益组织或者其他公益信托。

但《慈善法》对慈善信托与《信托法》对公益信托的规定还是存在区别的，二者之间的具体比较详见表 8－1。

三、公益（慈善）信托的完善

慈善信托相比于《信托法》中的公益信托，有诸多亮点，但仍有部分问题需要解决：

第一，信托登记问题制约了公益信托财产多元化。

信托登记并非仅仅是公益信托的问题，而是整个信托制度的问题。由于目前我国尚未建立统一规范的信托登记制度，导致实践中的汽车、房产等诸多财产难以被作为信托财产。只有落实信托登记，才能真正建立信托财产的破产隔离机制，才能彰显公益信托制度相较其他公益模式的独特优势。

虽然 2016 年中国信托登记有限责任公司已成立，但中国信托登记有限责任公司设立的主要初衷是解决信托产品的流通性问题，而非信托财产的登记问题。《慈善法》第三十六条明确规定，捐赠财产包括货币、实物、房屋、有价证券、股权、知识产权等有形和无形财产，而上述诸多财产却无法办理信托登记，因此需要相关部门出台信托财产登记相关制度。

第二，信托税收优惠措施不明确。

《信托法》《慈善法》均明确规定国家鼓励公益信托的发展，但公益信托未被界定为公益组织的一种。因此，公益信托目前无法享受任何与公益相关的税收优惠。税收问题打击了企业和个人以委托人身份参与公益信托的积极性。

根据财政部 2010 年颁布的《公益事业捐赠票据使用管理暂行办法》，各级人民政府及其部门、公益事业组织和团体等公益性单位在接受公益性捐赠时应该开具捐赠票据。非公益性单位信托公司不具备开具捐赠票据的合法性。同时，由于捐赠票据实行凭证领购、分次限量、核旧购新的领购制度，一般政府部门、公益事业组织和团体等接受捐款的单位在实践中也难以真正获取捐赠票据。正是公益信托捐赠票据获取的困难，造成了参与公益信托的委托人（单位和个人）无法取得税法中规定的捐赠发票抵税优惠。

另外我国尚未制定专门针对信托关系的税制，由于信托涉及委托人、受托人和受益人三方主体及两次财产转移，虽然资金信托不用纳税，但如果是股权和房产等财产，涉及过户就需要纳税，按照现有的流转税制，这样会导致针对两次财产转移重复征税问题，成为不动产信托等信托难以发展的重要制约因素。因此需要国家税务总局、财政部等出台税收相关细则。

表 8-1　《慈善法》的慈善信托与《信托法》的公益信托的具体比较

项目	《慈善法》中的慈善信托	《信托法》中的公益信托	异同点分析
定义与目的	第三条　本法所称慈善活动，是指自然人、法人和其他组织以捐赠财产或者提供服务等方式，自愿开展的下列公益活动： （一）扶贫、济困； （二）扶老、救孤、恤病、助残、优抚； （三）救助自然灾害、事故灾难和公共卫生事件等突发事件造成的损害； （四）促进教育、科学、文化、卫生、体育等事业的发展； （五）防治污染和其他公害，保护和改善生态环境； （六）符合本法规定的其他公益活动。 第八条　本法所称慈善组织，是指依法成立、符合本法规定，以面向社会开展慈善活动为宗旨的非营利性组织。 慈善组织可以采取基金会、社会团体、社会服务机构等组织形式。	第二条　本法所称信托，是指委托人基于对受托人的信任，将其财产权委托给受托人，由受托人按委托人的意愿以自己的名义，为受益人的利益或者特定目的，进行管理或者处分的行为。 第六十条　为了下列公共利益目的之一而设立的信托，属于公益信托： （一）救济贫困； （二）救助灾民； （三）扶助残疾人； （四）发展教育、科技、文化、艺术、体育事业； （五）发展医疗卫生事业； （六）发展环境保护事业，维护生态环境； （七）发展其他社会公益事业。	《慈善法》的定义强调了扶老、救孤、恤病、助残、优抚以及防治污染和其他公害等属于社会主义核心价值观的社会新问题。
设立要求	第四十五条　设立慈善信托、确定受托人和监察人，应当采取书面形式。受托人应当在慈善信托文件签订之日起七日内，将相关文件向受托人所在地县级以上人民政府民政部门备案。 未按照前款规定将相关文件报民政部门备案的，不享受税收优惠。 第十二条　慈善组织应当根据法律法规以及章程的规定，建立健全内部治理结构，明确决策、执行、监督等方面的职责权限，开展慈善活动。 慈善组织应当执行国家统一的会计制度，依法进行会计核算，建立健全会计监督制度，并接受政府有关部门的监督管理。 第十三条　慈善组织应当每年向其登记的民政部门报送年度工作报告和财务会计报告。报告应当包括年度开展募捐和接受捐赠情况、慈善财产的管理使用情况、慈善项目实施情况以及慈善组织工作人员的工资福利情况。	第六十二条　公益信托的设立和确定其受托人，应当经有关公益事业的管理机构批准。 未经公益事业管理机构的批准，不得以公益信托的名义进行活动。 公益事业管理机构对于公益信托活动应当给予支持。	《慈善法》明确了主管机关为民政部门；同时特别提到未按照规定将相关文件报民政部门备案的，不享受税收优惠。这就需要税收细则以及备案细则的出台。
受托人资格	第四十六条　慈善信托的受托人，可以由委托人确定其信赖的慈善组织或者信托公司担任。	第二十四条　受托人应当是具有完全民事行为能力的自然人、法人。 法律、行政法规对受托人的条件另有规定的，从其规定。	慈善信托缩小了受托人的范围，方便监管与备案。《慈善法》指明了信托公司可以担任受托人，慈善信托中若受托人无信托公司，则《信托法》等规定将被架空。
监察人设立	第四十九条　慈善信托的委托人根据需要，可以确定信托监察人。 信托监察人对受托人的行为进行监督，依法维护委托人和受益人的权益。信托监察人发现受托人违反信托义务或者难以履行职责的，应当向委托人报告，并有权以自己的名义向人民法院提起诉讼。	第六十四条　公益信托应当设置信托监察人。 信托监察人由信托文件规定。信托文件未规定的，由公益事业管理机构指定。	《慈善法》体现了主管机关的简政放权，遵从委托人意思自治。
信托管理	第四十八条　慈善信托的受托人管理和处分信托财产，应当按照信托目的，恪尽职守，履行诚信、谨慎管理的义务。 慈善信托的受托人应当根据信托文件和委托人的要求，及时向委托人报告信托事务处理情况、信托财产管理使用情况。慈善信托的受托人应当每年至少一次将信托事务处理情况及财务状况向其备案的民政部门报告，并向社会公开。	第六十七条　公益事业管理机构应当检查受托人处理公益信托事务的情况及财产状况。 受托人应当至少每年一次作出信托事务处理情况及财产状况报告，经信托监察人认可后，报公益事业管理机构核准，并由受托人予以公告。	《慈善法》强调了受托人的相关义务，此义务在《信托法》中也有体现。

续前表

项目	《慈善法》中的慈善信托	《信托法》中的公益信托	异同点分析
受托人的监督、变更	第四十七条　慈善信托的受托人违反信托义务或者难以履行职责的，委托人可以变更受托人。变更后的受托人应当自变更之日起七日内，将变更情况报原备案的民政部门重新备案。 第九十六条　慈善行业组织应当建立健全行业规范，加强行业自律。 第九十七条　任何单位和个人发现慈善组织、慈善信托有违法行为的，可以向民政部门、其他有关部门或者慈善行业组织投诉、举报。民政部门、其他有关部门或者慈善行业组织接到投诉、举报后，应当及时调查处理。 国家鼓励公众、媒体对慈善活动进行监督，对假借慈善名义或者假冒慈善组织骗取财产以及慈善组织、慈善信托的违法违规行为予以曝光，发挥舆论和社会监督作用。 第一百零五条　慈善信托的受托人有下列情形之一的，由民政部门予以警告，责令限期改正；有违法所得的，由民政部门予以没收；对直接负责的主管人员和其他直接责任人员处二万元以上二十万元以下罚款： （一）将信托财产及其收益用于非慈善目的的； （二）未按照规定将信托事务处理情况及财务状况向民政部门报告或者向社会公开的。	第六十六条　公益信托的受托人未经公益事业管理机构批准，不得辞任。 第六十八条　公益信托的受托人违反信托义务或者无能力履行其职责的，由公益事业管理机构变更受托人。	《慈善法》体现了主管机关的简政放权，同时加强行业自治，加强媒体监督，并对受托人的违规行为规定了明确的惩罚措施。
信托条款的变更	第五十条　慈善信托的设立、信托财产的管理、信托当事人、信托的终止和清算等事项，本章未规定的，适用本法其他有关规定；本法未规定的，适用《信托法》的有关规定。	第六十九条　公益信托成立后，发生设立信托时不能预见的情形，公益事业管理机构可以根据信托目的，变更信托文件中的有关条款。	按照《慈善法》第五十条的规定，可以适用《信托法》第六十九条，但具体需要监管机关解释。
信托的终止、清算	第十七条　慈善组织有下列情形之一的，应当终止： （一）出现章程规定的终止情形的； （二）因分立、合并需要终止的； （三）连续二年未从事慈善活动的； （四）依法被撤销登记或者吊销登记证书的； （五）法律、行政法规规定应当终止的其他情形。 第十八条　慈善组织终止，应当进行清算。 慈善组织的决策机构应当在本法第十七条规定的终止情形出现之日起三十日内成立清算组进行清算，并向社会公告。不成立清算组或者清算组不履行职责的，民政部门可以申请人民法院指定有关人员组成清算组进行清算。 慈善组织清算后的剩余财产，应当按照慈善组织章程的规定转给宗旨相同或者相近的慈善组织；章程未规定的，由民政部门主持转给宗旨相同或者相近的慈善组织，并向社会公告。 慈善组织清算结束后，应当向其登记的民政部门办理注销登记，并由民政部门向社会公告。	第七十条　公益信托终止的，受托人应当于终止事由发生之日起十五日内，将终止事由和终止日期报告公益事业管理机构。 第七十一条　公益信托终止的，受托人作出的处理信托事务的清算报告，应当经信托监察人认可后，报公益事业管理机构核准，并由受托人予以公告。	慈善组织终止应该进行清算。慈善信托终止则遵从《信托法》的相关规定。
对信托主管机关的监督	第一百零八条　县级以上人民政府民政部门和其他有关部门及其工作人员有下列情形之一的，由上级机关或者监察机关责令改正；依法应当给予处分的，由任免机关或者监察机关对直接负责的主管人员和其他直接责任人员给予处分： （一）未依法履行信息公开义务的； （二）摊派或者变相摊派捐赠任务，强行指定志愿者、慈善组织提供服务的； （三）未依法履行监督管理职责的； （四）违法实施行政强制措施和行政处罚的； （五）私分、挪用、截留或者侵占慈善财产的； （六）其他滥用职权、玩忽职守、徇私舞弊的行为。	第七十三条　公益事业管理机构违反本法规定的，委托人、受托人或者受益人有权向人民法院起诉。	《慈善法》仍然保留委托人、受托人或者受益人原有的起诉权，同时明确规定主管机关的行政责任。

第三，慈善目的的完全公益化原则僵化。

《信托法》第六十三条规定，公益信托的信托财产及其收益，不得用于非公益目的。这一般被解读为信托财产与信托收益均不能用于非公益目的，不能存在部分信托财产或信托收益用于公益目的，部分用于非公益目的的公益信托。但是在实务中，常常出现信托财产中的财产与收益分别用于公益和非公益目的的情形。

例如2008年中信信托成立“中信开行爱心信托项目”，委托人将信托受益超过预期受益的960万元全部捐赠给宋庆龄基金会用于四川灾区重建。2013年百瑞信托成立“百瑞仁爱·天使基金1号集合资金信托计划”，该信托的本金可以返还给委托人，投资收益则捐助公益事业。问题是：“中信开行爱心信托项目”只是将部分收益用于捐助公益事业，不能算是公益信托，但“百瑞仁爱·天使基金1号集合资金信托计划”则将收益全部用于捐助公益事业，能否被称为公益信托？若按照《信托法》严格解释，“百瑞仁爱·天使基金1号集合资金信托计划”也不能被称为公益信托。

在美国信托法中，分割利益信托的公益信托是一种非常普通的行为，典型的如公益先行信托。公益先行信托指的是设立人先设立公益信托，在一定期间内把信托财产中的一定比例或者一定数额以公益目的支付给特定的受益人，在公益信托存续期结束后由委托人或者委托人指定的个人受领剩余的财产。这种类型的信托在美国因能享受到税收优惠待遇，所以被经常使用。

从公益信托规范化管理的角度看，坚持“完全公益”之原则和定位似乎有一定道理。但从鼓励公益信托发展、鼓励更多人参与公益的立场来看，应当允许公益与私益相结合模式的存在，而且这种模式的信托在实践中发挥的作用会更大。

四、现状

我国信托业在实践中积极进行着对公益信托的探索，百瑞信托、万向信托、国元信托和厦门国际信托等多家信托公司也都推出了相应的产品。

我国对公益信托一直持鼓励态度，《信托法》中对公益信托有明确规定，监管层也将公益信托作为信托业转型的方向之一。2016年1月，厦门国际信托成立其首只公益信托产品，善款用于厦门市慈善总会的公益项目。

目前，信托业在公益慈善领域的发展主要有标准意义上的公益信托和公益目的信托。运行规则还需进一步明确。从以往的实践看，公益信托在国内仍处于初级的发展阶段，尚没有形成较为成熟的发展模式。公益信托的审批机构和公益事业管理机构的界定含糊不清，使得公益信托难以落地。

我国当下的公益慈善事业主要依靠基金会等慈善组织。基金会在资金募集等方面具备优势，信托公司擅长投资运作和规范运营，可为委托人提供专业服务，但在捐赠项目的后期跟踪指导等方面缺乏经验，信托公司和基金会有着天然的互补性，双方合作将对我国公益慈善事业的发展起到推动作用。

同时，互联网与金融深度融合是大势所趋，依托互联网技术，公益信托或会找到新的发展路径。公益信托比较适合运用“互联网+”的模式，一方面方便人们随时随地、金额可大可小地在网上向公益信托项目进行捐赠，另一方面方便捐赠者实时了解公益项目的进度和效果，并有可能让捐赠者与受益对象建立在线联系，使人们能更好地参与公益慈善项目。

虽然目前公益信托已经取得了积极成果，但是未来发展仍然面临配套制度缺乏、政府部门多头审批、税收优惠政策难以落地等多重障碍。由此看来，优化公益信托外部发展环境、推进公益信托健康发展仍然任重道远。

本章思考题

一、名词解释

1. 公益信托
2. 信托监察人

二、简答题

1. 简述公益信托与私益信托、作为公益法人的基金会的区别。
2. 简述公益信托的不足之处。

第九章

我国信托公司的发展及管理

导入案例

重庆信托逆势增长

重庆信托成立于1984年，一度濒临破产。2002年首次重组改制，获得重生，但因历史遗留问题太多，公司发展依旧步履蹒跚，在公司经营团队以及全体员工的艰苦创业下，公司逐步走出了困境，在2005年底还清了所有历史债务。从2006年起，公司轻装上阵，积极发展主业，信托业务快速发展，盈利能力不断提升，连续4年经营利润超过5亿元，并在2010年底完成了第三次增资扩股，资本实力跃居全国同行前列，为公司的跨越式发展打下了坚实基础。

在信托界中，重庆信托被认为是逆势增长的非典型案例，其中的主要原因是公司早已完成金控布局。这种资本运作在为重庆信托带来业务便捷的同时，也为其带来了更为直观的利润回报。事实上，重庆信托对于金融股权的投资的确起步较早。早在2005年，重庆信托便与重庆路桥等四家公司设立益民基金管理有限公司（以下简称“益民基金”），当时其持股比例为30%；2009年，随着重庆路桥股权转让，重庆信托持有益民基金的股权比例增加至49%。2008年，重庆信托公司成为第一家拿到银行牌照的信托公司，原万州商业银行欲重组成股份制商业银行，重庆信托正是此次重组的牵头人，当时重庆信托认购了7亿股，持股34.79%，成为第一大股东，此次控股更是被业界称为蛇吞象。2013年底，正值银信合作提速，重庆信托再度出手，斥资15亿元成功收购合肥科技农村商业银行（以下简称“合肥农商行”）24.99%的股份，成为其第一大股东。据重庆信托2014年年报披露，重庆信托分别持有重庆三峡银行34.79%的股权、合肥农商行24.99%的股权、益民基金49%的股权等，其中，重庆三峡银行、合肥农商行为其带来的投资损益分别为4.6亿元、1.44亿元，较2013年分别提升1.11亿元、0.41亿元。值得一提的是，重庆信托还是重庆路桥的第一大股东，并通过重庆路桥投资重庆银行。此外，重庆信托还持有西南证券的股份，不过到2014年第3季度时其持股比例已降至4.07%。2015年12月，重庆信托出资15亿元，入股中国信托业保障基金有限责任公司，并成为四大并列股东之一。在不断向外投资的同时，重庆信托还在2014年初引入国寿投资控股有限公司，该公司成为重庆信托的第二大股东，而在业界看来，重庆信托将与国寿集团展开更多合作，并且地方政府可能将重庆信托当作当地的金控平台予以支持。

第一节　我国信托公司的发展现状

一、信托公司数目

2001年1月10日，中国人民银行颁布了《信托投资公司管理办法》，标志着自1999年启动的我国金融信托业第五次整顿工作接近尾声。当时存在的全国239家信托公司，已彻底退出信托市场摘去信托机构牌子的有160家，已对外公告摘牌的公司达118家；剩下的80家将合并保留为68家，其中50家已经经过中国人民银行总行重新审核登记。

按照中国人民银行的有关规定，全国批准保留的信托公司有68家，原则上每个省(直辖市)、自治区保留一至两家，到2003年4月之前，已有50余家信托公司完成了中国人民银行要求的重新登记工作。其中主要包括：中煤信托、上海国投、华宝信托、重庆新华信托、大连华信、山东英大、爱建信托、陕西国投、中海信托、北京国投、西藏信托、重庆国投等。获准保留的信托公司均已领到“准入证”，具备了全面开展规范化信托业务的基本条件。68家信托公司包括：央企控股类信托公司，如中航信托、建信信托、华润信托、外贸信托、交银信托、中粮信托等24家；地方政府控股类信托公司，如北京信托、吉林信托、长安信托、百瑞信托、中江国际、天津信托等9家；地方性国企控股类信托公司，如上海信托、爱建信托、苏州信托、杭州信托、中原信托、湖南信托、山西信托等22家；外资银行参股信托公司，即新华信托、华澳信托、苏州信托、杭州信托、兴业信托、紫金信托6家；民营信托公司，即平安信托、国民信托、新时代信托、安信信托、四川信托、万向信托、中融信托7家。

二、2016年以来信托业发展的总体态势

2016年第1季度，中国GDP同比增长6.7%，好于市场预期。稳定增长的消费和降幅下降的外贸是保持国民经济平稳发展的主要原因。与此同时，地产投资和民间投资环比增速均有所回落，导致上半年固定资产投资同比增幅低于市场预期。但中国经济运行依然保持在合理区间，结构性改革稳步推进。一方面PPP项目加速落地有助于提高民间投资增速，另一方面实际利率趋于下降，将有助于提升实体经济的回报率。新常态孕育新机遇，在宏观经济保持平稳运行的背景下，信托业一方面保持稳步发展，另一方面也在探索新的业务模式和新的利润增长点。在宏观经济经历结构性改革、资产管理行业竞争加剧、违约风险上升等多层因素叠加下，信托业发展依然保持稳中有进态势，结合形势变化，积极发掘新的利润增长点，提升主动管理能力，强化风险管控水平，改善信托资产管理方式，进一步回归信托本源。

（一）信托资产

2016年第2季度末，信托全行业管理的信托资产规模为17.29万亿元（平均每家信托公司2 542.65亿元），较2016年第1季度的16.58万亿元，季度环比增长4.28%，略有上升；较2015年第2季度的15.87万亿元，年度同比增长8.95%。这是自2010年以来信托资产同比增速首次跌破两位数增长。实际上，自2013年第2季度开始，信托资产同比增速总体呈下滑趋势，告别了行业发展之初的超高速增长，信托业在增速回归中不断探寻新的出路（见图9-1）。

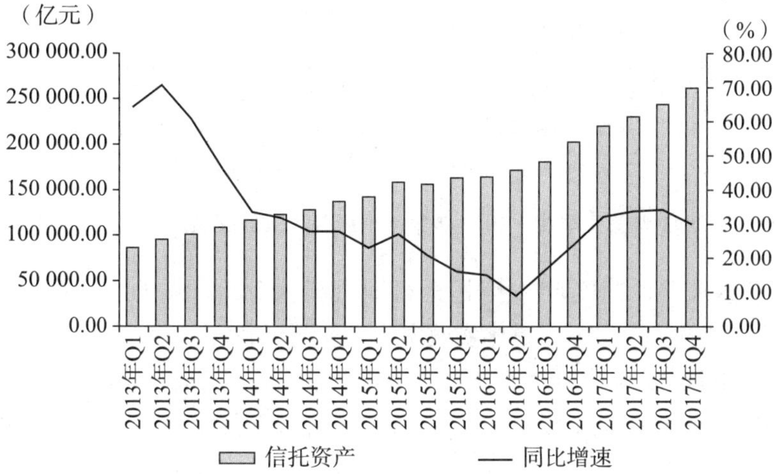

图9-1　2013年第1季度—2017年第4季度各季度信托资产规模及其同比增速

从信托资金的来源看，单一类信托占比逐年下降，但仍占据半壁江山。自2015年以来，集合类信托、单一类信托、管理财产类信托占比一直保持相对稳定的状态。截至2016年第2季度，集合类信托占比32.59%，单一类信托占比56.06%，管理财产类信托占比11.35%。2016年下半年以来，随着供给侧改革的不断推进，宏观经济形势不断向好，经济持续健康增长，信托配套制度的不断完善以及相关平台的建立使得信托业又迎来快速发展的第二春。截至2017年末，全国68家信托公司管理的信托资产规模突破26万亿元，达26.25万亿元（平均每家信托公司3 860.29亿元），同比增长29.81%，较2016年末的24.01%上升了5.8个百分点；环比增长7.54%，较2017年第3季度的5.47%上升了2.07个百分点。信托资产同比增速自2016年第2季度触及历史低点后开始回升。信托资产规模增速与宏观经济增速之间存在紧密联系。2016年下半年，随着供给侧改革不断向纵深推进，国内消费需求和投资需求不断扩大，带动GDP增速回升。同期，受经济基本面的宏观驱动，信托资产规模同比增速也保持了较快增长。

（二）固有资产与权益

截至2017年末，信托业固有资产规模达到6 578.99亿元（平均每家信托公司96.75亿元），同比增长18.12%，环比增长3.69%，同比增速较2017年第3季度的25.88%有所回落，但固有资产规模依旧持续增长。从固有资产的结构来看，投资类资产依然是主要形式，规模为4 961.07亿元，占固有资产的比例为75.41%；货币类资产规模为656.81亿元，占比为 9.98%；贷款类资产规模为 380.71 亿元，占比仅为 5.79%（见图 9-2）。

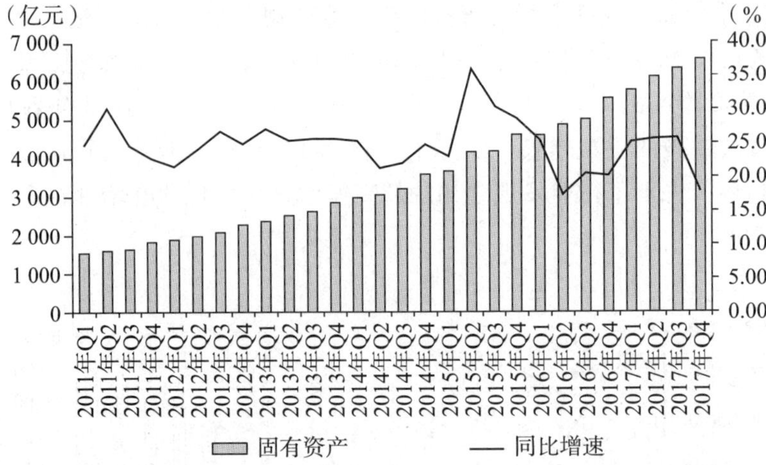

图 9-2　2011 年第 1 季度—2017 年第 4 季度各季度固有资产规模及其同比增速

从所有者权益来看，2017 年末信托全行业规模为5 250.67亿元（平均每家信托公司 77.22 亿元），同比增长 16.63%。其中实收资本占所有者权益的比例为 46.05%，与 2016 年末相比，所占比例提高了 0.78 个百分点；未分配利润占比为 29.52%，所占比例下降了 0.03 个百分点；信托赔偿准备金占比为 4.21%，所占比例上升了 0.06 个百分点（见图 9-3）。

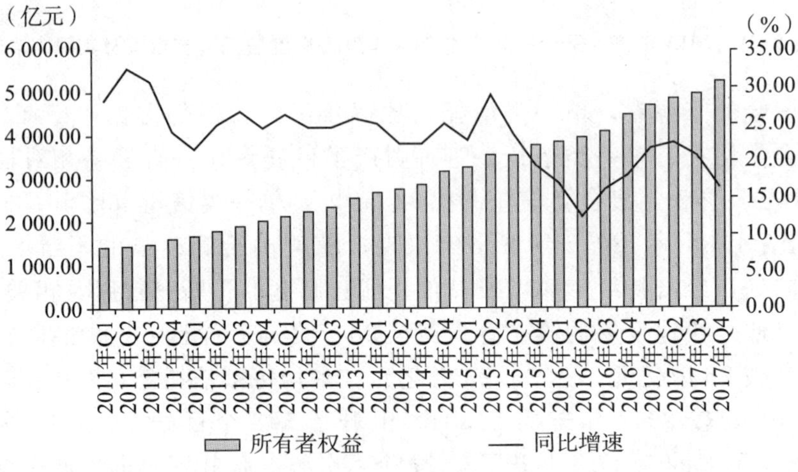

图 9-3　2011 年第 1 季度—2017 年第 4 季度各季度所有者权益规模及其同比增速

所有者权益规模与构成的变化在一定程度上反映了信托公司主动防控风险的意图和成效。自供给侧改革实施以来，信托公司持续增资扩股使得实收资本不断增加，同时为提升信托公司抵御风险的能力，未分配利润和信托赔偿准备金不断增加。

（三）风险项目个数及规模

2017 年末，信托业风险项目有 601 个，比 2016 年末增加了 56 个，比 2017 年第 3 季度增加了 7 个；风险项目规模为1 314.34亿元，较 2016 年末的1 175.39亿元同比增长了 11.82%，较 2017 年第 3 季度的1 392.41亿元环比下降了 5.61%；全行业不良率水平为0.50%，较2016年末的0.58%下降了0.08个百分点，较2017年第3季度的0.57%下降了0.07个百分点。尽管在管理信托资产规模稳步增长的背景下，全行业不良率水平在持续下降，但风险项目个数和规模的同比上升态势依然不容忽视。进一步来看，信托公司加强了风险项目处置的规范性和市场化，公司内部的信托赔偿准备金和资本实力也日益增厚，行业整体的保障基金机制已开始有效运行，信托业的总体风险可控。信托公司应进一步增强防范风险的意识，提高防控风险的效率，丰富化解风险的手段，和其他金融行业一道，在监管层的指引下，严守不发生系统性金融风险的底线。

（四）经营业绩

整体来看，2017年信托业经营业绩进一步提升。从同比指标来看，信托全行业实现经营收入1 190.69亿元，相较2016年末的1 116.24亿元，同比增加6.67%。2017年末信托全行业实现利润总额824.11亿元，较2016年末同比上升6.78%。从环比指标来看，信托业经营收入环比上升57.43%，利润总额环比上升48.81%，上升幅度较大，其中有一部分原因可归属为季节效应。从历年各季度经营收入和利润总额的变化看，同第1季度和第2季度相比，第3季度和第4季度信托业的经营收入和利润总额通常都较高，导致季度环比指标易出现一定程度的波动。从经营收入的构成来看，信托业务收入仍是经营收入增长的主要驱动力。截至2017年末，信托业务收入为805.16亿元，占比为67.62%，同比增长7.41%，环比增长51.96%；投资收益为284.93亿元，占比为23.93%，同比增长5.24%，环比增长74.01%；利息收入为62.38亿元，占比仅为5.24%，同比下降0.60%，环比增长55.28%（见图9-4）。信托业务是信托公司的主业，随着整个金融行业回归本源和信托业转型升级的推进，信托业务收入占比仍有继续提升的空间。

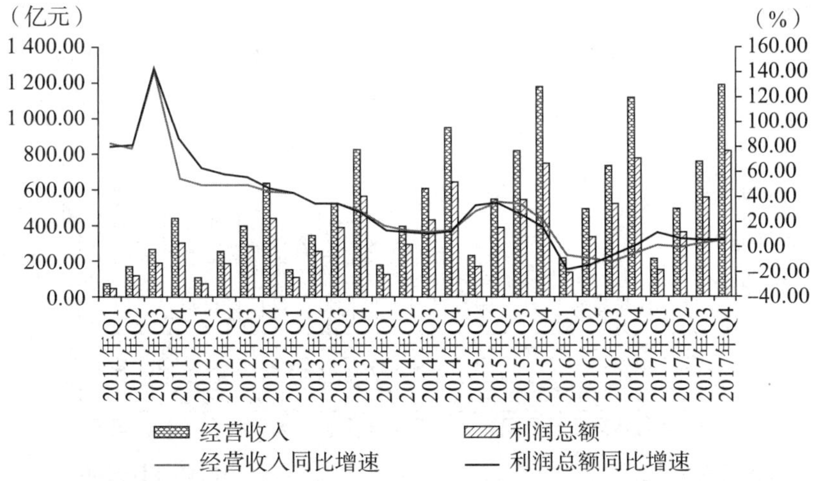

图9-4　2011年第1季度—2017年第4季度各季度经营收入、利润总额及其同比增速

（五）信托资产功能结构

自2015年信托业三分天下的格局形成以来，信托资产功能结构持续优化。融资类占比不断下降，事务管理类占比不断上升。截至 2018 年第 2 季度，融资类信托规模达 4.38 万亿元，占比 18.04%；投资类信托规模达 5.59 万亿元，占比 23.03%；事务管理类信托规模达 14.30 万亿元，占比 58.93%（见图 9-5）。近年来，尽管投资类信托的占比一直处于“温和”上升通道，但融资类信托的下降和事务管理类信托的快速增长充分表明信托业务功能已经显现并逐渐深化。从长远来看，投资类和事务管理类信托应当是驱动行业可持续发展的“双轮”，伴随着金融市场改革的不断推进和信托业转型升级的持续探索，未来投资类信托这一侧轮的占比估计将会进一步上升。

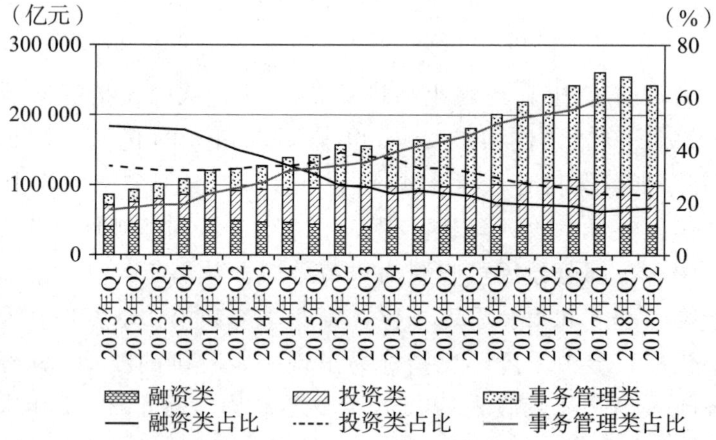

图 9-5　2013 年第 1 季度—2018 年第 2 季度信托资产按照功能分类的规模及其占比

（六）信托投向

从信托资金的投向来看，工商企业仍然稳居信托投向的榜首，金融机构紧随其后，然后依次是基础产业、证券投资、房地产。2017 年末，五大投向占比情况如下：工商企业占比 27.84%，金融机构占比 18.76%，基础产业占比 14.49%，证券投资占比 14.15%，房地产占比 10.42%。与 2016 年末相比，变化在于基础产业超过证券投资升至第三位（见图 9-6）。

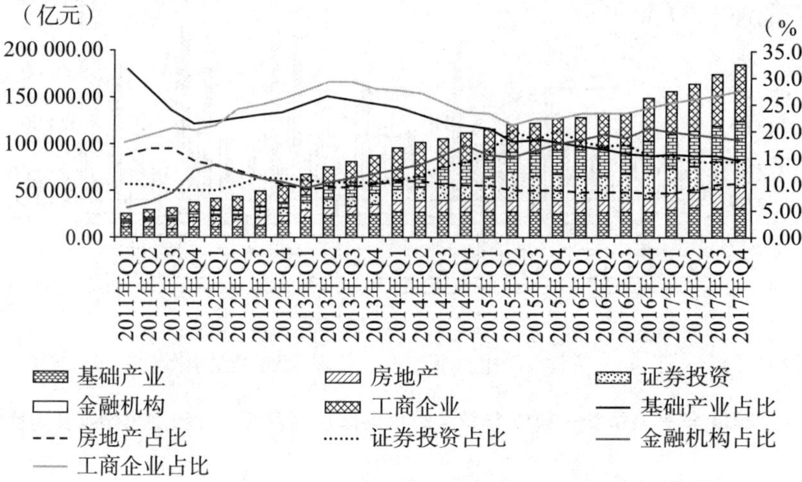

图 9-6　2011 年第 1 季度—2017 年第 4 季度信托资金投向各领域的规模及其占比

（1）工商企业。

自2012年第2季度以来，工商企业一直是信托资金投向的第一大领域。2017年末，其规模达6.10万亿元，较2016年末的4.33万亿元同比增长40.88%，较2017年第3季度的5.56万亿元环比增长9.71%；占比达27.84%，较2017年第3季度提升0.89个百分点。信托对工商企业的投资规模不断提升，有力地支持了实体经济的发展。

（2）金融机构。

2017年末，信托资金投向金融机构的规模达4.11万亿元，较2016年末的3.62万亿元同比增长13.54%，较2017年第3季度的3.91万亿元环比增长5.12%；占比为18.76%，较2017年第3季度下降了0.17个百分点。2017年以来，受金融强监管和去杠杆影响，信托资金投向金融机构的规模逐步下降，发展势头明显放缓。

（3）基础产业。

2017年末，信托资金投向基础产业的规模为3.17万亿元，较2016年末的2.73万亿元同比增长16.12%，较2017年第3季度的3.21万亿元环比下降1.25%；占比为14.49%，较2017年第3季度下降了1.06个百分点。基础产业的信托规模超过证券投资的信托规模，保持信托资产配置的第三大领域地位。

（4）证券投资。

2017年末，信托资金投向证券市场的规模为3.10万亿元，较2016年末的2.83万亿元同比增长9.54%，较2017年第3季度的2.96万亿元环比增长4.73%；占比为14.15%，较2017年第3季度下降了0.18个百分点。从2016年第1季度开始，证券投资的信托规模占比整体呈现下降态势，2016年第2季度有轻微的反弹，但影响有限，信托对证券市场的介入范围和深度在短期内存在一定的起伏。

（5）房地产。

2017年末，信托资金投向房地产行业的规模为2.28万亿元，较2016年末的1.43万亿元同比增长59.44%，较2017年第3季度的2.07万亿元环比增长10.14%；占比为10.42%，较2017年第3季度上升了0.41个百分点。近年来，对房地产融资的监管政策一直呈高压态势，可以预计流向房地产的信托资金增速将趋于平稳。

三、68家信托公司2017年的关键指标

（一）营业收入

在营业收入方面，排名前五的分别是：中信信托、中融信托、平安信托、华润信托、重庆信托，彰显出其良好的业务拓展能力。2017年信托业营业收入增速整体放缓。其中中信信托在2015年营业收入达到101.94亿元，较2014年大幅增长87.01%，重新成为营业收入方面的第一名，主要是由于期内完成了所持有的泰康保险8.8%的股权处置，确认投资收益43.24亿元。此外中融信托、平安信托、华润信托和重庆信托的营业收入均在50亿元以上，较大幅度领先于其他公司。

（二）信托资产规模

在信托资产规模方面，有银行系背景的信托公司表现较为优异，排名前三的信托公司中有2家是有银行系背景的信托公司，中信信托2015年资产规模“老大”的位置被银行

系信托公司抢走。其中，中国建设银行旗下的建信信托的信托资产规模直接从 2014 年的行业第三名跃居行业第一名，达到10 968.39亿元，超越中信信托。夺得信托资产规模季军的信托公司是“嫁入”银行豪门的兴业信托，以9 220.17亿元的规模紧追第二名中信信托。银行系信托公司由于背靠银行，有广泛的资源和网点，信托产品由于有了银行的增信，比较容易实现直接销售，且银行与其他金融机构有较多合作机会，银行系信托公司可以为受监管限制而不能从事的业务担当通道角色，因此银行系信托公司规模扩张较快。

（三）净利润

在净利润方面，前五名依然是熟悉的 5 家信托公司，分别为重庆信托、中信信托、华润信托、平安信托和中融信托，净利润分别为 40.97 亿元、31.50 亿元、31.30 亿元、31.09 亿元和 24.17 亿元，说明其业务质量极佳。其中，中信信托在净利润方面被重庆信托超越，排名垫底的是长城信托，净利润仅为1 504.49万元。净利润在 10 亿元以上的信托公司达到 20 家，占整个行业的 29.41%。而净利润不足 1 亿元的仍然有 5 家，分别为山西信托、浙商信托、华宸信托、新华信托和长城信托。

（四）人均净利润

在人均净利润方面，上述净利润排名前五的信托公司中的重庆信托以2 749.44万元稳居行业第一，江苏信托以1 763.18万元位居第二。净利润排名第二和第五的中信信托和中融信托，在人均净利润方面的排名却因为员工众多而不占优势，中信信托人均净利润以 596.66 万元位居第十名，中融信托则以 122.08 万元的人均净利润位居行业末尾，为第 59 名。

（五）净资产收益率排名

在净资产收益率（ROE）方面，似乎行业巨头在排名上并不占据优势。排名第一的是已上市的安信信托，ROE 为 42.73%，上市公司资本运营能力比较强。排名第二的是重庆信托，ROE 为 28.21%，排名第三、第四和第五的分别为中海信托、华信信托和四川信托，ROE 分别为 27.2%、26.19%和 26.13%。

其中，也有表现出众的小信托公司。例如，西藏信托在营业收入和净利润方面排名靠后，仅获得 7.16 亿元营业收入和 3.55 亿元净利润，排第 55 名和 53 名，但是信托资产规模达到3 566.40亿元，排第 13 名，营业收入与信托资产规模不成正比，说明多数业务仍然为低收费的通道业务。不过，其在人均净利润和净资产收益率方面，却以 572.61 万元和 24.74%的数据分别夺得第 11 名和第 7 名。西藏信托人均净利润居行业前列，表明其业务团队素质较高，后台财务及信息技术支持能力强，而以较少的人员和净资产取得较高的净资产收益率，表现出其较强的资本运营能力。

以上数据显示，在 5 项指标的排名中，夺得各项指标头筹的是 4 家不同的信托公司。其中，中信信托以超百亿元的规模夺得营业收入冠军，净利润和人均净利润则被重庆信托超越，信托资产规模冠军则被有银行系背景的建信信托夺得，净资产收益率最高的是已上市的安信信托。与此同时，行业内公司分化也越来越严重。

第二节　我国信托公司的管理

一、信托机构的性质、特点与组织形式

（一）信托机构的性质

1. 信托机构是从事信托业务的金融机构

由于信托机构的经营范围主要包括财产信托，企业资产重组、购并、项目融资、公司理财，国债、企业债券的承销业务，代保管业务，资信调查及经济咨询业务，自有资金的投资、贷款及担保业务，等等，因此一般都把信托机构定位为金融机构。

2. 信托机构是在信托业务中充当受托人的法人机构

信托业务是信托机构的主业，而在信托业务中，信托机构充当受托人的角色，接受委托人的委托，从受益人的利益出发，对信托财产进行管理。

相对于个人，无论是从经验能力来看，还是从信息的来源和保证来看，法人都具有高效率、高保障、高收益的优势，因此，为保证信托业的健康稳定发展，一般规定信托机构必须是法人。

（二）信托机构的特点

1. 以信任为基础进行财产管理

信托制度是以个人信任为基础发展而来的，个人信用的建立依靠的是诚信和传统的道德规范，所以，可以说信托就是以信任为基础才产生的。信托起源于英国中世纪的土地用益关系，即土地所有人将土地交付他人占有、使用，但是约定他人给原土地所有人指定的收益。这种行为是在信任的基础上发生的。

信托，即“受人之托，代人理财”，体现出信托的财产管理制度，信托机构作为受托人根据委托人复杂多变的需求，满足当事人的财产管理和投资融资需要，对委托人的财产进行管理和处置，这是信托的基本职能。

2. 在信托业务中充当受托人角色

在信托业务中，信托机构是受托人，是接受信托并且按照约定对信托财产进行管理或处分的人，作为受托人，有义务为受益人服务，需要一切事情从受益人的角度出发，而不能以此为自己谋利益；如有违反法律法规的行为而造成受益人的损失，应对受益人予以赔偿。

3. 通过取得信托报酬获取利润

信托机构的利润来源主要就是信托报酬，信托业务的收益应当归受益人所有，因此信托机构的利润来源只能主要依靠佣金收入。

4. 遵循信托财产具有独立性的基本要求

独立性是指信托财产的独立性，即在信托业务中，信托机构作为受托人，应将信托财产分开管理，区别对待。这里的“分开管理”主要有四个方面：（1）信托财产与受托人自身的财产分开；（2）不同委托人的信托财产分开；（3）同一委托人的不同信托财产分开；

（4）同一委托人的信托财产与其他财产分开。

（三）信托机构的组织形式

1. 单一信托机构

单一信托机构指专业信托机构，即具有完全独立法人资格，专门办理金融信托业务的经济组织。

2. 附属于其他机构的信托机构

附属于其他机构的信托机构指本身不具有独立法人资格或本身虽具有独立的法人资格但受到另一机构控制的信托机构。

二、信托机构的管理

（一）信托机构管理的意义

1. 微观角度——保护委托人、受益人的利益

国家通过立法分别对信托机构设立条件、业务特点、经营规则与范围、行为规范等方面进行管理和约束，可以保障信托机构具有完备的组织结构、充足的资本金、合格的信托从业人员，以及通过法律对信托机构行为进行严格管理，可以充分保障信托机构全心全意为受益人服务，为受益人谋利益。

2. 宏观角度——稳定金融体系，促进经济市场健康发展

我国信托业历经六次整顿并获得了较快的发展。当前，信托业已成为继银行、证券、保险后的我国第四大金融支柱。但与此同时，我国信托业在自身发展上也面临着诸多问题，特别是在风险控制上潜伏着隐患。信托业是一个高风险的行业，信托公司风险管理水平的高低关系着信托公司的生存与发展，而信托公司的风险控制和管理问题又直接影响着我国信托业能否持续健康发展。所以，加强对信托机构的管理具有重要的意义。

（二）信托机构管理的内容

1. 政府部门的监督管理

1978 年 12 月，中共十一届三中全会召开，中国开始进入改革开放的新时期。中国的信托业正是在这样的历史背景下恢复的，在完全没有制度准备的情况下摸索前行。从 1979 年 10 月恢复的第一家信托机构成立至今，信托机构先后经历了六次整顿，在此过程中国家颁布了许多法律法规对信托公司进行管理，相关法律法规见表 9-1。

表 9-1　已颁布的相关法律法规

颁布时间	法律法规名称	具体内容
1982 年 4 月	《国务院关于整顿国内信托投资业务和加强更新改造资金管理的通知》	加强对信托投资业务的清理整顿。
1983 年 1 月	《中国人民银行关于人民银行办理信托业务的若干规定》	首次明确了信托业务的发展方向和业务范围等问题，暂停投资性业务。

续前表

颁布时间	法律法规名称	具体内容
1986 年	《金融信托投资机构管理暂行规定》和《中国人民银行金融信托投资机构资金管理暂行办法》	就信托机构、信托业务和资金管理做了规定，这一时期，央行对信托业的管理开始走上法制轨道，确立了中国人民银行对信托机构的管理地位。
1994 年 6 月	《金融信托投资机构资产负债比例管理暂行办法》	进一步将信托机构的经营管理纳入法制轨道。
2001 年 1 月	《信托投资公司管理办法》	对信托投资公司的设立、变更与终止、经营范围、经营规则、监督管理与自律、惩罚均有明确规定。
2001 年 4 月	《中华人民共和国信托法》	首次将信托的设立、信托财产、信托当事人间的法律关系、信托的变更和终止及公益信托纳入法律规范的范围。
2002 年 6 月	《信托投资公司资金信托管理暂行办法》	规范了信托投资公司资金信托业务的经营行为。
2004—2005 年	《关于信托投资公司开设信托专用证券账户和信托专用资金账户有关问题的通知》《中国银行业监督管理委员会关于严禁信托投资公司信托业务承诺保底的通知》《信托投资公司信息披露管理暂行办法》《中国银行业监督管理委员会关于进一步规范集合资金信托业务有关问题的通知》《中国银行业监督管理委员会办公厅关于规范信托投资公司证券业务经营与管理有关问题的通知》等	要求信托公司进行强制性信息披露、加强业务监管、增强公司运营透明度，明确了信托公司有关开设信托专用证券账户和信托专用资金账户的行为规范，等等。
2007 年	《信托公司管理办法》和《信托公司集合资金信托计划管理办法》	《信托公司管理办法》对信托公司经营活动做了规范；《信托公司集合资金信托计划管理办法》则对信托公司的主要业务——集合资金信托做了规范。按照《信托公司管理办法》的有关规定，信托公司可以直接作为投资基金的发起人从事投资基金业务，而无须先成立基金管理公司，同时，信托公司设计信托业务品种可完全根据市场需求进行，而无须向中国人民银行报批核准。
2008 年 12 月	《银行与信托公司业务合作指引》	规范了银行与信托公司开展业务合作的经营行为，支持银行、信托公司依法创新，旨在促进银信合作健康、有序发展以及保护银信合作相关当事人的合法权益。

续前表

颁布时间	法律法规名称	具体内容
2010—2011 年	《信托公司净资本管理办法》《中国银监会关于印发信托公司净资本计算标准有关事项的通知》《中国银监会关于印发信托公司参与股指期货交易业务指引的通知》	建立起以净资本为核心的风险控制指标体系，确保信托公司业务发展与其风险管理能力、内控水平相匹配；明确了信托公司参与股指期货交易业务的一些准则与规范。

（1）创设管理。

信托机构设立的程序为：1）申请，2）报批，3）认股，4）股款的交纳与验资，5）召开创立大会。

《信托公司管理办法》对信托机构设立的管理规定如下：

1）设立信托公司，应当采取有限责任公司或者股份有限公司的形式。

2）设立信托公司，必须经中国银行业监督管理委员会批准①，并领取金融许可证。未经中国银行业监督管理委员会批准，任何单位和个人不得经营信托业务，任何经营单位不得在其名称中使用“信托公司”字样。法律法规另有规定的除外。

信托公司的设立应当具备下列条件：

1）有符合《公司法》和中国银行业监督管理委员会规定的公司章程；

2）有具备中国银行业监督管理委员会规定的入股资格的股东；

3）具有本办法规定的最低限额的注册资本；

4）有具备中国银行业监督管理委员会规定任职资格的董事、高级管理人员和与其业务相适应的信托从业人员；

5）具有健全的组织机构、信托业务操作规程和风险控制制度；

6）有符合要求的营业场所、安全防范措施和与业务有关的其他设施；

7）中国银行业监督管理委员会规定的其他条件。

信托公司注册资本最低限额为 3 亿元人民币或等值的可自由兑换货币，注册资本为实缴货币资本。

（2）信托机构的业务经营范围。

《信托公司管理办法》对信托机构业务经营范围的规定如下：

1）信托公司可以申请经营下列部分或者全部本外币业务：资金信托；动产信托；不动产信托；有价证券信托；其他财产或财产权信托；作为投资基金或者基金管理公司的发起人从事投资基金业务；经营企业资产的重组、购并及项目融资、公司理财、财务顾问等业务；受托经营国务院有关部门批准的证券承销业务；办理居间、咨询、资信调查等业务；代保管及保管箱业务；法律法规规定或中国银行业监督管理委员会批准的其他业务。

2）信托公司可以根据《信托法》等法律法规的有关规定开展公益信托活动。

---

① 现必须经中国银行保险监督管理委员会批准。下同。

3）信托公司可以根据市场需要，按照信托目的、信托财产的种类或者对信托财产管理方式的不同设置信托业务品种。

4）信托公司管理运用或处分信托财产时，可以依照信托文件的约定，采取投资、出售、存放同业、买入返售、租赁、贷款等方式进行。中国银行业监督管理委员会另有规定的，从其规定。信托公司不得以卖出回购方式管理运用信托财产。

5）信托公司固有业务项下可以开展存放同业、拆放同业、贷款、租赁、投资等业务。投资业务限定为金融类公司股权投资、金融产品投资和自用固定资产投资。信托公司不得以固有财产进行实业投资，但中国银行业监督管理委员会另有规定的除外。

6）信托公司不得开展除同业拆入业务以外的其他负债业务，且同业拆入余额不得超过其净资产的20％。中国银行业监督管理委员会另有规定的除外。

7）信托公司可以开展对外担保业务，但对外担保余额不得超过其净资产的50％。

8）信托公司经营外汇信托业务，应当遵守国家外汇管理的有关规定，并接受外汇主管部门的检查、监督。

（3）对信托机构的监管。

《信托公司管理办法》对信托机构的监管规定如下：

第四十三条　信托公司应当建立以股东（大）会、董事会、监事会、高级管理层等为主体的组织架构，明确各自的职责划分，保证相互之间独立运行、有效制衡，形成科学高效的决策、激励与约束机制。

第四十四条　信托公司应当按照职责分离的原则设立相应的工作岗位，保证公司对风险能够进行事前防范、事中控制、事后监督和纠正，形成健全的内部约束机制和监督机制。

第四十五条　信托公司应当按规定制订本公司的信托业务及其他业务规则，建立、健全本公司的各项业务管理制度和内部控制制度，并报中国银行业监督管理委员会备案。

第四十六条　信托公司应当按照国家有关规定建立、健全本公司的财务会计制度，真实记录并全面反映其业务活动和财务状况。公司年度财务会计报表应当经具有良好资质的中介机构审计。

第四十七条　中国银行业监督管理委员会可以定期或者不定期对信托公司的经营活动进行检查；必要时，可以要求信托公司提供由具有良好资质的中介机构出具的相关审计报告。信托公司应当按照中国银行业监督管理委员会的要求提供有关业务、财务等报表和资料，并如实介绍有关业务情况。

第四十八条　中国银行业监督管理委员会对信托公司实行净资本管理。具体办法由中国银行业监督管理委员会另行制定。

第四十九条　信托公司每年应当从税后利润中提取5％作为信托赔偿准备金，但该赔偿准备金累计总额达到公司注册资本的20％时，可不再提取。信托公司的赔偿准备金应存放于经营稳健、具有一定实力的境内商业银行，或者用于购买国债等低风险高流动性证券品种。

第五十条　中国银行业监督管理委员会对信托公司的董事、高级管理人员实行任职资格审查制度。未经中国银行业监督管理委员会任职资格审查或者审查不合格的，不得任职。信托公司对拟离任的董事、高级管理人员，应当进行离任审计，并将审计结果报中国银行业监督管理委员会备案。信托公司的法定代表人变更时，在新的法定代表人经中国银行业监督管理委员会核准任职资格前，原法定代表人不得离任。

第五十一条　中国银行业监督管理委员会对信托公司的信托从业人员实行信托业务资格管理制度。符合条件的，颁发信托从业人员资格证书；未取得信托从业人员资格证书的，不得经办信托业务。

第五十二条　信托公司的董事、高级管理人员和信托从业人员违反法律、行政法规或中国银行业监督管理委员会有关规定的，中国银行业监督管理委员会有权取消其任职资格或者从业资格。

第五十三条　中国银行业监督管理委员会根据履行职责的需要，可以与信托公司董事、高级管理人员进行监督管理谈话，要求信托公司董事、高级管理人员就信托公司的业务活动和风险管理的重大事项作出说明。

第五十四条　信托公司违反审慎经营规则的，中国银行业监督管理委员会责令限期改正；逾期未改正的，或者其行为严重危及信托公司的稳健运行、损害受益人合法权益的，中国银行业监督管理委员会可以区别情形，依据《中华人民共和国银行业监督管理法》等法律法规的规定，采取暂停业务、限制股东权利等监管措施。

第五十五条　信托公司已经或者可能发生信用危机，严重影响受益人合法权益的，中国银行业监督管理委员会可以依法对该信托公司实行接管或者督促机构重组。

第五十六条　中国银行业监督管理委员会在批准信托公司设立、变更、终止后，发现原申请材料有隐瞒、虚假的情形，可以责令补正或者撤销批准。

第五十七条　信托公司可以加入中国信托业协会，实行行业自律。中国信托业协会开展活动，应当接受中国银行业监督管理委员会的指导和监督。

（4）信托机构的变更、解散和清算。

《信托公司管理办法》对信托机构变更、解散和清算的规定如下：

第十二条　信托公司有下列情形之一的，应当经中国银行业监督管理委员会批准：

①变更名称；

②变更注册资本；

③变更公司住所；

④改变组织形式；

⑤调整业务范围；

⑥更换董事或高级管理人员；

⑦变更股东或者调整股权结构，但持有上市公司流通股份未达到公司总股份5%的除外；

⑧修改公司章程；

⑨合并或者分立；

⑩中国银行业监督管理委员会规定的其他情形。

第十三条　信托公司出现分立、合并或者公司章程规定的解散事由，申请解散的，经中国银行业监督管理委员会批准后解散，并依法组织清算组进行清算。

第十四条　信托公司不能清偿到期债务，且资产不足以清偿债务或明显缺乏清偿能力的，经中国银行业监督管理委员会同意，可向人民法院提出破产申请。中国银行业监督管理委员会可以向人民法院直接提出对该信托公司进行重整或破产清算的申请。

第十五条　信托公司终止时，其管理信托事务的职责同时终止。清算组应当妥善保管信托财产，作出处理信托事务的报告并向新受托人办理信托财产的移交。信托文件另有约定的，从其约定。

（5）规范性文件。

1）关于银信合作业务的规范性文件。规范银行与信托公司业务合作的经营行为，引领银行、信托公司依法创新，促进银信合作健康、有序发展。

2）关于房地产信托业务的规范性文件。我国房地产业快速发展的需求带动了房地产信托的异军突起，作为国民经济的支柱产业，房地产业的发展必然受到政府调控和经济周期波动的影响，于是房地产信托也带上了鲜明的制度博弈色彩，所以，对于房地产信托业务进行合理的规范是必要的。

3）关于政信合作业务的规范性文件。该类文件用于规范公司政信合作贷款业务，防范业务风险，使政信合作业务在合法合规的基础上健康、有序开展。

2. 中国信托业协会的自律管理

中国信托业协会成立于2005年5月，是全国性信托业自律组织，是经中国银行业监督管理委员会同意并在中华人民共和国民政部登记注册的非营利性社会团体法人。现接受业务主管单位中国银行保险监督管理委员会和社团登记管理机关民政部的指导、监督和管理。

中国信托业协会的宗旨为：协会以促进会员单位实现共同利益为宗旨，遵守宪法、法律、法规和国家政策，依据《信托法》《中华人民共和国银行业监督管理法》等法律法规，认真履行自律、维权、协调、服务职能，发挥相关管理部门与信托业间的桥梁和纽带作用，维护信托业合法权益，维护信托业市场秩序，提高信托业从业人员素质，提高为会员服务的水平，促进信托业的健康发展。

中国信托业协会的主要职责为：

（1）组织会员签订自律公约及其实施细则，建立自律公约执行情况检查和披露制度，受理会员单位和社会公众的投诉，采取自律惩戒措施，督促会员依法合规经营，共同维护公平竞争的市场环境。

（2）受主管部门委托，组织制定行业标准和业务规范，推动实施并监督会员执行，提高行业服务水平；建立健全信托业诚信制度以及信托公司和从业人员信用信息体系，加强诚信监督，协助推进信托业信用体系建设；制定从业人员道德和行为准则，对信托从业人员进行自律管理，组织信托从业人员资格考试和相关培训，提高从业人员素质。

（3）对于违反信托业协会章程、自律公约、管理制度等致使行业利益受损的会员，可按有关规定实施自律性处罚，并及时告知中国银保监会。

（4）对涉嫌信托公司和从业人员违法违规的投诉件和发现的业内涉嫌违法违规的行为，及时报告中国银保监会，并做好中国银保监会批转投诉件的调查处理工作。

（5）组织会员制定维权公约，通过开展区域信用环境评级，发布诚实守信客户或违约客户名单，实施行业联合制裁等措施，制止各种侵权行为，维护信托公司合法权益。

（6）参与中国银保监会等部门组织的有关信托公司改革发展以及与行业权益相关的决策论证，提出信托业有关政策、立法和行业规划等方面的建议。

（7）向中国银保监会等相关部门反映涉及信托业改革和发展的问题，建立与有关部门的沟通机制，争取有利于信托业健康发展的外部环境。

（8）组织会员开展行业维权调查，及时向会员进行风险提示，促进会员加强债权维护和风险管理；持续推动信托行业法律法规及配套制度的建立与完善。

（9）接受会员委托，协调与政府及其有关部门之间的关系，协助中国银保监会等部门落实有关政策、措施；协调会员之间的关系，建立和完善行业内部争议调解处理机构，公正、合理解决各种矛盾争端，营造良好的业内环境。

（10）协调会员与社会公众的关系，加强会员与社会公众的沟通，维护会员与客户的合法权益；加强同新闻媒体的沟通和联系，制定突发事件新闻处理机制，及时有效引导社会舆论，维护信托业声誉。

（11）建立会员间信息沟通机制，组织开展会员间的业务、技术、信息等方面的交流与合作，为会员提供信息服务，根据授权开展统计；组织开展与境内外信托公司以及信托业协会间的交流与合作；加强与各相关行业协会的沟通和协调。

（12）发挥行业整体宣传功能，协调、组织会员共同开展新业务、新政策的宣传和咨询活动，大力普及金融知识，提高公众的金融意识；组织开展业务竞技活动，增进会员间的了解和友谊，培育健康向上的行业文化。

（13）有关法律法规规定的其他职责和中国银保监会、民政部等有关部门及会员交办、委托的其他事项。

3. 信托公司内部管理

信托公司要按照健全的法人治理原则，构建股东会、董事会、监事会和高级管理层各司其职、协调运转、相互制衡的组织架构（信托公司组织结构图示例见图 9－7）。信托公司应进一步充实完善“三会”及高级管理层的议事制度和决策程序；加强董事会建设，下设风险控制委员会、审计委员会、提名与薪酬委员会；扩大非执行董事在董事会中的比例，推行独立董事制度；在经营层成立业务决策委员会，负责日常经营决策。在公司治理中，应注重确立董事会在内部控制框架中的核心地位，董事会对内部控制系统的建立、完善和有效运行负责。信托公司的内部信息沟通应以清晰、有效的垂直报告制度和平行通报为主线。垂直报告即部门高级管理层、董事会、风险管理部门形成自下而上的信息呈报及自上而下的信息反馈渠道和业务汇报体系。平行通报即按照业务分离的原则，各岗位、各部门就相关业务信息及信托公司经营管理的必要信息进行沟通。信托公司内部沟通的主要平台有各类会议、文件、内部报表、内部刊物及信托公司网站等。此外，为保证各股东的知情权，信托公司除及时召开股东大会外，还可通过多种方式与各股东保持日常沟通。

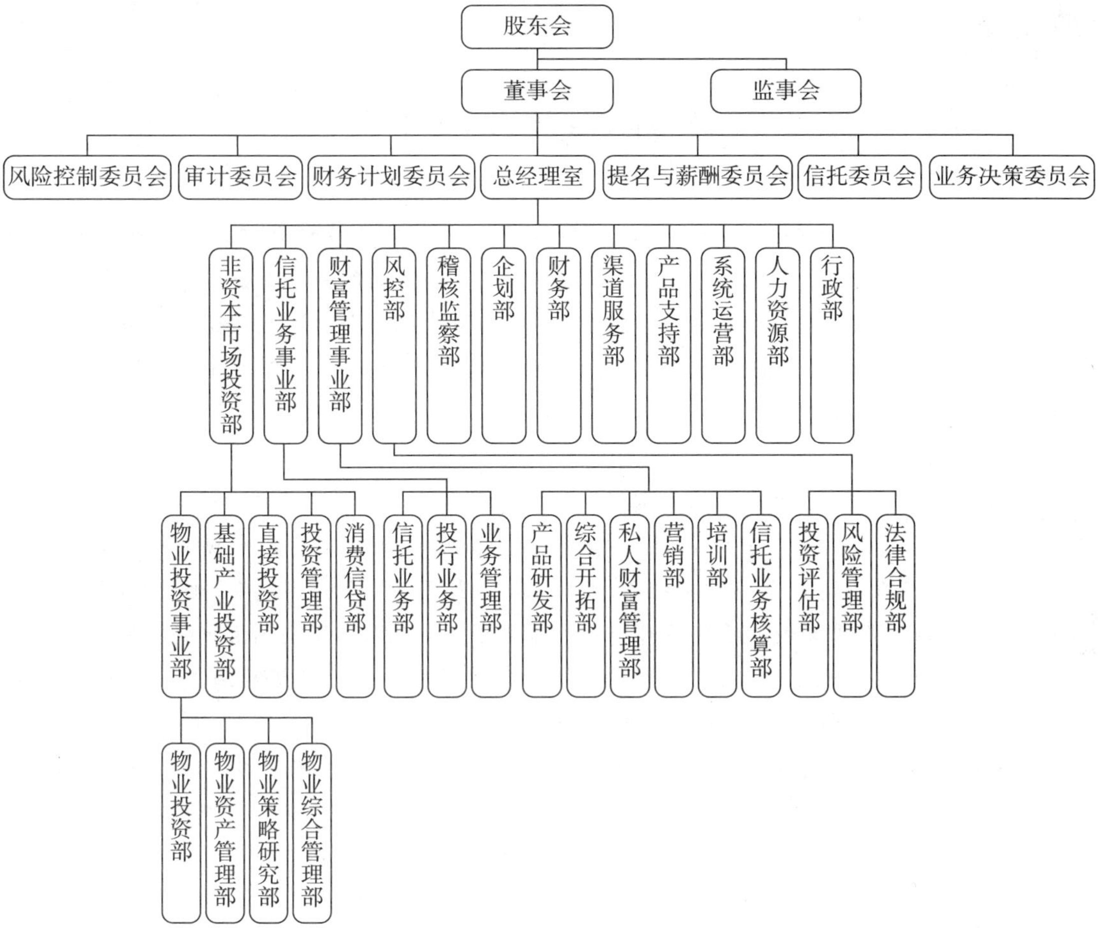

图 9－7　信托公司组织结构图示例

第三节　信托业发展中存在的问题

我国自 1979 年正式引进信托以来，我国的信托业经过了 40 年的发展，取得了很大的进步，在这个过程中，可谓是路途坎坷，其间绝大部分时间是处于“发展—混乱—整顿”的怪圈中。中国信托制度最初不是由经济和社会对信托业的内在需求自然引致的，而是为了满足国家对资金的需求，由政府直接出资强制创立。因此一开始信托企业就具有浓厚的行政色彩，成为各级政府的“第二银行”，各级政府设立信托机构也不是为了实现信托的“受人之托，代人理财”的基本职能，信托业务银行化经营是最主要的表现；同时，我国大多数信托公司缺少核心的盈利业务，主业不主，缺少竞争力。

下面以海南信托业的兴衰为例来说明我国信托业发展中存在的一些问题。

案例分析

海南信托业的兴衰启示

1. 案例背景

1988年中央设立海南经济特区，改革预期下岛内发展热情被激起，金融改革也方兴未艾，最明显的是非银行金融机构崛起。1988年9月，海南第一家全民股份制非银行金融机构海南汇通国际信托投资公司成立。1993年底全国非银行金融机构已达984家，大量信托公司在80年代末成立。信托公司当时没有明确的业务规范，基本上所有金融业务都可涉及，甚至有诸多创新。

2. 事件的发展

20世纪80年代末90年代初的中国经济仍带有明显的计划经济特征，从政策到实体经济的传导机制依赖行政体系。中央定调"宽松"时，地方很快上项目，出现通胀；中央定调"紧缩"时，经济则迅速停滞。20世纪80年代末"价格闯关"的风险到20世纪90年代基本已释放出来，通胀趋于缓和。1992年邓小平南方谈话又重新激起了全国上下的发展热情。

1993年宏观政策收紧，海南房地产泡沫破灭。邓小平南方谈话后海南的表现尤其激进，最明显的是房地产。1993年的房价相比1991年增长了4倍。1991年地价为每亩98万元，最高上涨至接近每亩680万元。海南的经济再次陷入一放就乱的恶性循环，1993年通胀超过两位数，1993年6月中央公布宏观调控的"十六条措施"，开始踩刹车。结果"一收就死"，银根紧缩之后，海南房地产泡沫破灭，房价在半年内几乎腰斩式下跌。

海南信托业的繁荣正是依托了房地产泡沫。当年在海南流行"两个80%"的说法，即海南信托公司的资金80%流向房地产，另外20%中有80%间接流向了房地产。房地产泡沫破灭之后，信托公司的在手地皮和在建楼盘大幅减值，1994—1995年开始不断有信托公司被重组。一部分信托公司开始非法融资以防止资金链断裂。1997年亚洲金融危机爆发，海南信托业因大规模举债而发生支付危机。1999年国家对信托业开始第五次清理整顿，海南信托业开始全面清盘，在这次整顿中，海南有多家信托公司相继破产。至1999年底，海南仅存8家信托公司。2001年11月，中国人民银行决定对海南赛格国际信托投资公司进行停业整顿，同月，海南汇通国际信托投资公司、海南华银国际信托投资公司、海南国际租赁有限公司和三亚中亚信托投资公司也被宣布停业整顿。到2003年12月，全国的59家信托公司重新登记，无一家隶属海南省。海南信托公司由于严重资不抵债，整顿无望，只能申请破产。2005年4月22日，海南汇通国际信托投资公司被海口市中级人民法院宣告破产，负债总额达30多亿元。紧接着，2005年11月，海南国际租赁有限公司被法院裁定进入破产还债程序。2006年3月，三亚中亚信托投资公司被法院裁定进入破产还债程序。2006年5月11日，海南华银信托投资公司被法院宣告破产，负债总额达56亿多元。2006年9月25日，海南赛格国际信托投资公司被法院宣告破产，负债总额达73亿多元。海南信托业一直在与破产作斗争，最终全军覆没。

3. 事件产生原因

(1) 公司治理结构存在缺陷，监督制约机制缺乏。

在海南信托公司中，虽然有的公司形式为股份有限公司，但公司治理缺乏效率。事实上，相当部分信托机构的董事会和监事会只是为了满足法规要求而虚设的，并未发挥真正的作用。股东会质量不高，董事会责任淡化，监事会功能弱化、缺乏权威，经理层缺乏制约、内部人控制严重。少数公司重组改制不彻底，股本结构和经营机制没有实质转变。股权结构不合理，或者主要管理人员的权力过于集中，不可避免地导致内部制约和监督的严重缺乏，更不可能形成民主决策和集体决策的投资决策机制及体制，甚至个别公司的主要股东经营目的不良，有意模糊和弱化内部监控机制，从而浑水摸鱼、中饱私利。

（2）主营业务不突出，盈利能力不强。

人们通常把信托公司当成政府的"小钱柜"，认为信托就是地方政府对内对外筹资或融资的工具，筹资是信托的代名词，把融资这个派生的功能理解为信托的基本功能。由于这一内在原因，加上监管制度不健全，海南信托业很快成为盲目扩大投融资的工具，并成为历次宏观调控的对象。1998年以前，海南的信托公司实际上是一种以银行业务为核心，兼营证券业务和实业投资业务的混业经营型金融机构。政府在信托制度安排和整个行业的规划上显然不够清晰。正是这种政策偏差导致了海南信托业定位不准，信托自身的业务未得到开发，给信托业埋下了祸根。

（3）风险管理制度欠缺。

海南信托公司的风险管理能力比较弱，对于风险的产生和把握主要来自感性判断。风险控制主要靠经验，缺乏有效和全面的风险控制机制及手段。相对于国外的金融机构，海南的信托机构缺乏风险量化能力，风险管理技术落后，信托机构普遍存在信息化管理水平低的问题。信托机构未建立信托业务信息管理系统，对客户资源、产品开发、业务进展、资产的风险状态难以实施实时监控和分析，对决策的支持力度不大。信托公司"外行当家"、人浮于事、机构臃肿的现象极为普遍。信托机构长期进行整顿，也导致大量人才流失。此外，高管人员和从业人员素质参差不齐，部分高管人员的专业水准和道德操守有待提高。

当前，我国信托业经历了多次整顿之后，取得了很好的效果，也朝着更加规范、专业的方向发展。"一法两规"的颁布正引导着信托公司踏上从事真正信托业务的发展道路，回归到"受人之托，代人理财"的本源业务。

本章思考题

一、名词解释

1. 垂直报告
2. 平行通报
3. 净资产收益率

二、简答题

1. 简述衡量信托业务发展状况的关键指标。
2. 简述信托机构的性质与特点。
3. 简述信托机构管理的意义。
4. 试论述海南信托衰亡的原因及其对信托业的启示。

第十章

租赁概述

导入案例

中小企业融资难一直是全球经济长期存在的问题，但中小企业融资难在很大程度上是贷款难，因为银行大多不愿承担中小企业成长过程中的风险。那么，对于中小企业来说，它们要想发展，出路在哪呢？

当前，对于中小企业来说，它们需要设备，这是中小企业发展的基础，而银行的高门槛贷款条件又往往使得这些企业望而却步，相反，融资租赁公司由于拥有设备的物权，融资门槛比银行低。比如一个企业的信用评级在70分以上，银行才会对其放款，而融资租赁公司只要求达到60分。银行看重的是企业过去长期的信用积累和高的抵押担保，而融资租赁公司更看重企业的成长性，在企业有订单、管理到位的情况下，融资租赁公司愿意为企业提供设备支持，即为企业提供实物形态的资金支持，帮助中小企业从小变大、由弱变强。截至2015年上半年，中国金融租赁行业的资产规模已达到约1.5万亿元，在2007年金融租赁公司出现后的8年时间内资产翻了62倍。

第一节　租赁的概念及其分类

一、租赁的基本概念及特点

（一）租赁的基本概念

租赁的历史源远流长，是一个历史产物。租赁表现为从个别现象到普遍制度的形成过程，大致经历了古代租赁、传统租赁、近代租赁和现代租赁四个阶段。

现代租赁概念没有一个统一的定论。

根据《中华人民共和国合同法》（简称《合同法》）第十三章第二百一十二条，租赁合同是出租人将租赁物交付承租人使用、收益，承租人支付租金的合同。

(二) 租赁的特点

1. 所有权和使用权相分离

所有权是所有人依法对自己财产所享有的占有、使用、收益和处分的权利，是对生产劳动的目的、对象、手段、方法和结果的支配力量，是一种财产权，所以又称财产所有权。所有权是物权中最重要也最完全的一种权利，具有绝对性、排他性、永续性三个特征，具体内容包括占有、使用、收益、处分四项权利。使用权是指不改变财产的本质而依法加以利用的权利，通常由所有人行使，但也可依法律、政策或所有人之意愿而转移给他人。

所有权和使用权的分离，使得出租人将自己所拥有的某种物品交与承租人使用，承租人由此获得在一段时期内使用该物品的权利，但物品的所有权仍保留在出租人手中。这种交易方式更加灵活。

2. 融资和融物相结合

融资租赁并不直接提供资金，而是购买客户所需要的租赁物，而租赁物作为融资租赁的载体又是必需的，故融资租赁中融资与融物密不可分。

二、租赁的分类

1. 按照租赁的目的，分为融资租赁和经营性租赁

融资租赁是指出租人根据承租人对租赁物和供货人的选择或认可，将其从供货人处取得的租赁物按合同约定出租给承租人占有、使用，向承租人收取租金的交易活动。[①] 人们普遍认为融资租赁合同包含两个合同、三方关系，也有的学者认为包含两方关系。[②]

经营性租赁是指出租人向承租人提供设备及使用权的同时，还提供设备的维修、保养等其他专门的服务，并承担设备过时风险的一种中短期融资与融物相结合的经济活动。

2. 按照租赁操作的方式，分为直接租赁、转租赁、杠杆租赁和售后回租

(1) 直接租赁是指租赁公司用自有资金、银行贷款或招股等方式，在国际或国内金融市场上筹集资金，向设备制造厂家购进用户所需设备，然后再租给承租企业使用的一种主要融资租赁方式。在这种直接租赁方式下，租赁当事人直接见面，彼此对三方的要求和条件都很清楚。直接租赁方式没有时间间隔，出租人没有设备库存，资金流动快，有较高的投资效益。

(2) 转租赁是相对于直接租赁的一个概念，区别在于直接租赁是双方交易，而转租赁是多边交易。在转租赁中，多了一种当事人，即转租赁方。

(3) 杠杆租赁是融资租赁的一种特殊方式，又称平衡租赁、减租租赁或举债经营融资租赁，即由贸易方政府向设备出租人提供减税及信贷刺激，从而使租赁公司以较优惠的条件进行设备出租的一种方式。它是目前较为广泛地采用的一种国际租赁方式，是一种利用财务杠杆原理组成的租赁形式。杠杆租赁至少有三方面的人参与：贷款人、出租人和承租人。使用这种租赁方式时，出租人自筹租赁设备购置成本 20%～40%的资金，其余60%～

---

① 源自《金融租赁公司管理办法》。

② 高圣平，王思源．论融资租赁交易的法律构造．法律科学（西北政法大学学报），2013，31（1）：160-169.

80%的资金由银行或财团等以贷款方式提供，但出租人拥有设备的法定所有权。这样，在很多工业发达国家，出租人按其国家税法规定就可享有按设备的购置成本金额计算的减税优惠。但是，出租人需将设备的所有权、租赁合同和收取租金的权利抵押给银行或财团，以此作为其取得贷款的担保。每期租金由承租人交给提供贷款的银行或财团，由其按商定比例扣除偿付的贷款及利息，其余部分交出租人处理。

（4）售后回租是指承租人将自有物件出卖给出租人，同时与出租人签订租赁合同，再将该物件从出租人处租回的融资租赁形式。售后回租业务是承租人和供货人为同一人的融资租赁方式。①

3. 按照租赁的目的和效果，英、美等国有节税租赁和销售式租赁之分

节税租赁在美国又被称为真实租赁，是指在税收上真正享有租赁待遇的租赁。租赁待遇是指对出租人和承租人的税收优惠。节税租赁需要符合税法规定的条件。节税租赁的名称并不规范，它突出的是租赁安排的经济效果，而非当事人之间存在某种特殊的关系，在公法上节税租赁应当属于经营性租赁。

销售式租赁在英国被称为租购，是指在税收上享受买卖交易待遇的租赁。在这种交易中，承租人相当于买方，享有对租赁物的折旧税收优惠和期末残值，但租金不作为费用从成本中扣除。销售式租赁的认定条件也由相关国家的法律规定，通常能够被认定为销售式租赁的只有融资租赁。

第二节　租赁的功能

一、对经济的功能

1. 引进先进技术

虽然我国在各方面的设备技术研发已经有了很大的飞跃，但是国外的先进技术依然是我们学习的重点。因此，对于像我国这样的发展中国家来说，大量使用租赁的方式能够为先进技术的引进提供资金上的支持，满足资金上的需求，有利于国内经济的快速发展。

2. 提高闲置资产的利用率

租赁能够为资产所有者与需求者搭建平台，将闲置的资产转移到需求者一方，按照经济发展的梯度转移资源，有效利用闲置设备，提高资源利用效率。这样不仅能提高设备所有者的收入，而且能为需求者提供更便捷的渠道，从而提高整个社会的资产利用率。租赁的方式不仅解决了发达地区产业结构调整带来的淘汰设备处理问题，而且解决了不发达地区科技进步与资金缺乏的矛盾，促进了全社会资源的有效运用，加快了全社会的平衡发展。

① 源自《金融租赁公司管理办法》。

二、对当事人的功能

（一）对承租人

1. 融通资金

融通资金是融资租赁最基本的功能，可以为承租方提供中长期资金来源，发挥与银行借贷相同的作用。同时，与银行贷款、发行债券、发行股票等融资方式相比，融资租赁具有显而易见的优势。首先，融资租赁手续简便、快捷，由于出租人在租赁期间一直拥有租赁物的所有权，并通过租期内租赁物的完整性来保证，加之出租人对租赁人的审查更侧重于承租人的未来盈利能力，而不是过去的信用历史或者财产资本基础，因此对于那些新建的中小企业来说，融资租赁是获得融资支持的重要方式；其次，承租人可以获得税收上的好处；最后，承租人可以得到百分百的融资。

2. 减少资金占用

承租人只需要支付租金就可以使用整套设备，对于那些并不经常使用的设备，企业利用租赁方式，可以减少因购买这些设备而占用的资金，而对于那些需要经常使用但成本较高的设备，如果利用租赁方式，也可以减少企业前期的资金投入和资金占用。

3. 有助于加速机器设备更新

对于设备淘汰更新快的企业而言，租赁为机器设备快速升级创造了便利条件。在多数情况下，承租人把残值风险转移给了出租人，减少了设备因过时而陈旧的风险。

（1）租赁资格审核程序简便，申请批准速度快，有助于承租人把握商机。

（2）有利于修饰财务报表。

采用经营性租赁时，租金被作为营业费用处理，避免为购置设备而增加大笔负债，可以有效地防止资产负债率上升。

（二）对出租人

1. 增加收入

租赁也是一种理财方式，通常情况下租赁利息较银行贷款利息高，因此，租赁公司、金融机构发展租赁交易更具有吸引力。

2. 获得高残值收入

在租赁期满、租赁财产被返还给出租人的情况下，如果其实际价值远高于最初签订契约时的预计残值，会给出租人带来大额利润。

3. 降低投资风险，扩大投资规模

由于租赁期间租赁物的所有权一直属于出租人，若承租人不能支付租金，出租人可以收回租赁物，因此采用租赁方式比采用其他方式风险更低。同时，租赁的资金用途明确，出租人直接向供货商购买设备并租给承租人，不会发生银行贷款出现资金挪用的现象。

（三）对出售方

对于设备生产厂商来说，运用租赁形式可以扩大企业的产品销售渠道：一是可以减少一次性付款给客户造成的资金压力，使那些资金不足的潜在客户变为现实客户；二是租赁可以为客户提供设备试用期，有利于扩大客户群；三是用条件优惠的租赁吸引客户，可以开拓国际市场；四是由于租赁不转移设备所有权，不是买卖，可以规避国际贸易中的关税和其他贸易壁垒，同时还可以利用承租人所在国的税收优惠。

第三节　租赁业务的一般程序

1. 直接租赁交易流程

直接租赁的流程见图 10-1。

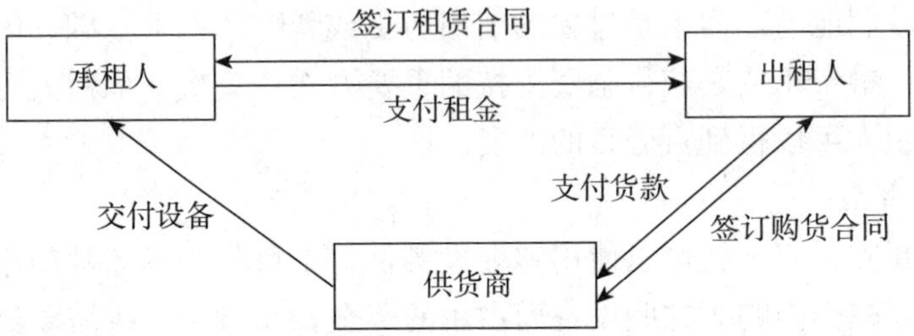

图 10-1　直接租赁流程图

2. 转租赁交易流程

转租赁的流程见图 10-2。

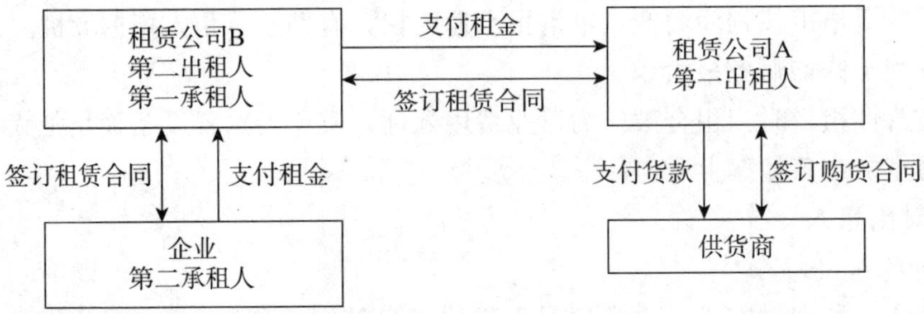

图 10-2　转租赁流程图

3. 杠杆租赁交易流程

杠杆租赁的流程见图 10-3。

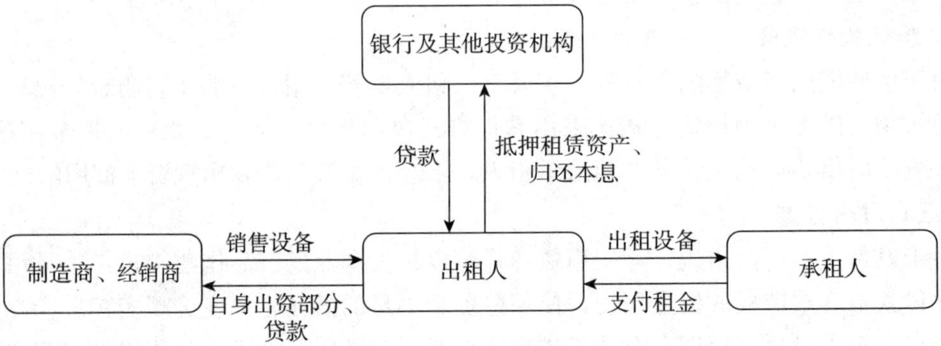

图 10-3　杠杆租赁流程图

4. 售后回租交易流程

售后回租的流程见图 10－4。

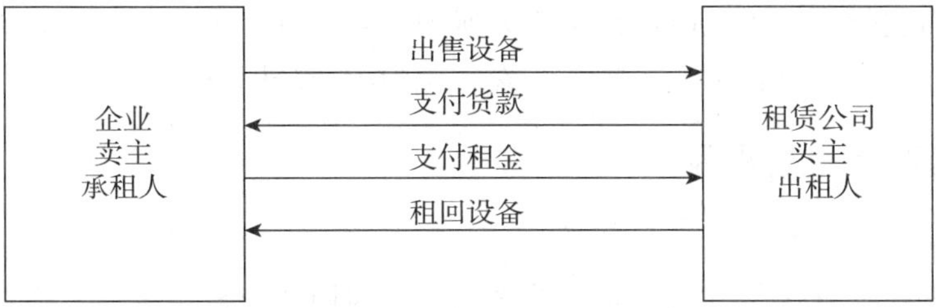

图 10－4　售后回租流程图

第四节　租金的计算与支付

由于租赁业务种类不同，租金的计算及其影响因素也不尽相同，本节仅研究融资租赁。

一、租金的基本概念

租金是租赁机构通过转让某种资产的使用权而分次取得的补偿和收益，也可以说是承租人因使用租赁物件而支付给租赁机构的费用。① 在租赁业务中，租金是涉及双方经济利益的关键因素。

融资租赁和经营性租赁的投资回报机制不同，下文中只研究融资租赁。

二、租金的构成

1. 租赁标的物的购置成本

租赁标的物的购置成本是租金的基础，是租金的主要构成部分。不同的租赁方式有不同的成本确定原则。在经营性租赁中，租金的成本只包含租赁物件资产的部分价值；在融资租赁中，租金的成本包含了租赁物件资产的大部分价值或者全部价值。新购租赁资产与已使用多年的租赁资产的成本确定原则不同；存在租赁资产余值时，租赁期满租赁物件所有权是否转移、是否继续租赁等使租金的成本确定又有所不同。

总的原则是：租金的成本既要反映让渡租赁物件使用权的对价，又要反映出租人提供融资的资金对价；租金的成本不能偏离租赁资产在起租日时的公允价值太大。

2. 利息

租金利息是指以租赁物件的成本为本金，以租赁利率为计息利率，在租赁期限内所产生的利息。它实质上包含两个方面的内容：一是成本资金的使用价值分割到的利润部分；二是出租人在租赁交易中的劳动收益通过利息实现的部分。影响利息大小的因素有租赁物件的成本、租赁利率、租赁期限、计息方式、租金支付方式等。

① 徐保满．金融信托与租赁．北京：科学出版社，2007.

3. 出租人的收益

一般来说，出租人的收益分为两部分：一部分包含在上述租赁利息中，另一部分以手续费的形式存在。手续费本身不是租金的组成部分，一般情况下，承租人应在合同签订并生效时将手续费支付给出租人以用作出租人所需的营业费用等，但在承租人资金周转困难时，经双方同意，也可以各种方式将手续费转化为租金分期支付。

三、影响租金的主要因素

1. 租赁的期限

租赁期限的长短直接影响租金总额的大小，因为租期越长，承租人占用出租人资金的时间就越长，利息负担也就越重，因此租期与租金总额成正比，即租期越长，租金总额就越大。

2. 手续费

手续费本身不是租金的组成部分，它是在租赁交易中由承租人向出租人支付的一部分劳动报酬。一般情况下，承租人应在租赁合同生效时将手续费支付给出租人，也可以将手续费转为租金，若是这样，将增大租金总额。

3. 付租方式

付租方式有期初付租方式和期末付租方式、等额租金支付方式和等额本金支付方式等。

在期初付租方式下，承租人占用出租人资金的时间相应缩短一期，因此租金总额较少；而在期末付租方式下，租金相对期初来说增加。

等额租金支付方式是指每期租金金额均等，等额本金支付方式是指每期归还的设备购置成本的金额相等。等额租金支付方式起初归还利息数额较多，因此最终而言，其租金总额要大于等额本金支付方式下的租金总额。

4. 付租间隔期

付租间隔期是指上期租金支付日与当前租金支付日的时间间隔。按付租间隔期的不同，租金的支付一般分为年付、半年付、季付、月付等。

5. 租赁保证金

租赁保证金是承租人在签订租赁合同时向出租人缴纳的一定数额的资金，以作为履行合同的保证。租赁保证金支付额的大小以及租赁保证金是从租赁设备的成本中扣除还是用作抵交某期租金的全部或一部分，对租金总额的影响很大。若租赁保证金从成本中扣除，租金总额最小，对承租人最有利，但这只是一种理论，在实际中很少用，因为这样它就失去了保证金的意义。

6. 支付币种

在跨国租赁中，如果国内承租人承租国外的租赁设备，应考虑租金的支付币种。因为国际金融市场上各种货币的利率和汇率是瞬息万变的，汇率的波动影响本国货币与支付币种的兑换比率，进而直接影响租金总额。在能比较准确地判断不同币种兑换比率的变化趋势的基础上，正确选择合适的支付币种不仅能够避免汇率风险，而且有可能从中受益。

7. 起租日与计息日

起租日通常为核算租赁物件的实际成本之日，是计算租金的起算日期；计息日指核算租赁物件实际成本中的租前利息时各款项开始计息之日。由于起租日与计息日的不同确定方法，起租日与计息日之间的时间间隔就会不同，利息也就不同，最后核算出的实际成本也会不同，进而对租金总额将产生一定的影响。

8. 利率

在租赁标的物购置成本一定的条件下，利率是影响租金总额的重要因素之一。其他因素不变，利息越高，租金总额就越大。租金利率的高低取决于多种因素，若采用固定利率计算租金利息，固定利率值一般要高于同期的浮动利率值，这是出租人为防止租期内因利率变化带来损失而采取的合理的保值措施。在以浮动利率计算租金利息时，某期租金支付日确定的租赁利率即为计算下期租金利息的计息利率并随租金支付日的推移而逐次浮动。浮动利率一般以伦敦同业拆借利率（Libor）为参考值来确定。

四、租金的计算方式

（一）租金计算基础

1. 复利终值和现值

复利是计算利息的一种方法。按照这种方法，每经过一个计息期，要将所产生的利息加入本金再计算利息，逐期滚算，俗称“利滚利”。这里所说的计息期，是指相邻的两次计息的时间间隔，如年、月、日等。我国一般为一年，欧美等国家一般为半年。与复利对应的叫作单利。单利是指只对本金计算利息，而不将以前计息期所产生的利息累加到本金中计算利息的一种计息方法，即利息不再生息。

（1）复利终值。

复利终值是指现在的特定资金按复利计算的本金和利息之和。

令 F 代表复利终值，P 代表本金，i 代表利率，那么，经过一年，有关系式：

$$F=P(1+i)$$

在第二年年末有：

$$F=(P+Pi)(1+i)=P(1+i)^2$$

在第 n 年年末可递推得出：

$$F=P(1+i)^n$$

上式是计算复利终值的一般公式，其中的$(1+i)^n$ 被称为复利终值系数，或者 1 元的复利终值，用符号$(F/P,i,n)$表示。例如$(F/P,6\%,3)$表示利率为 6%时 3 期的复利终值系数，复利终值系数一般会被编制成汇总表，以便于计算。

(2)复利现值。

复利现值是复利终值的对应概念，指为取得将来一定的本利和现在所需要的本金。

由复利终值的计算已知：

$$F=P(1+i)^n$$

所以

$$P=F/(1+i)^n$$

上式中 $1/(1+i)^n$ 为把终值折算为现值的系数，被称为复利现值系数，或者 1 元的复利现值，用符号$(P/F,i,n)$来表示。例如$(P/F,6\%,3)$表示利率为 6%时 3 期的复利现值系数。同样，复利现值系数一般也会被编制成汇总表，以便于计算。

2. 年金终值和现值

年金是指等额、定期的系列收支。按照收付时点和方式的不同可以将年金分为普通年金、预付年金、递延年金和永续年金四种。就本书而言，仅介绍普通年金和预付年金两种。

(1)普通年金终值和现值。

普通年金终值是指其最后一次收付时的本利和，它是每次收付的复利终值之和。公式为 $F=A\cdot(F/A,\ i,\ n)=A\cdot[(1+i)^n-1]/i$，其中 A 为每期支付金额，符号 $(F/A,\ i,\ n)$ 表示年金终值系数，可查表得到。普通年金现值又被称为偿债基金，是指为使年金终值达到既定金额每年末应收付的年金数额，它是每次收付的复利现值之和。一般公式为 $P=A\cdot(P/A,\ i,\ n)=A\cdot(1-v^n)/i$，其中 $v=1/(1+i)$，符号 $(P/A,\ i,\ n)$ 表示年金现值系数，可查表得到。

(2) 预付年金终值和现值。

预付年金是指在每期期初收付的年金，又称即付年金或期初年金。终值公式为 $F=A\cdot(F/A,\ i,\ n)(1+i)=A\cdot[(1+i)^n-1]/d$，其中 $d=i/(1+i)$，现值公式为 $P=A\cdot(P/A,\ i,\ n)(1+i)=A\cdot(1-v^n)/d$，其中 $v=1/(1+i)$，$d=i/(1+i)$。

(二) 租金的计算

1. 年金法

年金法是以货币时间价值为基础将承租人在未来各租赁期内的应付租金按一定的利率换算成现值，使其现值总和等于租赁资产成本的租金计算方法。

(1) 等差变额年金法。

假定每次付款时间间隔相等，且各付款期利率相同。一般给定各期利率、付款时间间隔以及每次付款额度，通过逐年计算，都可计算出相应年金的现值和积累值。但这里只介绍有规律的变化（即较特殊的情形），以求出相应年金的简便的表达式。

假定某期末支付年金的首期付款额为 P，从第二期开始每期付款额比前一期增加 Q，共有 n 个付款期，每个付款期利率为 i。若只考虑付款额大于 0 的年金，须保证 $P>0$，且 $P+(n-1)Q>0$。该年金的现值为：

$$V(0)=Pv+(P+Q)v^2+(P+2Q)v^3+\cdots+[P+(n-1)Q]v^n \quad (10-1)$$

该现值是一个等差数列与一个等比数列的和，可通过下面方法求出一个简便的表达式：

$$(1+i)V(0)=P+(P+Q)v+(P+2Q)v^2+\cdots+[P+(n-1)Q]v^{n-1} \quad (10-2)$$

式 (10-2) 一式 (10-1) 有：

$$\begin{aligned} iV(0)&=P+Qv+Qv^2+\cdots+Qv^{n-1}-Pv^n-(n-1)Qv^n \\ &=P(1-v^n)+Q(v+v^2+\cdots+v^n)-nQv^n \end{aligned}$$

设 $(1-v^n)/i=a_n$，则有

$$V(0)=Pa_n+Q(a_n-nv^n)/i$$

该年金的积累值可以通过现值 $V(0)$ 乘以 $(1+i)^n$ 获得：

$$V(N) = V(0) \cdot (1+i)^n$$

(2)等比变额年金法。

若某期末支付年金的各期付款额成等比数列，即各期付款额有如下关系：

$$1, (1+k), (1+k)^2, \cdots, (1+k)^{n-1}$$

则该年金的现值为：

$$\begin{aligned} V(0) &= v + v^2(1+k) + v^3(1+k)^2 + \cdots + v^n(1+k)^{n-1} \\ &= \{1 - [(1+k)/(1+i)]^n\}/(i-k) \end{aligned}$$

2. 附加率法

附加率法指在租赁设备实际成本上再附加一项特定比率来计算租金的计算方法。租赁公司根据营业费用、利润等因素来确定这一特定比率。

令 R 为每期租金，p 为购置成本，n 为还款次数，i 为每期利率，r 为每期附加率，则每期租金的计算公式为：

$$R = p(1+ni)/n + p \cdot r$$

这是单利计算公式，也可以写成：

$$R = p/n + p \cdot r + p \cdot i$$

上式表明，分期均匀还本 p/n，但是每期均按租赁资产的货价或者实际成本来收取利息 $p \cdot i$，还另收附加费 $p \cdot r$。这种计算租金的原则不是很合理，透明度不高，每期利率 i 只是表面利率。

本章思考题

一、名词解释

1. 直接租赁
2. 杠杆租赁
3. 节税租赁
4. 销售式租赁
5. 租金
6. 普通年金现值

二、简答题

1. 与贷款相比，承租人选择融资租赁的好处是什么？
2. 租赁的特点是什么？
3. 租金由哪些费用构成？
4. 融资租赁给承租人带来了哪些好处？

三、计算题

1. 若投资者A想要在从现在算起第5年年末拥有10 000元，假定年利率为5%，那么其现在应一次性存入多少元？

2. 某租赁设备的成本为1 000 000元，计划分3年6期偿还租金，年利率为8%，附加率为 5.5%。求平均每期租金与租金总额。

3. 某企业拟租赁一台价值为 200 万元的设备，设备的使用期限是 3 年，估计残值为 10 万元，利率为 10%，贴现率与利率相同。有如下两种租赁方案可供企业选择。

甲方案：租赁期为 3 年，规定承租人每年年末支付租金 80 万元，投资减税优惠由出租人享受，另外租赁期满支付给出租人 5 万元。

乙方案：租赁期为 3 年，规定承租人每半年（在期末）支付一次租金 39.9 万元，同时要求在租入设备时预付两期租金（可以用来抵付最后两期租金），投资减税优惠转让给承租人（假定第一年年初得到的投资减税额为设备价值的 10%）。

请做出优选方案。

第十一章

租赁资金的管理与决策分析

导入案例

隧道股份 BOT 项目专项资产管理计划

2013 年 5 月 14 日，国泰君安资产管理有限公司设立的“隧道股份 BOT 项目专项资产管理计划”经中国证监会批准发行，成为 2013 年 3 月证监会发布《证券公司资产证券化业务管理规定》新规后首只成功发行的资产证券化产品。

专项资产管理计划所募集的认购资金用于向隧道股份子公司上海大连路隧道公司（以下简称“隧道公司”）购买基础资产，即相关合同中约定的 2013 年 4 月 20 日至 2017 年 1 月 20 日的隧道专营权收入。隧道公司在专项资产管理计划募集结束后一次性收到募集资金，作为回报，隧道公司将把未来约定期间内从过路司机处收取的通行费收入陆续交与专项资产管理计划以偿还本金和利息。按照《证券公司资产证券化业务管理规定》，基础资产可以是财产权利或者财产，在此项计划中，基础资产指隧道未来约定时期的专营权收入。

第一节　租赁资金的筹措

在融资租赁业务中，租赁公司需要根据承租人的要求，先垫付资金向生产商购买设备，然后出租给承租人收取租金，这就要求租赁公司必须有足够的资金实力去购买这些设备。而现实是，一个实力再雄厚的租赁公司，面对一笔甚至是多笔这种业务时，也无法仅靠自身资金来完成，因此，租赁资金的筹措对租赁公司来说至关重要，一个租赁公司的融资能力也直接影响到自身的发展。除自有资金外，租赁公司可以选择银行信贷、发行债券或股票、票据贴现、国外贷款以及各种融资创新形式在不同市场上筹措资金。

一、自有资金

自有资金是公司运营的起始资金和运营中积累的资金，是租赁公司进行融资租赁的基础，是企业实力的象征，在一定程度上决定着企业以后从其他渠道融通资金的难易程度。自有资金从来源上可分为注册资本、留存收益和资本公积。

（一）注册资本

注册资本是国家授予企业法人经营管理的财产或者企业法人自有财产的数额体现。根据《金融租赁公司管理办法》（2014 年 3 月 13 日开始实施），申请设立金融租赁公司，应当具有以下条件：（1）注册资本为一次性实缴货币资本，最低限额为 1 亿元人民币或等值的可自由兑换货币；（2）在中国境内外注册的具有法人资格的商业银行作为金融租赁公司发起人，最近 1 年年末总资产不低于 800 亿元人民币或等值的可自由兑换货币，入股资金为自有资金，不得以委托资金、债务资金等非自有资金入股；（3）在中国境内注册的、主营业务为制造适合融资租赁交易产品的大型企业作为金融租赁公司发起人，最近 1 年的营业收入不低于 50 亿元人民币或等值的可自由兑换货币，入股资金为自有资金，不得以委托资金、债务资金等非自有资金入股；（4）在中国境外注册的具有独立法人资格的融资租赁公司作为金融租赁公司发起人，最近 1 年年末总资产不低于 100 亿元人民币或等值的可自由兑换货币，入股资金为自有资金，不得以委托资金、债务资金等非自有资金入股。

注册资本作为公司成立之初的实收资本，在一定程度上代表着公司的抗风险能力和规模的大小，但是在整个融资租赁过程中，其数额是相当有限的，可谓是冰山一角，而且考虑到自身成本问题，租赁公司的注册资本也不会无限扩张，这样公司就不得不从其他渠道筹资。

（二）留存收益

留存收益是指租赁公司在经营过程中创造的没有分配给所有者而留存在企业的盈利，包括盈余公积和未分配利润两个部分。盈余公积的提取又包含两个部分：提取法定盈余公积和提取任意盈余公积。公司一般按照税后利润（弥补亏损后）的 10%提取法定盈余公积，当公司法定盈余公积累计额为公司注册资本的 50%以上时，可以不再提取法定盈余公积；公司从税后利润中提取法定盈余公积后，根据公司的发展需要和盈余情况经股东会决议，可以提取任意盈余公积，对此法律不作强制规定。企业提取的盈余公积可用于弥补亏损、扩大生产经营、转增资本或派送新股等。未分配利润是企业没有进行分配的利润，有两层含义：一是留待以后年度分配的利润；二是未指明特定用途的利润。

留存收益筹资相对于其他筹资方式来说，具有很多优点。通过发行债券、发行股票、借款等方式进行融资，企业需要支付利息、股利分红、发行费、手续费等，在留存收益筹资过程中却不会发生实际的现金支出。前面提到，公司自有资金的多少在一定程度上决定着企业以后融资的难易程度，留存收益作为自有资金的一部分，其数额的增多也会增强企业的举债能力。

留存收益筹资在一定程度上还可以保证企业经营控制权的集中，因为通过发行股票、债券或多或少会分散股权，对企业管理施加限制性条件。但是通过留存收益渠道筹措的资金非常有限，租赁企业还必须从其他渠道筹资来满足自身巨额的资金需求。

（三）资本公积

资本公积是非经营活动形成的股东权益收入，主要来源包括股票发行溢价收入、接受别人赠予、法定评估资产增值等。不同于留存收益中的盈余公积，资本公积不能用来弥补亏损，其主要用途是增加实收资本。公司实收资本的增加，一方面有利于改善企业资本结构，促进企业持续发展；另一方面有利于提高企业的抗风险能力，增加企业的信用。因此，资本公积对一个企业的生存和发展来说也至关重要。

二、债权性融资

债权性融资是指融资租赁公司通过借钱的方式来融通资金，其融资渠道主要包括银行信贷融资、债市融资、资产证券化、信托融资、境外融资等。租赁公司对资金的需求量一般较大且期限长，当单个银行不能满足企业的融资要求时，可以考虑银团贷款。

（一）银行信贷融资

1. 银行贷款

银行贷款是指银行借钱给企业，并收取一定利息和手续费的一种经济行为。按贷款担保条件的不同，银行贷款可分为信用贷款、质押贷款、抵押贷款、保证贷款和银团贷款。

信用贷款是指借款人不需要提供抵押品或第三方担保，仅靠自身信誉申请发放的贷款。一般情况下申请这类贷款对企业的信用要求极高，信用等级至少在AA－（含）以上，并且一旦企业出现逃债、欠息等不良信用记录，将很难从银行取得信用贷款；同时要求企业的现金流量充足、稳定，资产负债率控制在一定范围内（通常认为60%是一个良好值），最近三年营业利润持续增长，不经银行同意不得将自身有效经营资产用于为他人提供质（抵）押或担保。

质押贷款和抵押贷款都是借款人以一定的物品作为担保向银行申请贷款，二者都属于担保的范畴。质押贷款是指借款人或第三方将其动产或权利作为债权的担保所取得的贷款；抵押贷款是指借款人或第三方以一定抵押物作为担保取得的贷款。两者实质上有很大区别：（1）质押贷款中担保物品的占有权由债务人转移给债权人，债权人可以支配质押物；抵押贷款中不涉及占有权的转移，抵押物只有单纯的担保效力。（2）质押物通常是动产（如票据、债券等），不动产不能进行质押；抵押物可以是动产和不动产，通常情况下为不动产（如土地、房屋等）、特殊动产（如汽车等）。（3）当借款人无法按时偿还债务时，质押贷款中债权人可以不与质押人商量或不经法院裁决，直接处置质押物；抵押贷款中债权人需要与抵押人商量或向法院提起诉讼并经裁决后才能完成对抵押物的处置。

保证贷款也是担保中的一类，指第三方承诺当借款人无法按时偿还债务时，其按规定代为履行债务和承担相应责任而发放的贷款。质押贷款和抵押贷款是有一定物品作为担保物介入的贷款，担保贷款是第三方（即保证人）介入的一种贷款方式，这是三者同为担保贷款的不同之处。

银团贷款又称辛迪加贷款，是指两个或两个以上的银行针对同样的贷款条件，根据同样的贷款协议，按不同的时间和比例对借款人发放的贷款。它具有发放金额大、期限长、风险分散的特点。银团贷款又可以分为直接银团贷款和间接银团贷款。直接银团贷款是指由银团成员指定的代理行负责发放、收回和统一管理贷款，国际银团贷款常采用这种形式；间接银团贷款是指由牵头行负责发放贷款，然后将贷款份额转售给其他银行，贷款的收回和管理也由牵头行负责。

2. 银行承兑汇票贴现

银行承兑汇票贴现是贴现申请人将持有的未到期的银行承兑汇票转让给银行，银行按照一定的贴现率扣除贴现利息后，将余额给申请人的一种融资方式。当租赁公司持有银行承兑汇票时，可以选择向银行贴现来实现资金的融通，但根据中国人民银行《支付结算办法》的规定，票据贴现的期限最长不超过六个月，所以银行承兑汇票贴现只能解决租赁公司的短期资金需求。

3. 同业拆借

同业拆借是金融机构之间进行的短期、临时性的头寸调节。租赁公司可以通过这种方式进行短期资金融通，但是需要注意的是并非所有租赁公司均可以采用这种方式进行融资，只有由银保监会监管的金融租赁公司才可以开展同业拆借业务，一般的融资租赁公司是无法进入同业拆借市场进行资金融通的。那么符合要求的金融租赁公司如何通过拆借市场借入资金来满足自身的资金需求呢？举个例子，金融租赁公司有一笔银行贷款需要在5月1日偿还，而公司收取租金的日子是5月4日，这时金融租赁公司就可以通过同业拆借市场借入短期资金偿还贷款，然后收取租金后再对拆借资金进行偿还，这增强了资金的流动性。但是这种“以短接长”的方式只能解决企业临时性的资金短缺，不能作为租赁公司根本性的融资来源。

4. 银行保理

《国际保理公约》对保理的定义为：保理是指卖方或供应商或出口商与保理商之间存在的一种契约关系。根据该契约，卖方（供应商、出口商）将其现在或将来的基于其与买方（债务人）订立的货物销售或服务合同所产生的应收账款转让给保理商，由保理商为其提供下列服务中的至少两项：贸易融资、销售分户账管理、应收账款的催收、信用风险控制与坏账担保。根据保理商是否承担债务人的信用风险，可以将保理分为有追索权保理和无追索权保理。有追索权保理，又称回购保理，指保理商不承担核定债务人信用额度和提供坏账担保的责任，仅提供融资服务，不管应收账款因何种原因无法收回，保理商都有权向债权人索回已付融资款项并拒付未收回的款项；无追索权保理，又称买断保理，指保理商承担债务人信用风险的保理，当债务人无法完成付款时，保理商不能向债权人追索已经发放的贷款，并应履行全部付款义务。在现实中，各大银行都更青睐风险相对较小的有追索权保理。

一些企业从自身实力出发，考虑到融资成本、企业长远发展等因素，会主动选择融资租赁，这在一定程度上替代和挤压了银行贷款规模，并且不以银行的意志为转移。为了避免这种情况的出现，银行就必须主动加入租赁中，为租赁提供资金。从租赁公司角度来看，上面我们也提到，租赁公司的资金需求一般较大，它们也渴望与银行合作以获得更多资金。租赁保理业务是租赁公司与银行合作将租赁业务与银行保理业务相结合而形成的一种金融创新产品，是出租人与承租人建立租赁关系后，依据租赁合同，租赁公司将应收租金的债权转让给银行，从而获得一定比例的融资款项的业务。其实质是租赁公司将租金作为应收账款进行转让与受让来实现自身融资。租赁保理是租赁公司重要的融资渠道之一。但并非所有租赁公司都能得到银行的支持，一般经过国家有关主管部门（商务部和银保监会）批准可以开展融资租赁的机构，如金融租赁公司、外商投资租赁公司、内资融资租赁试点企业等能够得到银行资金的支持，而其他一些传统租赁公司想获得保理资金就相对困难。

租赁公司为什么选择通过保理来实现融资呢？或者说租赁保理的吸引力在哪里？首先，租赁保理为企业解决资金来源问题，通过租赁保理业务，租赁公司可以一次筹集到资金，不受承租人资金的束缚。其次，租赁保理可以扩大租赁公司的业务规模，租赁公司可以依托优质客户实现小平台、大业务。再次，银行的介入可以协助应收账款的管理和催收工作，从而降低租赁公司在这方面的成本。最后，与银行贷款相比其优势更为突出：（1）租赁保理中还款人是承租人，融资额度大于贷款；（2）无追索权保理融资不计入公司财务报表中，属于表外融资。

（二）债市融资

1. 发行债券

债券是各类社会主体直接向社会筹集资金时，向投资者发行的一种承诺按照一定利率定期支付利息并按约定条件偿还本金的一种债权债务凭证。债券是一种有价证券。债券的种类多种多样，按不同的标准可以进行进一步区分：（1）按发行人的名称，可以分为政府债券、金融债券、公司（企业）债券。其中，政府债券是国家或地方政府为筹集资金而发放的债券；金融债券是银行或非银行金融机构发行的债券；公司债券和企业债券在国外是指同一类债券，在我国两者却有很大不同。公司债券是由公司法人发行，以其自身经营盈利能力、资产质量作为信用保障，受证监会监督管理的一种债券；企业债券则是由中央政府部门所属机构、国有独资企业、国有控股企业发行，在一定程度上体现着政府信用，受国家发改委监督管理的一种债券。两者相比，公司债券的风险要大于企业债券。（2）按是否有财产担保，可以分为抵押债券和信用债券。其中，抵押债券是以公司财产作为抵押发放的债券，按抵押物的不同，又可细分为不动产抵押债券、动产抵押债券、证券信托抵押债券；信用债券是仅以发行人的信誉发行的债券，因为没有任何抵押物担保，信用风险一般较高。（3）按照是否可转换，可以分为可转换债券和不可转换债券。其中，可转换债券是指债券持有者可以按照一定比例将债券转换为普通股，同时具有债权和权益的双重属性；不可转换债券是指不能转换为股票的一种普通债券。（4）按照是否可提前偿还，可以分为可赎回债券和不可赎回债券。其中，可赎回债券是指企业可以根据自身发展状况，在债券到期日前按照事先约定好的赎回价格收回的债券；不可赎回债券是指不能在到期日前赎回的债券。尽管各类债券不尽相同，一些债券的基本要素都或多或少地体现在债券上，比如债券面值、偿还期、付息期、票面利率、发行人等。

发行债券是企业获得资金的一种直接融资方式。与其他融资方式相比，通过发行债券融资的优点有：(1) 资本成本低。这体现在两个方面：一是债券持有者要求的报酬率要低于普通股拥有者所要求的报酬率；二是债券利息是在税前支付，具有抵税作用。(2) 债券利息是固定的，具有财务杠杆作用。(3) 筹集资金一般为一年以上的长期资金，可以为企业发展提供长期有力的资金支持。(4) 可以筹集到金额相对较大的资金。因此，通过发行债券来融资成为企业一个重要的融资渠道。租赁公司作为资金密集型企业，无疑会加大对这一融资渠道的重视。

自2009年金融租赁公司被允许发行金融债券以来，金融债券成为金融租赁公司的又一新型融资渠道。金融租赁公司属于非银行金融机构，发行债券应当符合《中国人民银行、中国银行业监督管理委员会公告》的相关规定：(1) 具有良好的公司治理机制、完善的内部控制体系和健全的风险管理制度；(2) 资本充足率不低于监管部门的最低要求；(3) 最近三年连续盈利；(4) 风险监管指标符合审慎监管要求；(5) 最近三年没有重大违法、违规行为；(6) 中国人民银行和银监会①要求的其他条件。同时，资质良好但成立未满三年的金融租赁公司可由具有担保能力的担保人提供担保。除了金融债券外，内资、外商租赁公司发行公司债券，必须符合《公司法》《证券法》《公司债券发行试点办法》等相关法律法规，这里不再一一赘述。

债券的发行程序并不一致，不同的发行主体之间存在差异。金融债券的发行一般是由金融租赁公司将相关材料交给银保监会，由银保监会受理、审批和决定；内资、外商租赁公司发行公司债券则由股东大会商议决定。2016年1月，远东国际租赁有限公司发行10亿元公司债券，2016年2月又挂牌20亿元公司债券；2016年6月，建信金融租赁有限公司获准发行不超过50亿元的金融债券；2018年11月，广州越秀融资租赁有限公司获准发行不超过16亿元的公司债券；2018年12月，信达金融租赁有限公司获准发行不超过70亿元的金融债券。这些数据完全表明，债券融资方式越来越受到租赁企业的青睐，成为租赁企业非常重要的融资渠道之一。

2. 发行中期票据

中期票据是指非金融企业在银行间债券市场由监管当局一次性注册批准后，按计划分期发行的约定在一定期限内还本付息的债务证券。

中期票据与银行贷款、商业票据、公司债券等相比，有自身的优势和特点。首先，中期票据的期限一般为2～10年，并且可以一次注册批准后分期发行，增加了企业融资的灵活性。一般情况下融资合同期限短则为3～5年，长则达10年以上，需要相应期限资金给

---

① 现为银保监会。

予支持——银行贷款一般可以提供较好的短期资金，发行债券可以筹集到长期资金，发行中期票据可以很好地解决租赁企业的中长期资金需求。其次，中期票据筹资具有成本优势。与同期银行贷款相比，中期票据利率较低；与公司（企业）债券相比，中期票据的发行费用较低。再次，中期票据发行主体无限制，理论上，任何符合相关条件的具有法人地位的非金融企业都可以发行中期票据，门槛相对较低。发行采用注册制，避免了烦琐的行政审批，提高了资金的使用和配置效率。最后，中期票据的发行一般不需要提供担保，企业获得资金后可以将其运用于各个方面，资金运用比较灵活。

中期票据的发行条件相对来说比较宽松，具体来说大致包括：第一，具有法人资格的非金融企业，企业资产原则上不低于10亿元，注册资本上限为净资产的40%；第二，具有稳定的偿债资金来源；第三，拥有连续三年经审计的会计报表；第四，最近一个会计年度盈利；第五，偿债余额不超过企业总资产的40%。

企业发行中期票据的流程分为七步：第一，企业向承销行表达发行意向；第二，发行企业与承销行确立初步意向；第三，承销行组织专职小组开展尽职调查；第四，承销行及中介机构协助发行人完成申请及注册文件；第五，注册和发行；第六，进行发行结束后的信息披露等工作；第七，发行企业到期还本付息。

中期票据作为一种新型债务融资工具于2008年4月20日在我国开始发行。作为一种直接融资方式，中期票据凭借其成本低、定价灵活、资金使用效率高等优势，在我国快速发展，甚至远远超过了公司债券、企业债券的发展速度。融资租赁企业作为一种资金密集型企业，自然不会放过中期票据市场这块瑰宝。2014年9月10日，远东国际租赁有限公司发行了15亿元中期票据，成为国内首家通过发行中期票据融资的租赁公司，至此中期票据开始走入租赁企业的视野。

（三）资产证券化

资产证券化是指以一定资产为支持，通过发行可交易证券实现融资的一种金融创新形式。资产证券化有广义的资产证券化和狭义的资产证券化之分。广义的资产证券化是指以一定的资金或资产组合为基础资产而发行证券实现资金的融通，具体可以分为四类：实体资产证券化，指以实物资产和无形资产为基础资产发行证券来融通资金的形式；信贷资产证券化，指以流动性较差的信贷资产为基础资产发行证券；证券资产证券化，即证券的再证券化；现金资产证券化，指以现金为基础资产的证券化。狭义的资产证券化即信贷资产证券化，具体又可以分为：住房抵押贷款支持的证券化（MBS）和资产支持的证券化（ABS）。这里我们所说的资产证券化，通常是指资产支持的证券化。

2005年，中国人民银行和银监会联合发布《信贷资产证券化试点管理办法》，资产证券化这一新型融资方式开始出现在我国金融市场。随即2006年，“远东首期租赁资产支持收益专项资产管理计划”成为我国第一次金融租赁资产证券化的操作。资产证券化之路在我国走得并非一帆风顺，接下来的2008年金融危机使得资产证券化这一新型金融工具的发展戛然而止。直至2009年5月，证监会发布《证券公司企业资产证券化业务试点指引（试行）》，资产证券化业务才再次启动。2012年11月“工银租赁专项资产管理计划”获证监会通过；2015 年上半年融资租赁企业资产证券化规模赶超 2014 年全年的租赁资产证券化规模；截至 2016 年 11 月 8 日，在交易所挂牌的企业证券化项目中，租赁资产项目有 172 个，占比为 20.38%，发行金额共计1 645.66亿元，占比为 9.91%。至此，租赁资产证券化已成为企业资产证券化业务中的一匹黑马。资产证券化也成为融资租赁企业除债权、股权外的第三大主要融资工具。

租赁资产证券化是指融资租赁主体将自身相似的并可以产生大量稳定现金流的资产打包，出售给特殊目的机构，将其转化为可以在金融市场上发行和出售的证券的过程。在我国，主要形式是专项资产管理计划，即融资租赁主体将租赁债权出售给特殊目的机构（一般指证券公司），获得项目支持资金，证券公司再以这些债权为基础发行证券，在二级市场流通，从一般投资者手中拿到资金。为什么越来越多的租赁企业选择租赁资产证券化？租赁资产证券化快速发展的原因是什么？前面也提到，不论一个租赁企业的资金规模多么庞大，面对动辄涉及上千万元甚至几亿元的业务，仅靠自身资金很难完成，必须依靠不断地从外部融资。租赁资产证券化依靠其成本低、灵活性强等优势获得了越来越多融资租赁企业的青睐。具体而言，租赁资产证券化得以快速发展的原因有：首先，最直接的原因是传统的银行贷款渠道门槛高、贷款周期缺乏灵活性，不能与企业项目周期相契合，面对筹资渠道受堵、效率低下的境地，为了达到高效融资的目的，越来越多的租赁企业开始尝试资产证券化。其次，租赁企业基于出表的考虑选择租赁资产证券化。通过这种业务，租赁企业可以调整自身的债务结构，优化财务报表，进而充分利用杠杆倍数扩大业务规模，缓解资本约束。最后，从成本方面考虑，因为资产证券化有一定的资产包作为担保，信用级别相对较高，与银行和其他资本市场的筹资相比筹资成本相对较低。

租赁企业实现资产证券化的一般程序包括：第一，筛选基础资产，构造证券化资产。租赁企业一般将收取租金的债权作为发行证券的基础资产。第二，构建特殊目的机构。购买基础资产后经过担保机构的担保和信用评级机构的信用评级，特殊目的机构可以以一定的未来现金流为保证向投资者发行证券。担保机构主要包括商业银行、担保公司、保险公司和第三方企业等，为发起人提供连带责任担保。信用评级机构是为资产证券化项目提供信用评级的机构，一个好的评级结果可以保证资产证券化的顺利进行。第三，由管理人负责债券的销售（可挂牌上市交易或私下达成交易）及到期支付本息。

（四）信托融资

信托融资是信托业务与租赁业务的结合，信托公司作为受托人，将委托人的资金直接投向融资租赁项目，以融资租赁项目的收益确保委托人的利益。与银行贷款相比，信托融资面向的投资者更多，融资规模的限制条件较少，是租赁企业资金来源的一个创新渠道。2002 年，由外贸信托设立的首个融资租赁信托产品——“医疗设备融资租赁信托计划”成立，融资租赁信托业务开始在国内展开。随后，少数信托公司开始参与其中，但是由于目前这种方式成本较高，其在我国的发展进程还比较缓慢。

租赁与信托合作有五大主要模式：（1）信托公司通过发行集合资金信托计划募集资金，然后运用资金购买租赁设备来出租给承租人，用收取的租金来兑付投资人的利益，在这种模式下信托公司必须既有信托业务经营资质又有融资租赁业务经营资质。(2) 信托公司将募集到的资金给租赁公司使用。这里涉及两种不同的做法：一种是信托公司直接将钱贷给租赁公司，被租赁公司用于购买设备来收取租金；另一种是租赁公司将租赁资产的收益权转让给信托公司，信托公司针对这一权利，通过发行租赁资产收益权受让集合信托计划来募集资金，信托期满后租赁公司溢价购回收益权。(3) 银行通过发行理财产品募集资金，然后委托信托公司设立融资租赁单一信托计划，以融资租赁的形式购买设备来出租给承租人，并收取租金。(4) 银行通过发行的项目募集资金，然后委托信托公司发行单一信托计划，向指定的租赁公司发放贷款或受让租赁资产收益权。(5) 租赁公司将资产出售给信托公司，信托公司以资产证券化的形式向投资机构发行收益证券。其中，模式 (2) 中的受让租赁资产收益权是最为普遍的做法。

(五) 境外融资

境外融资即租赁公司通过境外市场募集自身发展所需资金。与境内融资相比，境外融资具有成本低、可以规避汇率风险、可以提升知名度等优势。境外融资的主要方式有股权融资、发行债券、境外贷款、国际保理、资产证券化等形式。境外股权融资即租赁公司的股东愿意出让其部分股权，在境外市场通过企业增资的方式引进新股东，这种方式可以优化公司的股权结构，增强公司的综合实力。境外贷款分为一般跨境贷款、上海跨境人民币贷款、前海跨境人民币贷款，它们在贷款主体、审批机构、使用条款方面均有不同。境外发行债券、境外贷款、国际保理、境外资产证券化将融资市场转向境外，除了成功募集到资金外，对提高企业知名度也有重要作用。

三、股权融资

(一) 增资扩股

增资扩股是企业增加注册资本的一种方式，通过向社会发行股票，由新、老股东认购来募集资金，增加的资本金可以被投资于必要的项目。自 2007 年起，监管层开始允许商业银行设立金融租赁公司，由于规模增长以及利润增加的吸引，金融租赁公司就没有停止过增资的步伐。以工银租赁为例，2007 年底成立之初，其注册资本仅为 20 亿元，此后，在 2009 年、2011 年末和 2013 年末分别增资 30 亿元，经过 6 年时间其注册资本达到了 110 亿元。2017 年末共 22 家租赁公司拟增资或已增资，其中：兴业金融租赁增资 20 亿元，渤海金控拟增资 28 亿元来支持其控股子公司香港航空租赁有限公司（HKAC）开展飞机租赁业务，天津渤海注册资本增至 150 亿元，注册资本跃居业界首位。增资扩股作为一个重要的资金来源，受到租赁公司的青睐。

(二) 借壳上市与海外上市

借壳上市是指一家公司通过收购、资产置换等方式将资金注入另一个经营不善的上市公司，取得该公司一定程度的控股权，然后利用后者上市公司的地位增发股票进行融资，实现上市。借壳上市的实现方式通常有三种：一是直接通过现金收购；二是通过资产和股权置换；三是现金收购与资产和股权置换相结合，一般的借壳上市都采用两者相结合的方式。借壳上市最大的好处是能在证券市场募集大量资金，促进企业的快速成长。借壳上市与原始上市相比，具有效率高、风险小、费用低的优势，但是借壳的成本很大，不适用于所有企业。渤海租赁借壳*ST汇通成为国内首家通过借壳上市的租赁公司。渤海租赁首先以等值的股权与*ST汇通的全部资产和负债进行置换，然后通过非公开发行股份购买资产，向*ST汇通注入渤海租赁100%的股权，渤海租赁完成上市后变身A股租赁第一股。

海外上市是指在境外证券交易所上市，向境外投资者发行股票。企业可以通过首次公开募股（IPO）直接在境外上市，也可以通过买壳和造壳在境外间接上市。不管企业以何种方式在何地上市，其主要目的都是融资，海外上市也是租赁企业筹措资金的一个选择。

（三）引入战略投资者

战略投资者是指具有资金、技术、管理经验等，除了对企业进行投资外，更重视与被投资企业战略上的合作，注重长远利益，积极参与被投资企业战略决策的个体或机构。战略投资者与财务投资者有着很大的不同。战略投资者注重所投资企业的战略布局、长远利益，对企业的发展影响比较大；财务投资者主要注重的是所投资企业的营运能力、财务状况，不太重视企业的长远发展，一旦企业出现经营不善等不利于自身利益的情况，他们可能会选择改变自身的投资。一般情况下，被投资企业引入的战略投资者是从事自身上下游或近似行业的企业。金融租赁企业可以选择引入主营业务为生产适合租赁交易的产品的大型企业、合格的境内金融机构、合格的境外金融机构和租赁公司等作为自身的战略投资者。

第二节　租赁资金的管理

上节讲到了筹措资金对于一个租赁企业的重要性，以及租赁企业筹措资金的渠道。拥有资金是租赁企业开展租赁业务的前提，接下来所面临的便是如何运用、管理资金的问题。资金运用、管理的状况将直接影响到租赁企业的生存和发展。租赁企业应该清晰地认识到，只有加强自身资金管理，才能提高企业经济效益和盈利能力，才能在激烈的市场竞争中更好地生存和发展。资金进入流出企业是一个动态的过程，本节将从租赁资金的筹措管理、租赁资金的投放管理、租赁资金的运作管理以及租赁资金的收回管理四个方面介绍租赁企业是如何进行租赁资金管理的。

一、租赁资金的筹措管理

筹措资金是企业资金运动的起点，企业的生存和发展离不开资金的筹措。租赁企业也不例外，因此，必须加强租赁企业的资金筹措管理。

（一）科学预测资金需求

租赁企业属于资金需求很大的资金密集型企业，但这并不意味着企业筹集的资金越多越好。企业资金的需求应当与自身的租赁业务相适应。否则，筹措资金过多的话，会造成资金的闲置，使筹集资金成本上升，影响企业的盈利；筹措资金过少的话，会造成企业资金的不足，使企业无法开展相关项目，影响企业的生产活动。到底筹措多少资金合适，需要租赁企业根据自身的业务规模、筹资能力、营运能力等事先制订一个科学严密的筹措计划，准确预测资金的需求量，在此基础上进行合理的资金筹措。

（二）合理搭配筹措资金的期限

租赁设备的出租期限一般较长，通常是3～5年，大型成套设备的出租期限甚至长达10年以上，这是不是意味着租赁企业只需筹措长期资金就可以了？答案显然是否定的。首先，取得长期资本的成本较高；其次，目前国内的一些银行或非银行金融机构考虑到贷出长期资金的风险大等因素，不愿意发放长期贷款。所以，相对而言，租赁企业筹措长期资本是比较困难的。中期借款的利率和期限都比较适中，一方面，租赁企业的筹资成本不会太高，期限也比较合理；另一方面，银行或其他金融机构面临的风险也相对较小。因此，中期借款是租赁企业筹集得最多的资金。短期资金从期限上看与租赁业务的期限极不吻合，但其成本低、容易取得，对于企业弥补中、长期的资金间隙和解决临时性资金需求还是非常有必要的。因此，租赁企业在筹措资金时，必须坚持长、中、短期相结合，加强其资金期限的合理搭配管理，保证企业筹措资金的效率和质量。

（三）防范资金筹措中的风险

由于自身原因和外部市场的不确定性，企业在筹措资金时可能面临这样或那样的风险，为了保证有效筹措资金，必须防范其中的风险。引起筹资风险的因素主要有：(1) 资本供求的变化。我们都知道当资本市场供给宽松时，我们可以以较低的成本轻松筹集到资金，相反当资本供给从紧时，资金筹集成本会上升，筹资难度会加大。租赁企业应该时刻关注资本市场动态并准确预测资本市场变动，进而防范此类筹资风险的发生。(2) 企业资本结构的变化。企业资本结构的变化必然带来企业综合成本的变动，企业应当安排合理的筹资方式，优化自身的资本结构，降低企业的综合成本。(3) 资金价格的变化。选择不同的筹资方式有着不同的成本，企业应该选择有利于自身盈利的优惠利率进行筹资，同时在借入外币时要防范汇率波动对筹资成本的影响。企业可以通过完善自身的风控体系，来加强资金筹措中的风险管理。

二、租赁资金的投放管理

租赁企业筹措到资金后，会将资金投放到不同的具体的租赁业务上，为了保证资金投放的安全性，此时就涉及租赁资金的投放管理。

（一）对企业投资的项目进行审查评估

租赁企业作为设备的贷出者，其性质类似于银行作为贷款的发出者，为了保证其贷出设备款项的收回，租赁企业也必须像银行那样对其所投资的项目进行审查。对投资项目的审查主要包括合规性审查、可行性审查、盈利能力审查等方面，其中盈利能力审查为审查的核心，因为被投资项目的盈利能力直接决定着租金收回的难易程度。通过对企业投资项目的审查，将资金投放在合规、可行、盈利能力高的项目上，可以在一定程度上保证租赁企业资金的安全收回以及租赁企业的利润。

1. 审查的主要内容

(1) 租赁项目是否已经获得有关部门的批准，是否符合国家对引进项目规定的审批程序，是否具备了开展租赁业务所必需的全部文件。

(2) 租赁项目是否符合国家的产业政策，在宏观上是否符合国家经济发展的方向，是否有利于调整产业结构、促进技术进步，是否具有良好的经济效益。

(3) 租赁项目是属于技术改进项目、新建项目还是扩建项目，以及现有的工艺、设备运转状况如何。

(4) 项目所需的原材料供应是否已经落实，其他条件（水、电、气、油、煤、厂房、其他配套设施等）是否齐全。

(5) 项目产品是否有市场需求，市场竞争力和应变力如何，能否外销、创汇和节汇。

(6) 与租赁项目配套的其他资金是否落实。

(7) 担保人的资信状况、经济实力、担保能力如何。

2. 审查的主要方式

(1) 会面晤谈。指租赁企业的项目负责人同承租企业的相关人员进行面对面会谈，就相关问题进行交流，了解项目的相关情况。

(2) 报表分析。指租赁企业通过承租企业提交上来的资产负债表、损益表、现金流量表等相关报表来分析所投资项目的可行性及其他信息。

(3) 实地考察。指租赁企业进入承租企业以及承租企业相关产品所在市场进行实地考察，获得较为真实的一手资料，这是一种最直接、最深入的调查方法。

(4) 广罗信息。指租赁企业通过银行、市场等各个渠道搜集承租企业以及租赁项目的相关信息，通过对信息的分析，对项目作出一个整体评价。

(5) 专家评议。指由聘请来的专家对搜集到的相关信息进行深入的分析、评估、审查。

3. 审查评估的步骤

(1) 审查评估租赁项目的盈利能力。盈利能力的审查评估是项目审查评估的核心，盈利能力的审查评估主要是对承租企业提供的可行性研究报告中用以计算盈利能力的数据加以审核。这些数据主要包括：销售收入、投资、生产成本、税金等。

(2) 审查评估租赁项目的构成及其合理性。对租赁项目中的子项目进行分析、分类，划出占用内耗的一些无关紧要的部分，留住保证项目正常运行的核心部分，从而降低项目成本，保证项目的合理性。

(3) 审查评估各环节对项目盈利的影响。项目的进行是一个动态的过程，筹资、投资、运营、分红等各环节对项目的盈利均有影响，租赁企业需要通过对各环节的审查，改善不利于项目盈利的环节，从而保证项目的盈利能力。

(4) 分析项目所处环境以及对环境的适应性。项目所处的政治、经济、金融等环境以及项目自身对环境的适应性，决定着项目成功与否、盈利多少。项目对环境的适应能力一般从三个方面审核：1) 环境能为项目发展提供哪些有利条件；2) 项目本身能否承受环境带来的不利影响；3）项目进行中可能对环境产生哪些不利影响，这种影响能否为环境所允许。

（二）对承租企业和供货厂商的审查

对承租企业的审查内容主要包括承租企业的资信状况、经营能力以及盈利能力。

（1）资信状况是指承租企业的资产和信用状况，资产在一定程度上决定着承租人的还租能力，而信用状况直接联系着承租人的还款意愿。可以通过与承租企业负责人交谈、分析承租企业的相关报表等方式，掌握承租企业的资信状况。对于租赁企业来说，为了保证租金的按时收回，应该尽量选择资信状况良好的承租企业的项目进行投资。

（2）经营能力是承租企业发展的动力，一个经营能力强的企业，才有可能将租赁设备的生产能力发挥到极致，实现项目利润的增加、盈利能力的增强。如何对承租企业的营运能力进行审查呢？首先，需要对承租企业的领导进行评估，一个有眼光、有能力的领导所带领的团队自然差不了；其次，评估承租企业员工的整体素质，及其是否具有团队精神、是否掌握先进技术、是否具有创新精神等。

（3）盈利能力是一个企业财富增加的保障，拥有较强的盈利能力，一方面有助于企业自身资金的增加；另一方面可以帮助企业吸引更多外资。假使投资项目受挫，项目盈利无法覆盖租金的支付，但只要承租企业有较好的盈利能力，依旧可以保证租金的支付。审查承租企业的盈利能力时，要从多方面进行考察，如企业的资本结构、固定资产、生产效率等。反映企业盈利能力的指标有很多，通常可以使用销售净利率、销售毛利率、资产净利率、资产报酬率、资产周转速度等进行衡量。

对供货厂商的审查主要是在对其总体实力进行评审的基础上，重点对其提供产品的质量，以及兑现售后服务和租赁物处置承诺的审查。

（三）对租赁物的评审

对租赁物的评审主要体现在三个方面：一是选择的租赁物价格要相对稳定，不能选择折价较快的租赁物，原因在于，当租赁企业面对租金支付风险时，折价的租赁物变现将无法弥补损失，从而增加租赁企业的风险；二是选择的租赁物质量要过硬、技术要先进，要适应经济社会发展的需要，这样才能保证项目的盈利能力，从而保证租赁企业租金的安全；三是租赁物的通用性要强，易变现，二级市场发达，这样一旦出现风险也能够做到最大限度地降低损失。

此外，在租赁资金的投放方面，除了选择投放在风险小、安全性高、收益可观的项目上，还要注意资金的分散投放。即将资金投放在不同项目、不同公司、不同行业上，这样才能进一步做到资金的合理配置、安全投放，尽可能地降低租赁企业的风险。

三、租赁资金的运作管理

将成功筹集到的资金投入优质的项目中，是否就意味着租赁企业可以坐享其成？事实上，并非如此。在租赁期内，承租企业经营不善或者产品市场情况恶化，都有可能导致企业资金流量短缺，使得承租企业无法按时支付租金。同时，若承租企业不能遵守规定对租赁设备进行维修、保养，造成租赁设备老化加快，甚至承租企业非法处置属于租赁企业所有的设备，也会造成租赁企业不同程度的财产损失。因此，将资金投入项目中后，租赁企业决不能就此袖手旁观，应该对租赁资金的运作进行进一步的管理。这就要求租赁企业的管理部门和财务部门积极、主动、及时加强对承租企业经营状况、租赁物的监督和管理，及早发现承租企业经营过程中的问题，并及时采取相应的措施来维护自身利益。

（一）项目资料的管理

项目资料的管理是指对项目立项批文、项目可行性报告、项目设计任务书、租赁申请书、委托书、租金担保函等一系列与租赁项目有关的资料进行分类、整理和保存，便于项目负责人随时查阅，准确掌握租赁项目的情况，科学预测项目进程中可能出现的风险。项目资料的管理可以依据行业设立分类目录卡，根据项目的具体业务建立登记表，同时建立资料分析表，以便对资料进行统计分析。项目资料的管理是租赁资金运作管理的基础，通过对项目资料的管理，项目负责人可以快速、全面地了解项目的情况，进而对租赁资金的运作进行有效的管理。

（二）项目进程的监测

继前期对租赁项目进行审查之后，在项目实施的过程中由于宏观经济变动、企业经营不善、贸易条件恶化等因素的影响，以前经审查没有太大风险的项目，可能也会出现很大问题，进而影响租金的正常收回以及租赁企业的正常发展。因此，在租赁项目实施后，租赁企业必须定期、不定期地对项目的进展情况进行检测，以便及时发现项目中存在的问题，采取有力措施来解决问题，确保项目预期效益的实现和租金的及时收回。

对项目进程的监测可以采用分析报表和实地监测两种方式。其中分析报表方式中的报表多来自承租企业向租赁企业汇报的项目进程及生产经营和财务状况的资料，其真实性有待考证，承租企业可能会为了继续获得租赁物的使用权而恶意篡改报表以掩盖自身经营不善的事实。实地监测是指租赁企业的项目相关负责人亲自到承租企业去实地考察，现场收集数据，考察项目运营情况，以这种方式获得的信息一般都比较真实、可靠。无论采取何种方式，监测的内容主要包括投资资金是否到位、租赁设备的安装调试和运转情况、项目的进展情况、项目投产后的销售经营情况以及盈利情况等。

项目实施以后，租赁企业需要根据对项目进程的监测以及项目实施的真实情况进行项目总结，总结的主要内容包括租赁设备的运转情况、项目的经济效益、承租企业租金交纳情况等，通过对项目的总结评价可以检验项目的成果，总结项目开展的经验教训，为下次项目的开展创造有利条件。

四、租赁资金的收回管理

租赁资金的收回主要是指租金的收回。租金的收回涉及两个方面的内容：第一，租金的全额收回。租赁企业购买租赁设备的资金是否能收回以及盈利的多少主要取决于租金收回的多少，如果不能保证租金全额收回，租赁企业就会面临利润减少甚至亏损的风险。第二，租金的及时收回。租赁企业通过借款、发行债券等方式筹措资金用于租赁设备的购买，这就要求企业定期还本付息，通常情况下，租赁企业将收回的租金用于还本付息，企业的收租期限与还本付息期限有一个合理的搭配，比如，一家租赁企业规定承租企业交纳租金的日期为每个月的 3 日，而企业还本付息的日子是每个月的 5 日，这样企业就可以用收取的租金覆盖还本付息额。若企业不能保证租金的及时收回，可想而知，租赁企业就必须动用自身资金还本付息，甚至有可能无法按时还本付息，这样一来会加大企业的营运风险，同时有可能影响到租赁企业的信用风险。因此，租赁企业必须加强租赁资金的收回管理，这对企业的盈利、信用至关重要。

租赁企业应加强对应收租金的监督管理，一旦发现承租企业因财务困难或信用违约而造成租金不能及时足额收回，必须采取相应的措施防范风险的发生：第一，对承租企业进行催收，促使其按时足额缴纳租金；第二，加强对租赁担保物的保护，一旦风险发生，尽可能地降低租赁企业的损失；第三，通过现场监察等方式对承租企业进行二次信用评估，并对其风险等级进行划分，并针对不同情况采取相应的有力措施。

第三节　租赁决策分析的主要方法

一、租赁决策分析的基本方法

租赁决策即出租人、承租人等租赁相关人员通过分析租赁项目对自身成本、效益的影响，决定是否进行租赁项目的行为。其中，有两种最基本的分析方法：简单成本比较法和现值分析法。简单成本比较法不考虑资金的时间价值，直接对租赁成本和购买成本进行比较；现值分析法考虑资金的时间价值，将未来的资金流量折算成现值后再进行比较。现值分析法根据其分析角度的不同又可分为成本现值比较法和净现值比较法。成本现值比较法是从成本的角度进行决策分析，净现值比较法是同时考虑资金的流出与流入，基于流入和流出的差额的现值进行比较。

（一）简单成本比较法

成本是企业选择投资方式的重要因素。对承租企业而言，当进行设备更新时，是采取租赁还是购买的方式来获得设备，最简单易行的方法就是对两种方式的成本进行直接比较，这就是简单成本比较法。

下面举例说明如何运用简单成本比较法进行项目决策。

例 1：某企业由于发展所需，准备引进一台大型生产设备，现有两种方式可以实现设备的引进：若使用自有资金购买，需要支付设备价款10 000元（含运输费、安装费等其他费用），设备的使用年限为 4 年，假定设备期末无残值，设备年维修费为1 000元，月运转费为 800 元；若采用租赁方式获取设备，则需每月支付1 000元的租金。

试用简单成本比较法分析该企业应采取何种方式引进生产设备。

月运转费为变动费用，其费用大小与设备使用的月份数有关，这里我们假设设备使用

了 m 个月。

（1）使用自有资金购买设备的年使用成本为：

$$C_1=10\ 000/4+1\ 000+800m=3\ 500+800m$$

（2）通过租赁方式获得设备的年使用成本为：

$$C_2=(1\ 000+800)m=1\ 800m$$

当 $C_1=C_2$ 时，说明两种方式的年使用成本相等，解出 $m=3.5$。通过分析可知，当设备的使用期限超过 3.5 个月时，租赁的年使用成本将高于购买的年使用成本，因而本例中企业应当选择使用自有资金购买的方式引进设备。

（二）现值分析法

现值分析法是指将时间因素考虑在内，把未来的资金流量折算成现值后再进行比较。租赁项目的期限一般较长，租金的支付发生在不同的时点上，如果不考虑时间因素而只是进行简单的成本比较分析，往往会影响项目决策的准确性，因而，在实际决策中大都采用现值分析法。现值分析法又可分为成本现值比较法和净现值比较法，其中后者运用得更为广泛。

1. *成本现值比较法*

成本现值比较法是针对几个不同的租赁方案的成本，考虑时间因素，用一定的贴现率，将其换算成现在同一时期的资金，然后再对不同租赁方案的成本现值进行比较的一种方法。除了上述对效益相似的不同租赁方案之间的成本现值进行比较会用到这种方法外，当项目的效益无法或很难估计时，也可以采用此方法计算成本现值进而对项目进行分析和评价。

下面举例说明成本现值比较法在项目决策中的具体运用。

例 2：某项目有两个收益相同的方案可供选择。方案 A：建造费用为 500 万元，年运行费及其他相关费用为 75 万元；方案 B：建造费用为 750 万元，年运行费及其他相关费用为 50 万元。该项目的期限为 25 年，要求的最低收益率为 6%。运用成本现值比较法分析应该选择哪个方案。

（1）画出现金流量图，如图 11－1 所示。

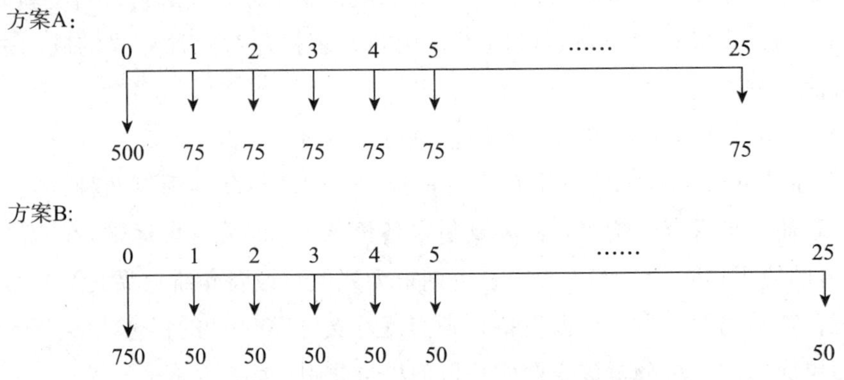

图 11－1　方案 A 与方案 B 的现金流量图

（2）计算现金成本。

方案 A：

$500+75\times(P/A, 6\%, 25)\approx 500+75\times 12.78=1\,458.5$（万元）

方案 B：

$750+50\times(P/A, 6\%, 25)\approx 750+50\times 12.78=1\,389$（万元）

（3）结论。

因为方案 A 的成本现值1 458.5万元大于方案 B 的成本现值1 389万元，在收益相同的情况下，应该选择成本现值小的方案 B。

2. 净现值比较法

净现值比较法是对方案的净现值大小进行比较，作出项目决策的方法。其中净现值是指租赁项目未来现金（资金）流入量的现值与租赁项目未来现金（资金）流出量的现值之间的差额。租赁项目未来现金（资金）流入量包括租赁项目投产后的营业收入、租赁项目投产后每年计提的折旧、租赁项目所有权转移后的残值收入等；租赁项目未来现金（资金）流出量包括租赁租金、租赁期后处理设备的残值支出。其中租赁租金涵盖了设备的原价款、运输费、安装费、保险费、融资利息、手续费等相关费用。

净现值公式为：

$$NPV=\sum_{t=0}^{n}(CI_t-CO_t)\times\frac{1}{(1+i)^t}$$

其中，NPV 为净现值；CI_t 为年份 t 的现金（资金）流入量；CO_t 为年份 t 的现金（资金）流出量；i 为贴现率；t 为项目期限。

下面举例说明净现值比较法的具体运用。

例 3：企业需要向租赁公司租入一套设备，租期为 3 年，贴现率为 10%，该设备投产后，每年产生的净现金流量见表 11-1：

表 11-1　净现金流量表

期限（年份）	1	2	3
净现金流量（万元）	−25	15	20

运用净现值比较法分析该项目是否可行。

（1）计算净现值。

$$\begin{aligned}NPV&=(-25)\times\frac{1}{1+10\%}+15\times\frac{1}{(1+10\%)^2}+20\times\frac{1}{(1+10\%)^3}\\&=(-25)\times 0.909\,1+15\times 0.826\,4+20\times 0.751\,3\\&=4.694\,5(\text{万元})\end{aligned}$$

（2）结论。

若计算出的净现值为正值，说明项目的投资回报率大于贴现率，项目具有可行性；反之，若为负值，说明投资回报率小于计算所用的贴现率，项目不可行。本例中，计算出的净现值4.694 5万元>0，说明该项目具有经济效益，是可行的。

二、承租人决策分析的主要方法

承租企业进行决策分析的内容主要是：引进生产所需大型设备时应该采取哪种方式获得设备，租赁还是购买？当承租企业决定用租赁的方式引进设备时，对于不同的方案应该如何选择？租赁是分期逐次支付租金，购买则是一次性支出，这是两者之间的本质区别。其中购买又包括两种方式：一是承租企业用自有资金购买；二是承租企业通过银行贷款购买。现在，我们就对承租人在不同方式、不同方案下的决策方法进行讲述。

（一）租赁与用自有资金购买的比较

成本现值比较法是进行此类决策最常用的方法。首先，我们应该明确租赁成本和购买成本分别包括什么。租赁成本主要包括租金、维持设备正常运转的生产运转费和维修费等；购买成本则主要包括设备的价款、设备所发生的运转费和维修费等。

下面举例说明具体的决策方式。

例 4： 某企业打算引进一台机器，设备价款（包含运输费、安装费等其他费用）为 19 万元，设备折旧期限为 8 年，预计设备残值为 1 万元，设备投产后每年的运营费为 2.5 万元，年维修费为 0.3 万元。如果采用租赁的方式引进设备，每年年末需要向租赁公司支付 2.6 万元的租金，已知贴现率为 10%。试比较租赁和购买哪种方式对企业更有利。

（1）用自有资金购买设备的成本现值为：

$$\begin{aligned}&19+2.5\times(P/A,10\%,8)+0.3\times(P/A,10\%,8)-1\times(P/F,10\%,8)\\&=19+2.8\times5.3349-0.4665\\&\approx33.47(\text{万元})\end{aligned}$$

（2）采用租赁方式引进设备的成本现值为：

$$\begin{aligned}&2.6\times(P/A,10\%,8)+2.5\times(P/A,10\%,8)+0.3\times(P/A,10\%,8)\\&=5.4\times5.3349\\&\approx28.81(\text{万元})\end{aligned}$$

（3）比较分析。

用自有资金购买设备的成本现值 33.47 万元＞采用租赁方式引进设备的成本现值 28.81 万元，因此，承租人应当采用租赁方式引进设备。

（二）租赁与通过银行贷款购买的比较

1. 不考虑税收的影响

例 5： 某企业需要一台设备，如果通过银行贷款购买的话，设备购价为 85 万元，借款利率为 10%，借款期限为 10 年；如果采用租赁方式引进的话，承租人每年年末需要支付 13.5 万元的租金。假设设备无残值，设备寿命期限等于借款期限。

在不考虑税收的影响时，问：企业应该采用何种方式引进设备？

（1）方法一：年金比较法。

1）通过银行贷款购买设备时，10 年内每年还本付息数即年金 A_1 为：

$$\begin{aligned}A_1&=85\div(P/A,10\%,10)\\&=85\div6.1446\end{aligned}$$

$$\approx 13.833(\text{万元})$$

2）采用租赁方式引进设备时，10 年内每年的租金为 13.5 万元，故租金的年金为 $A_2=$ 13.5 万元。

3）比较分析：通过银行贷款购买设备每年需要花费 13.833 万元，而采用租赁方式引进设备每年只需支付 13.5 万元的租金，其花费小于采用贷款购买方式，故企业应该采用租赁方式引进设备。

（2）方法二：成本现值比较法。

1）通过银行贷款购买时，企业的成本现值为 85 万元。

2）采用租赁方式引进时，企业的成本现值为：

$$\begin{aligned} & 13.5\times(P/A,10\%,10) \\ =\ & 13.5\times 6.1446 \\ =\ & 82.9521(\text{万元}) \end{aligned}$$

3）比较分析：通过银行贷款购买设备的成本现值 85 万元>采用租赁方式引进设备的成本现值82.952 1万元，故企业应当采用租赁方式引进设备。这与上述通过年金比较法得出的结论是一致的。

2. 考虑税收的影响

例 6：某企业需要一套设备，设备的价款（包含运输费、安装费等其他费用）为 9 万元，折旧期限为 3 年，采用直线折旧法，假设设备期末无残值。如果通过银行贷款购买此设备，贷款期限同为 3 年，银行要求企业每年等额偿还本息36 190元；如果向租赁公司租赁该设备（经营性租赁），每年年末需支付租金37 470元。已知贴现率为 14%，企业的所得税税率为 30%。

问：企业应采用哪种方式获得设备？

（1）计算借款的内含利率。

$$90\,000=36\,190\times(P/A,i,3)\Rightarrow(P/A,i,3)=2.4869(\text{元})$$

通过查年金现值系数表可知

$$i=10\%$$

（2）分解借款的本金和利息，如表 11－2 所示。

表 11－2　　本金、利息分解表

年份	借款余额（元）	利率（%）	年利息（元）	年偿还本息（元）	年偿还本金（元）
1	90 000	10	9 000	36 190	27 190
2	62 810	10	6 280	36 190	29 910
3	32 900	10	3 290	36 190	32 900

（3）计算贷款购买和租赁两种方式的减税部分，如表 11－3 所示。

在贷款购买方式下，折旧和借款利息均可计入成本而免税；在租赁方式下，企业可将租金支出计入成本而免税。

表 11-3　　贷款购买和租赁对比表　　单位：元

年份	借款利息	折旧	贷款购买减税额	租赁减税额
1	9 000	30 000	39 000	37 470
2	6 280	30 000	36 280	37 470
3	3 290	30 000	33 290	37 470

（4）计算贷款购买减税额和租赁减税额的现值以及实际减税额。

在贷款购买方式下减税额的现值为 PV_1：

$$\begin{aligned}PV_1 &= 39\,000\times(P/F,14\%,1)+36\,280\times(P/F,14\%,2)+33\,290\times(P/F,14\%,3)\\&=39\,000\times0.877\,2+36\,280\times0.769\,5+33\,290\times0.675\,0\\&\approx34\,211+27\,917+22\,471\\&=84\,599(\text{元})\end{aligned}$$

实际减税额为：

$$84\,599\times30\%=25\,379.7(\text{元})$$

在租赁方式下，减税额的现值为 PV_2：

$$PV_2=37\,470\times(P/A,14\%,3)=37\,470\times2.321\,6\approx86\,990(\text{元})$$

实际减税额为：

$$86\,990\times30\%=26\,097(\text{元})$$

（5）结论：贷款购买方式下的实际减税额25 379.7元＜租赁方式下的实际减税额26 097元，因此，企业应该采用税收减免更多的租赁方式来引进设备。

（三）用自有资金购买、通过银行贷款购买和租赁对财务比率影响的比较

企业选择用自有资金购买、通过银行贷款购买和租赁等不同方式，除了对企业的成本、净现金流量等产生影响外，对企业的重要财务比率也会产生不同的影响，从而也会影响承租企业的最终决策结果。下面举例说明三种方式对企业财务比率的不同影响。

例 7： 某企业有资产 300 万元，其中流动资产为 200 万元，固定资产为 100 万元，现准备引入一台 10 万元的设备，采用不同方式对企业财务比率有着不同的影响，见表 11-4。

表 11-4　　财务比率对比表

项　目	资金运用			资金来源				流动比率（%）	负债比率（%）
	流动资产（万元）	固定资产（万元）	合计（万元）	流动负债（万元）	长期负债（万元）	自有资金（万元）	合计（万元）		
设备购买前	200	100	300	100	50	150	300	200	50
用自有资金购买	190	110	300	100	50	150	300	190	50
贷款购买	200	110	310	100	60	150	310	200	51.6
租赁设备	200	110	310	100	50	150	300	200	48.4

与设备购买前相比，用自有资金购买设备会使企业的流动资产减少 10 万元，固定资产增加 10 万元，企业的流动比率下降（从 200%下降到 190%）；采用贷款购买方式，对企业的流动比率指标没有影响，但银行贷款会使企业的长期负债增加 10 万元，从而使企业的负债比率上升（从 50%上升到 51.6%）；在租赁方式下，流动比率指标没有变化，但负债比率下降（从 50%下降到 48.4%）。因此，从对财务比率的影响上看，企业会优先选择租赁方式来获得设备的使用权。

（四）不同租赁方案的比较

企业在确定采用租赁方式引进设备后，还需要在不同租赁方案中选择出最佳的租赁方案，以期用最小的成本获得最大的收益。

例 8：某企业打算租赁一台设备，价值为22 000元，设备使用期限为 3 年，估计残值为1 000元，贴现率与利率相同，均为 10%。该设备在 3 年寿命期内，分别产生8 000元、9 500元、10 000元的收益。现有如下两个租赁方案可供选择。

方案甲：为期 3 年的租赁，规定承租人每年支付租金9 000元，投资减税由出租人享有，同时在第三年年末要额外支付出租人 400 元。

方案乙：为期 3 年的租赁，规定承租人每半年支付一次租金4 200元，预付两期租金，投资减税优惠转给承租人（设投资减税优惠为设备价值的 10%）。

分别运用成本现值比较法和净现值比较法对两个方案进行比较，说明企业应该选择哪个方案进行租赁。

（1）成本现值比较法：分别计算甲、乙两个方案的成本现值。

甲方案的成本现值为：

$$
\begin{aligned}
&9\ 000\times(P/A,10\%,3)+400\times(P/F,10\%,3)\\
=&9\ 000\times2.486\ 9+400\times0.751\ 3\\
\approx&22\ 382+301\\
=&22\ 683(\text{元})
\end{aligned}
$$

乙方案的成本现值为：

$$
\begin{aligned}
&4\ 490\times2+4\ 200\times(P/A,5\%,4)-22\ 000\times10\%\\
=&8\ 980+4\ 200\times3.546\ 0-2\ 200\\
\approx&8\ 980+14\ 893-2\ 200\\
=&21\ 673(\text{元})
\end{aligned}
$$

分析结果如表 11 - 5 所示。

表 11 - 5　　方案对比表　　单位：元

	租金现值	期满支付额现值	投资减税额现值	租赁成本总现值
甲方案	22 382	301	0	22 683
乙方案	23 873	0	−2 200	21 673
差额	−1 491	301	2 200	1 010

虽然甲方案的租金现值比乙方案的租金现值少，但由于甲方案需要在期末额外支付一笔400元的费用，同时乙方案中承租人享受了税收优惠，因此就总体的成本现值而言乙方案比甲方案少了1 010元。故应采用乙方案来引进设备。

(2) 净现值比较法：计算投资期内资金流入现值。

$$8\ 000\times(P/F,10\%,1)+9\ 500\times(P/F,10\%,2)+10\ 000\times(P/F,10\%,3)$$
$$=8\ 000\times0.909\ 1+9\ 500\times0.826\ 4+10\ 000\times0.751\ 3$$
$$\approx 22\ 637(\text{元})$$

由此得出的净现值比较情况见表11-6。

表11-6　　净现值比较表　　单位：元

	租金现值	期满支付额现值	投资减税额现值	资金流出现值	资金流入现值	净现值
甲方案	22 382	301	0	22 683	22 637	−46
乙方案	23 873	0	−2 200	21 673	22 637	964
差额	−1 491	301	2 200	1 010	0	—

甲方案的净现值为负，很显然企业会选择净现值为正的乙方案。假使两个方案的净现值均为正，企业要选择净现值较大的租赁方案。

除了上述定量决策分析方法外，承租企业在进行决策分析的时候，还要针对租赁项目、租赁企业等进行定性分析。其中包括对项目本身盈利能力等的考察，对租赁企业信用度以及经济实力的优选分析，对租赁合同质量的考察，对租赁费用收取标准和收取方法的确定等。总之，承租企业的租赁决策分析是一项非常烦琐的工作，企业一定要认真分析，科学决策，保证实现自身利益最大化。

三、出租人的决策分析

出租人的决策分析即租赁企业对租赁项目的评估与决策，即决定是否投资项目以及具体投资哪个项目。其中评估的主要内容有：承租企业的概况、租赁项目的前景。这部分内容在本章第二节租赁资金的管理中均有涉及，这里不再赘述。评估项目的方法主要有：净现值法、现金系数法、内部收益率法。

(1) 净现值法：租赁企业未来的现金流入主要是不同时点上的租金收取，将未来的现金流入折算为现值，与成本现值相比较，若净现值为正，说明未来的收益足以弥补成本支出，可以对该项目进行投资。这里值得注意的是，我们一般用到的贴现率，是用于投资的资金的机会成本。

(2) 现金系数法：租赁项目未来现金流入现值与未来现金流出现值的比率。如果系数大于1，则可以考虑对该项目进行投资。

(3) 内部收益率法：指使项目未来净现金流的现值为零的贴现率。其实质是一个项目在运营期间的平均收益率，平均收益率越高，项目的可投资价值就越大。

本章思考题

一、名词解释

1. 留存收益
2. 资本公积
3. 资产证券化
4. 简单成本比较法
5. 净现值比较法

二、简答题

1. 除了书中介绍的融资渠道外，列举至少三种其他的新型融资渠道。
2. 简述租赁资金筹措管理的内容。
3. 租赁资金管理应该从哪些方面入手？
4. 如何进行租赁决策分析？

三、计算题

某公司打算添置一台设备，现在有如下两个方案可供选择。

方案一：自行购买，购置成本为4 000万元。

方案二：以租赁方式取得，每年年末支付租金 900 万元，租期为 5 年；租赁期内不能退租，租赁期满资产归承租人所有，并且承租人需向出租人支付价款2 000万元。

该固定资产的税法折旧年限为 10 年，法定残值为 5%，采取直线法计提折旧，预计该资产 5 年后的变现价值为2 000万元。该公司适用的所得税税率为 25%，同期有担保的税前利率为 8%。

问：该公司应该选择采用哪个方案来添置设备？

第十二章

融资租赁合同与融资租赁会计

导入案例

2007年底，国内航空公司共租赁飞机481架。近年来，金融租赁公司已经成为满足国内航空公司对飞机的租赁和融资需求的主力军，占据新飞机租赁市场90%以上的份额。到2017年底，市场上活跃的金融租赁机构（不含单一项目公司、分公司、特殊目的机构和收购的海外公司）总数约为8 218家，较上年底的7 136家增长了15.2%，较上年同期的5 708家同比增长了44%。其中已经获批开业的企业达到66家，较上年底的59家增长了11.9%，较上年同期的52家同比增长了26.9%。飞机租赁是高度专业化、市场化、国际化的行业，是一项对金融和相关产业专业知识要求非常高的业务。目前飞机租赁产业发展时间比较短，飞机平均机龄比较小，飞机租赁业务的潜在风险还有待进一步识别与评估。

融资租赁合同是融资租赁业务的重要内容之一，因此融资租赁合同的签订是整个融资活动的关键步骤。本章前两节介绍融资租赁合同的主要内容、签约要点及合同的变更和解除，后两节介绍与融资租赁会计相关的规定和实务要点，本章的重点是融资租赁合同的签订及变更。

第一节　融资租赁合同的主要内容与签约要点

《融资租赁企业监督管理办法》给出了融资租赁业务的具体含义：融资租赁业务是指出租人根据承租人对出卖人、租赁物的选择，向出卖人购买租赁物，提供给承租人使用，承租人支付租金的交易活动。融资租赁直接服务于实体经济，在促进装备制造业发展、中小企业融资、企业技术升级改造、设备进出口、商品流通等方面具有重要的作用，是推动产融结合、发展实体经济的重要手段。

融资租赁合同的内容几乎涵盖了租赁活动的所有信息，因此在合同签约过程中详细地了解合同内容、注意签约要点有利于融资项目的顺利进行。融资租赁合同的主体为三方当事人，即出租人、承租人和出卖人，融资租赁合同由出卖人与出租人之间的买卖合同和出租人与承租人之间的租赁合同构成，但其法律效力并不是买卖和租赁两个合同效力的简单叠加。

一、融资租赁合同的主要内容

（一）融资租赁合同的定义

《合同法》第十四章融资租赁合同部分的内容规定：融资租赁合同是出租人根据承租人对出卖人、租赁物的选择，向出卖人购买租赁物，提供给承租人使用，承租人支付租金的合同。

（二）融资租赁合同的内容

《合同法》第十四章融资租赁合同部分的内容规定：融资租赁合同的内容包括租赁物名称、数量、规格、技术性能、检验方法、租赁期限、租金构成及其支付期限和方式、币种、租赁期间届满租赁物的归属等条款。

融资租赁合同是最具法律效力的文件，它的内容不仅包括合同签订各方的实质性权利和义务，还包括各方通过谈判协商等一系列磋商行为形成的各方理解并认同的合同条款。融资租赁合同集出租方和制造商之间签订的买卖合同与出租方和承租方之间签订的租赁合同于一体，因此，融资租赁合同的内容包括租赁和买卖两部分。

1. 租赁合同的内容

（1）租赁关系的当事人，即出租人和承租人。

《合同法》规定：出租人应当保证承租人对租赁物的占有和使用。出租人享有租赁物的所有权。承租人破产的，租赁物不属于破产财产。

（2）租赁标的物。

（3）租赁标的物的出卖人及其制造厂家。

（4）租赁标的物的交付与验收。

《合同法》规定：出租人根据承租人对出卖人、租赁物的选择订立买卖合同，出卖人应当按照约定向承租人交付标的物，承租人享有与受领标的物有关的买受人的权利。

（5）出租人购买标的物的成本。

（6）租赁期限。

（7）租金及其支付方式。

《合同法》规定：融资租赁合同的租金，除当事人另有约定的以外，应当根据购买租赁物的大部分或者全部成本以及出租人的合理利润确定。承租人应当按照约定支付租金。承租人经催告后在合理期限内仍不支付租金的，出租人可以要求支付全部租金；也可以解除合同，收回租赁物。

（8）租赁物的保险。

（9）其他约定。

例如，《合同法》规定：承租人占有租赁物期间，租赁物造成第三人的人身伤害或者财产损害的，出租人不承担责任。承租人应当妥善保管、使用租赁物。承租人应当履行占有租赁物期间的维修义务。出租人和承租人可以约定租赁期间届满租赁物的归属。对租赁物的归属没有约定或者约定不明确，依照《合同法》第六十一条的规定仍不能确定的，租赁物的所有权归出租人。

2. 买卖合同的内容

（1）买卖关系的当事人，其中，出卖人为租赁合同中指定的出卖人，买受人为租赁物的出租人。

（2）标的，即租赁合同中约定的物。

（3）标的物的交付。

（4）标的物的瑕疵担保责任和索赔。

（5）标的物的价款及其支付方式。

（6）其他约定：包括风险责任条款；维修条款；担保条款；违约和争议条款；特殊性条款等。

（7）承租人对买卖合同的确认。

上述两部分构成融资租赁合同，其中，租赁合同和买卖合同并非完全独立的两个合同，而是相互影响的两个合同。例如，若买卖合同不成立、无效或解除，则租赁合同也就因标的物履行不能而解除；若租赁合同不成立、无效或解除，则买卖合同可以解除，但解除买卖合同须经三方当事人同意。

二、融资租赁合同的签约要点

融资租赁合同的签订一般需要经过以下几个程序：选择租赁物、选定出租人、进行项目尽职调查、签订买卖合同、签订租赁合同。

1. 选择租赁物

承租人根据自身需要自主选择出卖人和租赁设备，但是为了降低出卖人的违约概率和防止承租人与出卖人联手欺诈等风险，出租人也可以通过资信调查等方式确认出卖人的资质。承租人选择提供租赁物的出卖人时应注重考虑出卖人的信誉、产品质量和售后服务等方面，选择租赁设备时应着重考虑设备性能、质量、价款和付款方式等问题，若涉及技术交流，还要考虑出卖人应该提供的技术服务的范围。

2. 选定出租人

承租人在选择出租人时需要考虑以下几个方面：有足够的资金实力提供融资；租金报价较低，还款期限合理；同行业中知名度高，交易经验丰富；配置专业技术人员。《融资租赁企业监督管理办法》指出：融资租赁企业应具备与其业务规模相适应的资产规模、资金实力和风险管控能力。融资租赁企业应配备具有金融、贸易、法律、会计等方面专业知识、技能和从业经验并具有良好从业记录的人员，拥有不少于三年融资租赁、租赁业务或金融机构运营管理经验的总经理、副总经理、风险控制主管等高管人员。

3. 进行项目尽职调查

出租人受理租赁项目之前应着重对该项目进行审查，具体内容包括承租人资信尽职调查和租赁项目盈利评估。承租人资信尽职调查包括了解承租人的信用情况和资产状况，例如要求承租人及其配偶亲自到中国人民银行打印个人征信报告或者要求承租人提供如房产证、驾驶证等证明材料；租赁项目盈利评估则是利用收集到的财务信息预测该项目的未来盈利状况，必要时还可进行评定风险、核实数据来源、落实未确定因素和判定企业信用等级等可行性分析。

4. 签订买卖合同

买卖合同的洽谈与签订需要出租人和承租人的通力合作。技术方面的洽谈和相关条款的确定以承租人为主，内容涉及租赁设备的选择及售后服务等；商务方面的洽谈和相关条款的确定需要以出租人为主，内容涉及设备价款及手续的协商。同时还要注意，出卖人应在买卖合同中确认本合同货物是出租人与承租人之间所签订的租赁合同的标准物件。

5. 签订租赁合同

租赁合同的签订主要在出租人和承租人之间进行，主要内容以租金为核心，包括确认租金的支付方式、租期、担保、租赁期届满后租赁物的归属问题等。租赁合同一经成立，不经承租人同意，出租人不能变更出租人和出卖人之间订立的买卖合同的任何条款以保障承租人的利益。

第二节　融资租赁合同的变更与解除

融资租赁合同的成立涉及三方，因此任何一方变更合同约定的标的物，必将引起与三方的利益冲突，所以变更合同标的物，必须征得各方的同意。

一、融资租赁合同的变更

融资租赁合同因为涉及当事人较多，为了更好地适应现状，当事各方可以因为外界因素等而对合同进行修改，但并不是所有的合同都可以修改，法律有明确规定。

（一）不得变更合同的情况

《合同法》规定，出租人根据承租人对出卖人、租赁物的选择订立的买卖合同，未经承租人同意，出租人不得变更与承租人有关的合同内容。

在承租人没有违约的情况下，出租人与出卖人之间的买卖合同，非经承租人同意，不得变更。

租赁合同经出租人和承租人签字生效后，对出租人与出卖人签订的买卖合同中确定的数量、规格等，未征得出卖人的同意，不得变更。

（二）可能引起变更的情况

1. 租赁合同转让

转让租赁合同会引起租赁合同的主体变更，如出租人将租赁物转让、抵押出去，失去租赁物的所有权，在发生这种变更时，出租人应及时通知承租人，因合同的转让而引起的合同主体变更，应以书面形式进行。

2. 合同履行过程中各方主客观情况变更

租赁合同可能会发生涉及合同部分内容的变更，如对原条文的增删，叙述形式的变更，以及履行的方式、时间、地点的变更等，经承租人和出租人双方协商即可变更，在签字后生效，但对标的物一般不得进行变更，如确需变更，必须经承租人和出租人双方协商，以书面形式进行。

在融资租赁关系中，先签订的买卖合同是取得租赁物的依据，后签订的租赁合同是买卖合同成立的前提。买卖合同是由出租人与出卖人订立的，在买卖合同未履行或者未完全履行时，出租人与出卖人只要协商一致，就可以对合同进行修改、补充。但由于买卖合同与租赁合同关系密切，出租人订立买卖合同的目的在于承租人需要，而且买卖合同的条款一般都是经承租人确认的，出租人和出卖人在变更买卖合同时，不得损害承租人的利益。融资租赁合同的变更一般都要以书面的形式进行才具有法律效力，如果原合同是经公证后生效履行的，变更后的内容仍需经公证才能生效。

出租人与出卖人订立的买卖合同，未经承租人同意擅自变更与承租人有关的合同内容的，即构成对承租人的违约，承租人可以要求出租人支付违约金。承租人也可以拒收租赁物，并通知出租人解除合同。因此给承租人造成损失的，承租人还有权要求出租人赔偿损失。

案例分析

售后回租合同分析

A租赁有限公司（以下简称“A公司”）与B电力开发公司（以下简称“B公司”）签订了一份《售后回租融资租赁合同》，约定：A公司以3 200万美元现汇购买B公司从国外进口并正在使用的12台发电机组，并以售后回租形式由B公司租回使用；租赁期限为4年，从1993年4月起至1997年3月，实际起租日为A公司购买该租赁物的最后一次付款日；租金按租赁概算成本和租赁利率计得，概算的租金总额为3 666.92万美元。

但在合同实际履行过程中该租赁物的租赁实际成本与租赁概算成本有出入，A公司即用《租赁条件变更通知书》的形式，以租赁实际成本对租金等条件作了相应的调整，将租赁利率调整为LIBOR＋1.83％。

租赁条件变更有效的前提是取得承租人的同意，即在B公司同意并认可后，租赁利率才能调整为LIBOR＋1.83％。

二、融资租赁合同的解除

融资租赁合同的解除一般发生在租期届满之前，即融资租赁合同被提前结束。

（一）出租人的解除权

在合同执行过程中出现了严重损害租赁机构作为租赁资产所有者的所有者权益或作为债权人的债权利益时，租赁机构就会提前终止合同。

《最高人民法院关于审理融资租赁合同纠纷案件适用法律问题的解释》规定，有下列情形之一，出租人可以请求解除融资租赁合同：

（1）承租人未经出租人同意，将租赁物转让、转租、抵押、质押、投资入股或者以其他方式处分租赁物的；

（2）承租人未按照合同约定的期限和数额支付租金，符合合同约定的解除条件，经出租人催告后在合理期限内仍不支付的；

（3）合同对于欠付租金解除合同的情形没有明确约定，但承租人欠付租金达到 2 期以上，或者数额达到全部租金 15%以上，经出租人催告后在合理期限内仍不支付的；

（4）承租人违反合同约定，致使合同目的不能实现的其他情形。

（二）承租人的解除权

（1）融资租赁的租赁物是出租人为承租人的使用而特别购入的，所以，在融资租赁合同中，承租人解除合同的权利应当受到一定的限制，在合同有效期内，无正当、充分的理由不得解除合同。

（2）因出租人的原因致使承租人无法占有、使用租赁物，承租人可以请求解除融资租赁合同。

（三）可以解除融资租赁合同的情形

当有下列情形时，合同当事人可以解除融资租赁合同：

（1）协议解除，即各方当事人通过协商同意将合同解除的行为。这种解除方式的要件是当事人协商一致的意思表示。事实上，在融资租赁交易中，只要当事人各方同意解除合同，同时对各方的权利和义务进行约定而又不损害国家利益、社会公共利益，中途解约的情形是存在的，并且有日益增多的倾向。尤其是在一些发展迅速、技术更新快、新机型不断出现的行业，中途解约的情形更是大量存在。

（2）《合同法》第二百四十八条规定：承租人应当按照约定支付租金。承租人经催告后在合理期限内仍不支付租金的，出租人可以要求支付全部租金；也可以解除合同，收回租赁物。这实际上是赋予出租人在承租人违反缴纳租金的义务后享有单方解除权。

（3）在融资租赁期间，租赁物的所有权属于出租人所有。如果承租人未经出租人同意，擅自将租赁物出售、转让、转租，以租赁设备设定担保或投资入股，将侵害出租人的所有权，此时，应该允许出租人解除合同；此外，承租人利用租赁物进行违法活动虽未给出租人造成损失，也应当赋予出租人中途解除合同的权利。

（4）租赁期间，如果承租人破产，一般无法继续履行合同，此时，出租人应享有解除权，收回租赁物。

（5）租赁物自交付给承租人以后，其毁损灭失的风险也就移转给承租人承担了，且承租人负有维修、保管租赁物的义务。由于出租人的过错致使租赁物毁损灭失的，出租人不可免责，此时，应允许承租人依具体情况或要求减少租金或要求解除合同。

（6）一般情况下租赁物有瑕疵，出租人不负担瑕疵担保义务，因此即使租赁的瑕疵致使承租人不能依约使用、收益，承租人也不能以出租人违反瑕疵担保义务为由请求解除合同。但如果承租人依赖出租人的技能确定租赁物或干预租赁物的选择，则出租人不可免除瑕疵担保义务。当出租人违反其应当承担的瑕疵担保义务时，承租人可以向其请求修理、退换等，如果出租人在合理的期限内未执行上述行为或虽执行了上述行为但致使承租人仍不能对租赁物进行使用、收益，则承租人可以要求解除合同。

（7）有效成立的融资租赁合同，在交付期限届满、出卖人未交付租赁物，经承租人催告，在合理的催告期限内仍未交付的，如果此时出租人并未将向出卖人索赔的权利转让给承租人，则交付租赁物首先是出租人的义务，承租人应以出租人违反合同约定的义务为由要求出租人赔偿损失或解除合同。这种做法已经得到《国际统一私法协会国际融资租赁公约》的肯定。

(8) 此外，当事人还可以在融资租赁合同中约定当事人一方或各方享有解除权的情况，当约定的情况发生时，享有解除权的当事人就可以行使解除权。

除上述情况外，即使是发生不可抗力，租赁物不复存在，承租人无法再对租赁物进行使用、收益，也不得中途解除合同。但应该注意“买卖不破租赁”，即出租人转让其在融资租赁合同项下的部分或者全部权利，受让方以此为由请求解除或者变更融资租赁合同的，人民法院不予支持。

（四）租赁合同与买卖合同之间的解除关系

从租赁与买卖的关系看，租赁合同自双方当事人签订合同之日起成立，但合同自承租人收到出卖人交付的标的物时起生效。因此，若买卖合同不成立、无效或者被撤销，则租赁合同也就因标的物的履行不能而解除。同时，买卖合同虽由出租人与出卖人订立，但关于买卖的条件却是由承租人具体指定的，买卖的标的物是出租人用于租赁的物，因此，在买卖合同的标的物交付前，若租赁合同不成立、无效或者被撤销，买卖合同可以解除，但在当事人协议变更、解除买卖合同时，除合同另有约定外，需出租人、承租人及出卖人三方当事人同意。

案例分析

租赁合同解除分析

2002 年原告 A 有限公司（以下简称“A 公司”）与被告 B 有限公司（以下简称“B 公司”）签订《租赁合同》，约定 A 公司按照 B 公司的要求向中国台湾一家公司购买一台自动分条切张机，租赁给 B 公司使用，双方约定每月租金为9 931.30元港元，分 54 期支付租金，直至 2007 年 4 月 2 日止。《租赁合同》约定了在承租人违约时，出租人有权同时解除合同、收回所有租金及租赁物，还约定了利率和逾期利率的计算方法，同时约定了在租赁期满后，B 公司还清所有款项后需取得机器所有权的，必须另外再付 500 港元。截至 2004 年 4 月 26 日，B 公司尚欠 8 期租金未付，总计79 450.40港元。原告 A 公司请求法院判决：(1) 被告 B 公司支付原告 A 公司未付租金及逾期利息。(2) 解除《租赁合同》、被告 B 公司返还租赁物。

法院判决最终支持了原告 A 公司的请求。

【解释】《合同法》第二百四十八条规定：承租人应当按照约定支付租金。承租人经催告后在合理期限内仍不支付租金的，出租人可以要求支付全部租金；也可以解除合同，收回租赁物。

第三节　融资租赁会计相关规定

《企业会计准则第 21 号——租赁》规定，融资租赁是指实质上转移了与资产所有权有关的几乎全部风险和报酬的租赁。为了合理公正地反映企业的资产状况和经营成果，针对租赁业务的公允核算——融资租赁会计应运而生。本节着重介绍国内外会计准则对融资租赁项目的确认、计量、记录、报告等规定。

一、国际会计准则规定

国际会计准则理事会于 2016 年 1 月 13 日发布了新的租赁准则《国际财务报告准则第 16 号——租赁》(IFRS16)，该准则于 2019 年 1 月 1 日生效。

与旧的准则《国际会计准则第 17 号——租赁》的规定不同，新准则对于承租人的会计处理变动较多，最大的变动为新的租赁准则不再区分经营性租赁和融资租赁，在大多数租赁安排中，承租人将同时确认一项资产和负债。

在新的租赁准则下，承租人的会计确认和计量概括如下。

（1）会计确认：当一项合同建立于使用一项可辨认资产（无论使用条款是否明确）之上时，或者当承租人根据合同有权决定该项可辨认资产的使用以及有权获取与使用该项资产相关的几乎所有的经济利益时，承租人可以根据 IFRS16 确认一项租赁安排。

（2）初始计量：承租人根据租赁付款额的现值来对使用权资产和租赁负债进行初始计量。

（3）后续计量：承租人通常使用直线法对使用权资产进行折旧，折旧年限为租赁期和使用权资产的使用寿命中较短者；承租人根据租赁期开始日确定贴现率，使用实际利率法确认每个资产负债日的租赁负债。在低值资产和短期租赁安排中，承租人对租赁安排可选择不同的确认和计量方法。

（4）对于低值资产的租赁和对于租赁期不超过 12 个月的短期租赁安排，承租人可以选择按照直线法直接确认租赁费用。国际会计准则理事会讨论了价值在 5 000 美元以下的相关资产可能被认为是低值资产。

（5）新的租赁准则对承租人的资产负债表列报有新的要求，即确认的一项资产和负债，可以在资产负债表上与其他资产和负债分开列报，也可以与类似的相关资产和负债列报在一起，同时在类似的相关资产和负债的披露中单独列报一项资产和负债的金额。新的租赁准则对承租人的利润表和现金流量表的列报要求，与旧的准则对承租人的列报要求大致相同。

二、我国融资租赁会计处理的规定

（一）承租人对融资租赁的处理

1. 租赁开始日的会计处理

在租赁开始日，承租人通常应当将租赁开始日的租赁资产原账面价值和最低租赁付款额的现值两者中较低者作为租入资产的入账价值，将最低租赁付款额作为长期应付款的入账价值，并将两者之间的差额记录为未确认融资费用。

承租人在计算最低租赁付款额的现值时，如果知道出租人的租赁内含利率，应当采用出租人的租赁内含利率作为贴现率；否则，应当采用租赁合同中规定的利率作为贴现率。如果出租人的租赁内含利率和租赁合同中规定的利率都无法得到，应当采用同期银行贷款利率作为贴现率。其中租赁内含利率是指，在租赁开始日，使最低租赁付款额的现值与未担保余值的现值之和等于资产原账面价值的贴现率。

借：固定资产——融资租入固定资产（租赁资产原账面价值和最低租赁付款额的现值两者中较低者）

　　未确认融资费用

　贷：长期应付款——应付融资租赁款（最低租赁付款额）

　　　银行存款

2. 初始直接费用的会计处理

初始直接费用是指在租赁谈判和签订租赁合同的过程中发生的可直接归属于租赁项目的费用。承租人发生的初始直接费用通常有印花税、佣金、律师费、差旅费、谈判发生的费用等。承租人发生的初始直接费用，在满足资本化的条件下，应当计入资产的账面价值。其账务处理为：借记“在建工程”“固定资产”等科目，贷记“银行存款”等科目。

借：固定资产——融资租入固定资产（初始直接费用）

　贷：银行存款等

3. 支付租金的会计处理

在融资租赁下，承租人向出租人支付的租金中包含了本金和利息两部分。承租人支付租金时，一方面应减少长期应付款，另一方面应同时将未确认的融资租赁费用按一定的方法确认为当期融资费用，在先付租金（即每期期初等额支付租金）的情况下，租赁期第一期支付的租金不含利息，只需减少长期应付款，不必确认当期融资费用。

承租人对每期应支付的租金，应按支付的租金金额，借记“长期应付款——应付融资租赁款”科目，贷记“银行存款”科目，如果支付的租金中包含履约成本，应同时借记“制造费用”“管理费用”等科目。另外，还应根据当期应确认的融资费用金额，借记“财务费用”科目，贷记“未确认融资费用”科目。

$$\begin{array}{c}\text{未确认融资费用}\\\text{每一期的摊销额}\end{array}=\left(\begin{array}{c}\text{每一期的长期应付款的}\\\text{期初余额}\end{array}-\begin{array}{c}\text{未确认融资费用的}\\\text{期初余额}\end{array}\right)\times\begin{array}{c}\text{实际}\\\text{利率}\end{array}$$

会计处理为：

借：长期应付款——应付融资租赁款

　贷：银行存款

借：财务费用

　贷：未确认融资费用

4. 租赁资产折旧的计提

承租人应对融资租入的固定资产计提折旧，计提租赁资产的折旧时，应与承租人的自有资产折旧计提方法相一致。如果承租人或与其有关的第三方对租赁资产提供了担保，则应计提的折旧总额为租赁开始日固定资产的入账价值扣除余值后的余额。如果承租人或与其有关的第三方未对租赁资产余值提供担保，则应计提的折旧总额为租赁开始日固定资产的入账价值。

借：制造费用

　贷：累计折旧——融资租入固定资产的折旧

5. 租赁期满时的会计处理

(1) 在租赁期满时，承租人若返还租赁资产，则应借记“累计折旧”科目，贷记“固定资产”科目。

借：累计折旧

　贷：固定资产——融资租入固定资产（初始入账价值）

(2) 在承租人享有优惠购买选择权时，承租人若留购租赁资产，则应结转资产的所有权，将固定资产从“融资租入固定资产”明细科目转入“生产用固定资产”明细科目。

借：固定资产——生产用固定资产

　贷：固定资产——融资租入固定资产（初始入账价值）

（二）出租人对融资租赁的处理

1. 租赁开始日的会计处理

在租赁开始日，出租人应按最低租赁收款额，借记“长期应收款——应收融资租赁款”科目，按租赁资产的原账面价值，贷记“融资租赁资产”科目，按上述科目计算后的差额，贷记“未实现融资收益”科目，并按初始直接费用，贷记“银行存款”科目。

借：长期应收款——应收融资租赁款

　贷：融资租赁资产（原账面价值）

　　　未实现融资收益

　　　银行存款（初始直接费用）

2. 收到租金的会计处理

出租人每期收到的租金包括本金和利息两部分。未实现融资收益应当在租赁期内的各个期间进行分配，确认为各期的租赁收入。

出租人每期收到的租金的会计处理为：

借：银行存款

　贷：长期应收款——应收融资租赁款

每期确认融资收益的会计处理为：

借：未实现融资收益

　贷：主营业务收入——租赁收入

3. 租赁期满时的会计处理

在租赁期满时，承租人将租赁资产交还出租人。出租人收到承租人交还的资产时，借记“融资租赁资产”科目，贷记“长期应收款——应收融资租赁款”科目。

借：融资租赁资产

　贷：长期应收款——应收融资租赁款

若不存在担保余值，也不存在未担保余值，则不作会计处理。

以上所讲可简单归纳如下（见表 12-1）。

表 12－1　融资租赁的会计处理

	承租人的会计处理	出租人的会计处理
(1) 租赁开始日	借：固定资产——融资租入固定资产 未确认融资费用 贷：长期应付款——应付融资租赁款 银行存款	借：长期应收款——应收融资租赁款 贷：融资租赁资产 未实现融资收益 银行存款
(2) 折旧的计提	借：制造费用 贷：累计折旧——融资租入固定资产的折旧	不计提折旧
(3) 支付租金/收到租金	借：长期应付款——应付融资租赁款 贷：银行存款 借：财务费用 贷：未确认融资费用	借：银行存款 贷：长期应收款——应收融资租赁款 借：未实现融资收益 贷：主营业务收入——租赁收入
(4) 返还租赁资产时	借：累计折旧 贷：固定资产——融资租入固定资产	借：融资租赁资产 贷：长期应收款——应收融资租赁款 若不存在担保余值，也不存在未担保余值，则不作会计处理
(5) 留购租赁资产时	借：固定资产——生产用固定资产 贷：固定资产——融资租入固定资产	比照上述返还租赁资产处理

注：此处的会计处理只包括简单基本情形，具体更多情形请参照相关会计书籍。

三、融资租赁会计处理国际上的比较

国际上有关融资租赁的会计处理比较见表 12－2。

表 12－2　融资租赁会计处理国际上的比较

范围	《国际财务报告准则第 16 号——租赁》	《企业会计准则第 21 号——租赁》
承租人会计处理	不再区分经营性租赁和融资租赁	区分经营性租赁和融资租赁
适用范围限制	无形资产、自然资源、生物资产	不适用自然资源、版权、土地
销售式租赁①	制造商或经销商提供	没有相关规定
分摊利率	确定固定利率	实际利率法、直线法、年数总和法
初始直接费用处理	立即确认、冲抵租赁期财务收益、发生期内即确认费用	立即确认方法
最低租赁付款额现值贴现率选择	出租方隐含利率、承租方另行借款利率	出租方隐含利率、合同规定利率、银行同期贷款利率

---

① 销售式租赁又称非节税租赁或租购，是指不能享受税收优惠的租赁。例如，厂商以促销为目的，承租人最终拥有租赁设备所有权的租赁方式，这种租赁在形式上类似于分期付款。

第四节　融资租赁会计实务要点

根据上节所讲会计准则，本节结合案例讲述融资租赁会计实务要点。

案例分析

融资租赁会计处理分析

2014 年 12 月 20 日 A 公司与 B 租赁公司签订了一份关于某设备融资租赁合约，2015 年 1 月 1 日该设备的公允价值为 550 万元，租期为 4 年，租约不可撤销，A 公司与 B 公司发生的初始直接费用均为 1 万元。合同主要条款如下：

租赁开始日：2015 年 1 月 1 日。

租赁期：2015－01－01 至 2018－12－31，共 4 年。

租金支付方式：从租赁开始日起每年年末支付 150 万元。

A 公司担保租赁期满时设备余值为 10 万元，没有未担保余值。租赁合同利率为 7%，租赁期满时，A 公司自留该设备。

A 公司对该融资租赁固定资产采用年限平均法计提折旧，与租赁有关的未确认融资费用在相关资产的折旧期限内采用实际利率法摊销并在年末进行。

一、承租人会计处理方法

（一）租赁开始日

（1）计算租赁开始日最低租赁付款额的现值，确定租赁资产的入账价值。本例中 A 公司无法获得租赁公司的内含利率，因此选择将合同利率 7%作为贴现率来计算。

最低租赁付款额＝150×4＋10＝610（万元）

最低租赁付款额的现值＝150×$(P/A,4,7\%)$＋10×$(P/F,4,7\%)$

＝150×3.387 2＋10×0.762 9

≈515.71（万元）

租赁资产的入账价值＝最低租赁付款额的现值＋初始直接费用＝515.71＋1＝516.71（万元）

未确认融资费用＝610＋1－516.71＝94.29（万元）

（2）会计分录。

借：固定资产——融资租入固定资产	516.71	
未确认融资费用	94.29	
贷：长期应付款		610
银行存款		1

（二）第一年：2015 年 12 月 31 日

（1）支付租金时。

借：长期应付款——应付融资租赁款 150
　贷：银行存款 150

（2）确认当年应分摊的融资费用。

(610－94.29)×7%＝515.71×7%＝36.1(万元)

借：财务费用 36.1
　贷：未确认融资费用 36.1

（3）计提折旧。

(516.71－10)/4＝126.68（万元）（以后每年相同）

借：制造费用——折旧费 126.68
　贷：累计折旧 126.68

（三）第二年：2016 年 12 月 31 日

（1）支付租金时。

借：长期应付款——应付融资租赁款 150
　贷：银行存款 150

（2）确认当年应分摊的融资费用。

[(610－150)－(94.29－36.1)]×7%
＝401.81×7%
＝28.13（万元）

借：财务费用 28.13
　贷：未确认融资费用 28.13

（3）计提折旧。

(516.71－10)/4＝126.68（万元）

借：制造费用——折旧费 126.68
　贷：累计折旧 126.68

（四）第三年：2017 年 12 月 31 日

（1）支付租金时。

借：长期应付款——应付融资租赁款 150
　贷：银行存款 150

（2）确认当年应分摊的融资费用。

[(610－150－150)－(94.29－36.1－28.13)]×7%
＝19.6（万元）

借：财务费用 19.6
　贷：未确认融资费用 19.6

（3）计提折旧。

(516.71－10)/4＝126.68（万元）

借：制造费用——折旧费 126.68
　贷：累计折旧 126.68

（五）第四年：2018 年 12 月 31 日

（1）支付租金时。

借：长期应付款——应付融资租赁款　　150

　贷：银行存款　　150

（2）确认当年应分摊的融资费用。

[(610－150－150－150)－(94.29－36.1－28.13－19.6)]×7%＝10.46（万元）

借：财务费用　　10.46

　贷：未确认融资费用　　10.46

（3）计提折旧。

(516.71－10)/4＝126.68（万元）

借：制造费用——折旧费　　126.68

　贷：累计折旧　　126.68

（4）归还设备时。

借：长期应付款——应付融资租赁款　　10

　　累计折旧　　506.71

　贷：固定资产　　516.71

上述“未确认融资费用”的分摊也可按表 12－3 计算。

表 12－3　　未确认融资费用分摊表（实际利率法）

日期	租金 (1)	确认的融资费用 (2) [＝期初的(4)×7%]	应付本金减少额 (3) [＝(1)－(2)]	应付本金余额 (4) [＝期初的(4)－(3)]
2015 年 1 月 1 日				515.71
2015 年 12 月 31 日	150	36.1	113.9	401.81
2016 年 12 月 31 日	150	28.13	121.87	279.94
2017 年 12 月 31 日	150	19.6	130.4	149.54
2018 年 12 月 31 日	150	10.46	139.54	10
合计	600	94.29	505.71	

二、出租人会计处理方法

（一）出租日

最低租赁收款额＝最低租赁付款额＝150×4＋10＝610（万元）

未实现融资收益＝最低租赁收款额－租赁资产的公允价值＝610－550＝60（万元）

借：长期应收款　　611

　贷：融资租赁资产　　550

　　　未实现融资收益　　60

银行存款　　1

（二）第一年：2015 年 12 月 31 日

（1）先计算租赁内含利率，即指在租赁开始日，使最低租赁收款额的现值与未担保余值现值之和等于租赁资产公允价值与出租人初始直接费用之和的贴现率。即有：

$150\times(P/A, 4, r)+10\times(P/F, 4, r)=550+1$

$r=4.16\%$

（2）再计算本年应分摊的融资收益＝(611－60)×4.16%＝22.92(万元)。

借：银行存款　　150

　贷：长期应收款　　150

借：未实现融资收益　　22.92

　贷：主营业务收入——租赁收入　　22.92

（三）第四年：2018 年 12 月 31 日

借：银行存款　　150

　贷：长期应收款　　150

借：未实现融资收益　　7.31

　贷：主营业务收入——租赁收入　　7.31

收回设备时的会计处理如下。

借：融资租赁资产　　11

　贷：长期应收款　　11

融资收益的计算见表 12－4。

表 12－4　　融资收益计算表

日期	租金 (1)	确认的融资收益 (2) [＝期初的(4)×4.16%]	应收本金减少额 (3) [＝(1)－(2)]	应收本金余额 (4) [＝期初的(4)－(3)]
2015 年 1 月 1 日				551
2015 年 12 月 31 日	150	22.92	127.08	423.92
2016 年 12 月 31 日	150	17.64	132.36	291.56
2017 年 12 月 31 日	150	12.13	137.87	153.69
2018 年 12 月 31 日	150	6.39	143.61	10
合计	600	60	540	

注：表中第（2）栏和第（3）栏的合计值是约数，因为租赁内含利率取的是近似值，后续计算都会存在一定的误差。

本章思考题

一、名词解释

1. 融资租赁合同
2. 租赁内含利率

二、简答题

1. 简述融资租赁合同的内容。
2. 简述融资租赁合同的签约要点。
3. 简述融资租赁合同的变更。

参考文献

1. 曹建元．信托基本原理．上海：上海财经大学出版社，2004.

2. 曹建元．信托投资学．上海：上海财经大学出版社，2004.

3. 邓海平．家族信托破冰．大众理财顾问，2013（10）．

4. 盖永光．信托业比较研究：历史演进、定位与发展．济南：山东人民出版社，2004.

5. 胡莉铭．国外信托业的发展趋势及对我国的启示．当代经济，2006（8）．

6. 胡宁. 公益信托监管法律制度研究. 重庆：重庆大学，2014.

7. 姜雪莲．信托受托人的忠实义务．中外法学，2016，28（1）．

8. 李墨翰. 我国公益信托制度研究. 成都：西南财经大学，2014.

9. 李宇．商业信托委托人的法律地位．法学论坛，2012，27（5）．

10. 廖强．制度错位与重建：对我国信托业问题的思考．金融研究，2009（2）．

11. 刘继新．日本信托业发展及其启示研究．世界经济，2013.

12. 马丽娟．信托与融资租赁．北京：首都经济贸易大学出版社，2013.

13. 马秀岩，卢洪升．项目融资．大连：东北财经大学出版社，2012.

14. 闵绥艳．高级信托学．西安：西安交通大学出版社，2015.

15. 闵绥艳．信托与租赁．北京：科学出版社，2012.

16. 秦永顺．金融租赁业务．长春：吉林大学出版社，2008.

17. 任淮秀．投资银行业务与经营．北京：中国人民大学出版社，2014.

18. 宋学明．我国信托业功能演进和发展研究．济南：山东大学，2014.

19. 汤淑梅．试析通道类信托之受托人责任的承担．北京航空航天大学学报（社会科学版），2014，28（1）．

20. 王淑敏，齐佩金．金融信托与租赁．北京：中国金融出版社，2011.

21. 翁两民．论结构化信托中受托人的公平义务．法大研究生，2016（2）．

22. 吴慕枫．我国银信合作业务模式探析．商场现代化，2009（8）．

23. 解启荣. 我国准公益信托法律制度研究. 上海：华东政法大学，2016.

24. 杨守春. 我国公益信托监管制度研究. 石家庄：河北经贸大学，2015.

25. 叶晓晶. 公益信托委托人法律制度研究. 上海：华东政法大学，2014.

26. 俞姗．投资银行业务．北京：北京大学出版社，2013.

27. 张其秀．高级会计学．上海：上海财经大学出版社，2009.

28. 张同庆．信托业务法律实务．北京：中国法制出版社，2014.

29. 赵磊．信托受托人的角色定位及其制度实现．中国法学，2013（4）.

30. 赵岩．信托受托人的亲自管理义务．金融法苑，2013（2）.

31. 钟杰，赵嘉辉．信托融资、信托市场与金融资源配置研究——基于信托融资、债权融资与权益融资模式比较的视角．现代管理科学，2011（9）.

32. 仲伟．日本信托业的特点及借鉴意义．经济纵横，2014（11）.

33. 周明．我国信托业治理整顿的深层次原因研究．当代经济，2010（12）.

34. 朱宝宪．公司并购与重组．北京：清华大学出版社，2006.

35. 左毓秀，史建平．信托与租赁．北京：中国经济出版社，2001.

《金融租赁公司管理办法》

第一章　总　则

第一条　为促进融资租赁业务发展，规范金融租赁公司的经营行为，根据《中华人民共和国银行业监督管理法》《中华人民共和国公司法》等法律法规，制定本办法。

第二条　本办法所称金融租赁公司，是指经银监会①批准，以经营融资租赁业务为主的非银行金融机构。金融租赁公司名称中应当标明“金融租赁”字样。未经银监会批准，任何单位不得在其名称中使用“金融租赁”字样。

第三条　本办法所称融资租赁，是指出租人根据承租人对租赁物和供货人的选择或认可，将其从供货人处取得的租赁物按合同约定出租给承租人占有、使用，向承租人收取租金的交易活动。

第四条　适用于融资租赁交易的租赁物为固定资产，银监会另有规定的除外。

第五条　本办法所称售后回租业务，是指承租人将自有物件出卖给出租人，同时与出租人签订融资租赁合同，再将该物件从出租人处租回的融资租赁形式。售后回租业务是承租人和供货人为同一人的融资租赁方式。

第六条　银监会及其派出机构依法对金融租赁公司实施监督管理。

第二章　机构设立、变更与终止

第七条　申请设立金融租赁公司，应当具备以下条件：

（一）有符合《中华人民共和国公司法》和银监会规定的公司章程；

（二）有符合规定条件的发起人；

（三）注册资本为一次性实缴货币资本，最低限额为1亿元人民币或等值的可自由兑换货币；

① 现指银保监会。下同。

（四）有符合任职资格条件的董事、高级管理人员，并且从业人员中具有金融或融资租赁工作经历3年以上的人员应当不低于总人数的50%；

（五）建立了有效的公司治理、内部控制和风险管理体系；

（六）建立了与业务经营和监管要求相适应的信息科技架构，具有支撑业务经营的必要、安全且合规的信息系统，具备保障业务持续运营的技术与措施；

（七）有与业务经营相适应的营业场所、安全防范措施和其他设施；

（八）银监会规定的其他审慎性条件。

第八条　金融租赁公司的发起人包括在中国境内外注册的具有独立法人资格的商业银行，在中国境内注册的、主营业务为制造适合融资租赁交易产品的大型企业，在中国境外注册的融资租赁公司以及银监会认可的其他发起人。

银监会认可的其他发起人是指除符合本办法第九条至第十一条规定的发起人以外的其他境内法人机构和境外金融机构。

第九条　在中国境内外注册的具有独立法人资格的商业银行作为金融租赁公司发起人，应当具备以下条件：

（一）满足所在国家或地区监管当局的审慎监管要求；

（二）具有良好的公司治理结构、内部控制机制和健全的风险管理体系；

（三）最近1年年末总资产不低于800亿元人民币或等值的可自由兑换货币；

（四）财务状况良好，最近2个会计年度连续盈利；

（五）为拟设金融租赁公司确定了明确的发展战略和清晰的盈利模式；

（六）遵守注册地法律法规，最近2年内未发生重大案件或重大违法违规行为；

（七）境外商业银行作为发起人的，其所在国家或地区金融监管当局已经与银监会建立良好的监督管理合作机制；

（八）入股资金为自有资金，不得以委托资金、债务资金等非自有资金入股；

（九）承诺5年内不转让所持有的金融租赁公司股权、不将所持有的金融租赁公司股权进行质押或设立信托，并在拟设公司章程中载明；

（十）银监会规定的其他审慎性条件。

第十条　在中国境内注册的、主营业务为制造适合融资租赁交易产品的大型企业作为金融租赁公司发起人，应当具备以下条件：

（一）有良好的公司治理结构或有效的组织管理方式；

（二）最近1年的营业收入不低于50亿元人民币或等值的可自由兑换货币；

（三）财务状况良好，最近2个会计年度连续盈利；

（四）最近1年年末净资产不低于总资产的30%；

（五）最近1年主营业务销售收入占全部营业收入的80%以上；

（六）为拟设金融租赁公司确定了明确的发展战略和清晰的盈利模式；

（七）有良好的社会声誉、诚信记录和纳税记录；

（八）遵守国家法律法规，最近2年内未发生重大案件或重大违法违规行为；

（九）入股资金为自有资金，不得以委托资金、债务资金等非自有资金入股；

（十）承诺5年内不转让所持有的金融租赁公司股权、不将所持有的金融租赁公司股权进行质押或设立信托，并在拟设公司章程中载明；

（十一）银监会规定的其他审慎性条件。

第十一条　在中国境外注册的具有独立法人资格的融资租赁公司作为金融租赁公司发起人，应当具备以下条件：

（一）具有良好的公司治理结构、内部控制机制和健全的风险管理体系；

（二）最近1年年末总资产不低于100亿元人民币或等值的可自由兑换货币；

（三）财务状况良好，最近2个会计年度连续盈利；

（四）遵守注册地法律法规，最近2年内未发生重大案件或重大违法违规行为；

（五）所在国家或地区经济状况良好；

（六）入股资金为自有资金，不得以委托资金、债务资金等非自有资金入股；

（七）承诺5年内不转让所持有的金融租赁公司股权、不将所持有的金融租赁公司股权进行质押或设立信托，并在拟设公司章程中载明；

（八）银监会规定的其他审慎性条件。

第十二条　金融租赁公司至少应当有一名符合第九条至第十一条规定的发起人，且其出资比例不低于拟设金融租赁公司全部股本的30%。

第十三条　其他境内法人机构作为金融租赁公司发起人，应当具备以下条件：

（一）有良好的公司治理结构或有效的组织管理方式；

（二）有良好的社会声誉、诚信记录和纳税记录；

（三）经营管理良好，最近2年内无重大违法违规经营记录；

（四）财务状况良好，且最近2个会计年度连续盈利；

（五）入股资金为自有资金，不得以委托资金、债务资金等非自有资金入股；

（六）承诺5年内不转让所持有的金融租赁公司股权，不将所持有的金融租赁公司股权进行质押或设立信托，并在公司章程中载明；

（七）银监会规定的其他审慎性条件；

其他境内法人机构为非金融机构的，最近1年年末净资产不得低于总资产的30%；

其他境内法人机构为金融机构的，应当符合与该类金融机构有关的法律、法规、相关监管规定要求。

第十四条　其他境外金融机构作为金融租赁公司发起人，应当具备以下条件：

（一）满足所在国家或地区监管当局的审慎监管要求；

（二）具有良好的公司治理结构、内部控制机制和健全的风险管理体系；

（三）最近1年年末总资产原则上不低于10亿美元或等值的可自由兑换货币；

（四）财务状况良好，最近2个会计年度连续盈利；

（五）入股资金为自有资金，不得以委托资金、债务资金等非自有资金入股；

（六）承诺5年内不转让所持有的金融租赁公司股权、不将所持有的金融租赁公司股权进行质押或设立信托，并在公司章程中载明；

（七）所在国家或地区金融监管当局已经与银监会建立良好的监督管理合作机制；

（八）具有有效的反洗钱措施；

（九）所在国家或地区经济状况良好；

（十）银监会规定的其他审慎性条件。

第十五条　有以下情形之一的企业不得作为金融租赁公司的发起人：

（一）公司治理结构与机制存在明显缺陷；

（二）关联企业众多、股权关系复杂且不透明、关联交易频繁且异常；

（三）核心主业不突出且其经营范围涉及行业过多；

（四）现金流量波动受经济景气影响较大；

（五）资产负债率、财务杠杆率高于行业平均水平；

（六）其他对金融租赁公司产生重大不利影响的情况。

第十六条　金融租赁公司发起人应当在金融租赁公司章程中约定，在金融租赁公司出现支付困难时，给予流动性支持；当经营损失侵蚀资本时，及时补足资本金。

第十七条　金融租赁公司根据业务发展的需要，经银监会批准，可以设立分公司、子公司。设立分公司、子公司的具体条件由银监会另行制定。

第十八条　金融租赁公司董事和高级管理人员实行任职资格核准制度。

第十九条　金融租赁公司有下列变更事项之一的，须报经银监会或其派出机构批准。

（一）变更公司名称；

（二）变更组织形式；

（三）调整业务范围；

（四）变更注册资本；

（五）变更股权或调整股权结构；

（六）修改公司章程；

（七）变更公司住所或营业场所；

（八）变更董事和高级管理人员；

（九）合并或分立；

（十）银监会规定的其他变更事项。

第二十条　金融租赁公司变更股权及调整股权结构，拟投资入股的出资人需符合本办法第八条至第十六条规定的新设金融租赁公司发起人条件。

第二十一条　金融租赁公司有以下情况之一的，经银监会批准可以解散：

（一）公司章程规定的营业期限届满或者公司章程规定的其他解散事由出现；

（二）股东决定或股东（大）会决议解散；

（三）因公司合并或者分立需要解散；

（四）依法被吊销营业执照、责令关闭或者被撤销；

（五）其他法定事由。

第二十二条　金融租赁公司有以下情形之一的，经银监会批准，可以向法院申请破产：

（一）不能支付到期债务，自愿或债权人要求申请破产的；

（二）因解散或被撤销而清算，清算组发现财产不足以清偿债务，应当申请破产的。

第二十三条　金融租赁公司不能清偿到期债务，并且资产不足以清偿全部债务或者明显缺乏清偿能力的，银监会可以向人民法院提出对该金融租赁公司进行重整或者破产清算的申请。

第二十四条　金融租赁公司因解散、依法被撤销或被宣告破产而终止的，其清算事宜，按照国家有关法律法规办理。

第二十五条　金融租赁公司设立、变更、终止和董事及高管人员任职资格核准的行政许可程序，按照银监会相关规定执行。

第三章　业务范围

第二十六条　经银监会批准，金融租赁公司可以经营下列部分或全部本外币业务：
（一）融资租赁业务；
（二）转让和受让融资租赁资产；
（三）固定收益类证券投资业务；
（四）接受承租人的租赁保证金；
（五）吸收非银行股东 3 个月（含）以上定期存款；
（六）同业拆借；
（七）向金融机构借款；
（八）境外借款；
（九）租赁物变卖及处理业务；
（十）经济咨询。
第二十七条　经银监会批准，经营状况良好、符合条件的金融租赁公司可以开办下列部分或全部本外币业务：
（一）发行债券；
（二）在境内保税地区设立项目公司开展融资租赁业务；
（三）资产证券化；
（四）为控股子公司、项目公司对外融资提供担保；
（五）银监会批准的其他业务。
金融租赁公司开办前款所列业务的具体条件和程序，按照有关规定执行。
第二十八条　金融租赁公司业务经营中涉及外汇管理事项的，需遵守国家外汇管理有关规定。

第四章　经营规则

第二十九条　金融租赁公司应当建立以股东或股东（大）会、董事会、监事（会）、高级管理层等为主体的组织架构，明确职责划分，保证相互之间独立运行、有效制衡，形成科学高效的决策、激励和约束机制。
第三十条　金融租赁公司应当按照全面、审慎、有效、独立原则，建立健全内部控制制度，防范、控制和化解风险，保障公司安全稳健运行。
第三十一条　金融租赁公司应当根据其组织架构、业务规模和复杂程度建立全面的风险管理体系，对信用风险、流动性风险、市场风险、操作风险等各类风险进行有效的识别、计量、监测和控制，同时还应当及时识别和管理与融资租赁业务相关的特定风险。
第三十二条　金融租赁公司应当合法取得租赁物的所有权。
第三十三条　租赁物属于国家法律法规规定所有权转移必须到登记部门进行登记的财产类别，金融租赁公司应当进行相关登记。租赁物不属于需要登记的财产类别，金融租赁公司应当采取有效措施保障对租赁物的合法权益。

第三十四条　售后回租业务的租赁物必须由承租人真实拥有并有权处分。金融租赁公司不得接受已设置任何抵押、权属存在争议或已被司法机关查封、扣押的财产或所有权存在瑕疵的财产作为售后回租业务的租赁物。

第三十五条　金融租赁公司应当在签订融资租赁合同或明确融资租赁业务意向的前提下，按照承租人要求购置租赁物。特殊情况下需提前购置租赁物的，应当与自身现有业务领域或业务规划保持一致，且与自身风险管理能力和专业化经营水平相符。

第三十六条　金融租赁公司应当建立健全租赁物价值评估和定价体系，根据租赁物的价值、其他成本和合理利润等确定租金水平。

售后回租业务中，金融租赁公司对租赁物的买入价格应当有合理的、不违反会计准则的定价依据作为参考，不得低值高买。

第三十七条　金融租赁公司应当重视租赁物的风险缓释作用，密切监测租赁物价值对融资租赁债权的风险覆盖水平，制定有效的风险应对措施。

第三十八条　金融租赁公司应当加强租赁物未担保余值的估值管理，定期评估未担保余值，并开展减值测试。当租赁物未担保余值出现减值迹象时，应当按照会计准则要求计提减值准备。

第三十九条　金融租赁公司应当加强未担保余值风险的限额管理，根据业务规模、业务性质、复杂程度和市场状况，对未担保余值比例较高的融资租赁资产设定风险限额。

第四十条　金融租赁公司应当加强对租赁期限届满返还或因承租人违约而取回的租赁物的风险管理，建立完善的租赁物处置制度和程序，降低租赁物持有期风险。

第四十一条　金融租赁公司应当严格按照会计准则等相关规定，真实反映融资租赁资产转让和受让业务的实质和风险状况。

第四十二条　金融租赁公司应当建立健全集中度风险管理体系，有效防范和分散经营风险。

第四十三条　金融租赁公司应当建立严格的关联交易管理制度，其关联交易应当按照商业原则，以不优于非关联方同类交易的条件进行。

第四十四条　金融租赁公司与其设立的控股子公司、项目公司之间的交易，不适用本办法对关联交易的监管要求。

第四十五条　金融租赁公司的重大关联交易应当经董事会批准。

重大关联交易是指金融租赁公司与一个关联方之间单笔交易金额占金融租赁公司资本净额5%以上，或金融租赁公司与一个关联方发生交易后金融租赁公司与该关联方的交易余额占金融租赁公司资本净额10%以上的交易。

第四十六条　金融租赁公司所开展的固定收益类证券投资业务，不得超过资本净额的20%。

第四十七条　金融租赁公司开办资产证券化业务，可以参照信贷资产证券化相关规定。

第五章　监督管理

第四十八条　金融租赁公司应当遵守以下监管指标的规定：

（一）资本充足率。金融租赁公司资本净额与风险加权资产的比例不得低于银监会的最低监管要求。

（二）单一客户融资集中度。金融租赁公司对单一承租人的全部融资租赁业务余额不得超过资本净额的30%。

（三）单一集团客户融资集中度。金融租赁公司对单一集团的全部融资租赁业务余额不得超过资本净额的50%。

（四）单一客户关联度。金融租赁公司对一个关联方的全部融资租赁业务余额不得超过资本净额的30%。

（五）全部关联度。金融租赁公司对全部关联方的全部融资租赁业务余额不得超过资本净额的50%。

（六）单一股东关联度。对单一股东及其全部关联方的融资余额不得超过该股东在金融租赁公司的出资额，且应同时满足本办法对单一客户关联度的规定。

（七）同业拆借比例。金融租赁公司同业拆入资金余额不得超过资本净额的100%。

经银监会认可，特定行业的单一客户融资集中度和单一集团客户融资集中度要求可以适当调整。

银监会根据监管需要可以对上述指标做出适当调整。

第四十九条　金融租赁公司应当按照银监会的相关规定构建资本管理体系，合理评估资本充足状况，建立审慎、规范的资本补充、约束机制。

第五十条　金融租赁公司应当按照监管规定建立资产质量分类制度。

第五十一条　金融租赁公司应当按照相关规定建立准备金制度，在准确分类的基础上及时足额计提资产减值损失准备，增强风险抵御能力。未提足准备的，不得进行利润分配。

第五十二条　金融租赁公司应当建立健全内部审计制度，审查评价并改善经营活动、风险状况、内部控制和公司治理效果，促进合法经营和稳健发展。

第五十三条　金融租赁公司应当执行国家统一的会计准则和制度，真实记录并全面反映财务状况和经营成果等信息。

第五十四条　金融租赁公司应当按规定报送会计报表及银监会及其派出机构要求的其他报表，并对所报报表、资料的真实性、准确性和完整性负责。

第五十五条　金融租赁公司应当建立定期外部审计制度，并在每个会计年度结束后的4个月内，将经法定代表人签名确认的年度审计报告报送银监会或其派出机构。

第五十六条　金融租赁公司违反本办法有关规定的，银监会及其派出机构应当依法责令限期整改；逾期未整改的，或者其行为严重危及该金融租赁公司的稳健运行、损害客户合法权益的，可以区别情形，依照《中华人民共和国银行业监督管理法》等法律法规，采取暂停业务、限制股东权利等监管措施。

第五十七条　金融租赁公司已经或者可能发生信用危机，严重影响客户合法权益的，银监会依法对其实行托管或者督促其重组，问题严重的，有权予以撤销。

第五十八条　凡违反本办法有关规定的，银监会及其派出机构依照《中华人民共和国银行业监督管理法》等有关法律法规进行处罚。金融租赁公司对处罚决定不服的，可以依法申请行政复议或者向人民法院提起行政诉讼。

第六章　附　则

第五十九条　除特别说明外，本办法中各项财务指标要求均为合并会计报表口径。

第六十条　本办法由银监会负责解释。

第六十一条　本办法自公布之日起施行，原《金融租赁公司管理办法》（中国银行业监督管理委员会令 2007 年第 1 号）同时废止。

图书在版编目（CIP）数据

信托与租赁/魏晓琴编著. --北京：中国人民大学出版社，2019.12
新编21世纪金融学系列教材
ISBN 978-7-300-27364-8

Ⅰ.①信…　Ⅱ.①魏…　Ⅲ.①信托-高等学校-教材 ②租赁-高等学校-教材　Ⅳ.①F830.8

中国版本图书馆CIP数据核字（2019）第181474号

新编21世纪金融学系列教材
信托与租赁
魏晓琴　编著
Xintuo yu Zulin

出版发行	中国人民大学出版社		
社　址	北京中关村大街31号	**邮政编码**	100080
电　话	010－62511242（总编室）		010－62511770（质管部）
	010－82501766（邮购部）		010－62514148（门市部）
	010－62515195（发行公司）		010－62515275（盗版举报）
网　址	http://www.crup.com.cn		
经　销	新华书店		
印　刷	北京溢漾印刷有限公司		
开　本	787 mm×1092 mm　1/16	**版　次**	2019年12月第1版
印　张	14.25	**印　次**	2025年1月第4次印刷
字　数	333 000	**定　价**	39.00元